U0136164

统一经济学的视野

马克思、凯恩斯和瓦尔拉斯经济理论研究

李克洲　著

蘭臺出版社

序言

　　本书是写给理论经济学研究者看的，亦可作为高校经济学专业教学参考书，供教师和学生作为课外读物使用。

　　本书共分为五部分。第一部分，就是本书的第一篇，它是我所构建的统一经济学（主要是关于资本主义商品经济）的基本内容，也是本书其余部分的阅读指南和评判依据；第二、三、四部分，也就是本书的第二、三、四篇，分别是我研究马克思、凯恩斯和瓦尔拉斯的一些具体学术成果；第五部分，是本书的附录，包含了一些我认为有助于读者理解我的统一经济学理论体系及我的个人经济伦理观的文献。

　　两位网友在阅读本书部分初稿后，提出了如下观点：一，本书存在理论基础的不完善问题；二，本书最关键的理论部分（关于"折算比例"的决定因素研究）缺少有证据支撑的论证：即使假设折算的初始比例由当时的历史决定，也该论证一下后来该是什么比例，并应论证出啥样的比例最合理、最可行；三，经济学，现在需要的是"爱因斯坦似的研究"。

　　对此，我有自己的不同观点：一，专著不是教科书，不要求也做不到面面俱到，更不可能撰写得深入浅出。凯恩斯的《通论》，就没有价值论，而且语言晦涩难懂，初看上去象意识流性质的散文。专著的价值在于它的学术水平，如同金矿的价值在于它的含金量。我觉得我这本书，尽管叙述得不那么流畅，却饱含许多独到的观点和方法。二，与西方经济学者对于"边际效用"和马克思主义经济学者对于"社会必要劳动时间"相比，我对于"折算比例"这个概念，肯定做了更多的阐述和论证工作。我提出"折算比例"这个概念的目的，就是为了扬弃、替代西方经济学的"边际效用"和马克思主义经济学的"社会必要劳动时间"这两个元经济学陷阱性概念。值得一再强调的是：如果在资本主义商品经济的客观存在中，这两位网友要求的那两个"最"字为子虚乌有，我是不会也不能无中生有地制造一个出来的。在经济理论研究中，我信奉这样的原则：客观性是经济科学存在的前提。我最关心的、并自认为最重要的问题是：我的统一经济理论及其应用后的结论，和资本主义商品经济的客观存在，是否一致。这决定了我的这一经济理论体系，是否具有科学认识性质的学术价值。三，人类学术史上，只有一个爱因斯坦，一个凯恩斯，一个马克思。本书作者不企望自己完成了"爱因斯坦似的研究"，我仅仅在继承经济学前辈的学术成就的基础上，通过引入"所有权"和"时序"这两个概念，翼图在经济学上建立起一个统一的商品经济理论体系。

客观经济存在，是在时间中漂浮的实体（这个词也许用的不当）和不断演化的产物，经济理论中的范畴和体系，也因此具有历史特殊性。我的统一商品经济理论体系，也不可避免地打下了这个时代特有的烙印。读者可以看到，在本书中，我引用了许多不知姓名的网友的观点，也截录了我自己的一些网上发帖。是互联网，给了我公开发表我的经济理论的最初场所；是网友，在对我的经济理论进行批判的同时，给我提出了许多有建设性的修正及补充意见。比如，就市场经济中的商品的价值决定而言，我从"所有权是商品价值的唯一决定要素"这种比较片面的认识，转变为"所有权是商品价值的主要决定要素"这种比较全面的认识，就获益于网友批判意见的启发。在此，对曾给我许多支持的"人大经济论坛"网站和该网站相关网友，表示最真诚的感谢和发自肺腑的敬意。

子曰：三十而立，四十而不惑，五十而知天命。面对即将到来的天命之年，倍感时不我待。考虑到我正撰稿的《经济理论的统一体系》和《经济理论史》两书，短期内无法完成，先出版一本涉及这两部著作部分内容的专著，算是我的一种对付人生不确定性的次优选择。

学术的生命，也是要附丽于客观物质存在的。这是一些伟大的思想和学术已经湮没无闻而许多琐碎的家谱和日志却能流传至今的最根本的原因。

李克洲 2013 年 5 月 29 日 于徐州

目　录

第一篇

统一经济学的基础

第一章　总论

第一节 经济学与政治经济学

　　"经济学"和"政治经济学"，在马歇尔之前，是同义的，至少在大多数经济学者的著作中，是按同义词使用的。确切地讲，在马歇尔之前、孟克莱辛之后，只有"政治经济学"这门学科，而没有"经济学"这门学科。政治经济学，是从政治学中分离出来，专门研究国家财富，尤其是国家财政和税收的。如果我们从词源学方面，考证"政治经济学"这个词组，我们就更能理解它的出处和含义了。"政治"在古希腊语中，等同于"城邦治理"，"政治经济学"名正言顺地就成为研究国家财富的学科了；与"家庭经营"相对应，"家政学"就是研究如何最经济的利用家中的开支的学问。

　　所以，那种认为"政治经济学"是政治学和经济学之间的交叉学科的观点，从学科形成史的角度讲，是完全错误的。相反，从经济思想发展史的角度看，"政治经济学"产生在前，"经济学"产生在后，甚至可以说"政治经济学"是"经济学"的母亲。

当然，如果我们从分类的目的的角度，来看待"政治经济学"和"经济学"两个概念，显然，政治经济学所研究的范围，应比经济学研究的范围要窄。尽管它被看成是经济学中的"皇冠"，但毕竟是和家庭经济学、民族经济学、社会经济学（在孔德使用的意义上）等相同等级的经济学亚科目的系列中的一员。

亚当•斯密，在其名著《国富论》中，把"政治经济学"定义为"富国裕民"之学，和汉字"经济"二字（起源于短词"经邦济世"），实在是同义词。这都是从研究的主观目的，进行立论和分类的。因此，汉语中的"经济学"原意，实际上等同于亚当•斯密的"政治经济学"，而和马歇尔的"经济学"，确实相差甚远。

"政治经济学"，在马克思之前，是个中性词，大略等同于经济科学。后来，由于马克思在其著作中，将其理论中的科学部分和伦理部分搅和在一起，将科学性和阶级性相统一，从而使"政治经济学"这一概念，转变成具有阶级感情色彩的字眼了。马克思主义政治经济学的革命色彩，使一部分经济学家唯恐避之不及，从而导致马歇尔试图去掉这一学科的激进的道义色彩，这种努力的结果，就是将"政治经济学" 改名为"经济学"。这样做，并非全是为了维护资产阶级的统治，因为对于一门学问，一旦具有太强的感情色彩，就难免使人怀疑它是否已失去科学性或没有科学性，变成那种"公说公有理，婆说婆有理"的主观价值判断和伦理说教了。马歇尔，去掉了政治经济学中的"政治"二字，既是对原来的导源于英国古典学派的政治经济学的复归，又是试图创立新的具有科学内容的理论体系的努力的起点。从此之后，西方经济理论体系，一直步着马歇尔的脚印前进，提倡经济理论的科学性的一面，而否定经济理论的伦理性的一面。

与西方经济学相反，以继承和发扬马克思经济理论为宗旨的那些曾经高度一统的社会主义国家的政治经济学，走向了另一极端，即将政治经济学改造成了政策学。其内容把科学性从属于阶级性，几近于完全的意识形态宣传和定性诡辩。以至于在各个社会主义国家的改革初期，都必须进行经济理论上的空白补充，在实践上，则只好走"摸着石头过河"的道路。

大概在 80 年代初，本书作者在哈尔滨工业大学读书时，曾读过黑龙江大学一位名叫熊映梧的经济学者写的一本名为《理论经济学若干问题》的小册子，我对他的观点甚为欣赏，因为该经济学者已认识到：传统的政治经济学教科书，已成为了纯粹的官方说教，几无学术价值；"政治经济学"这门学科，在社会主义国家，不仅内容毫无科学意义，而且连名字都需要抛弃。为此，这位学者建议将"政治经济学"改成"理论经济学"。其实，这样做毫无必要：经济学，通常意义就等同于"理论经济学"，以和"应用经济学"对应。这位学者倡议将"政治经济学"改成"理论经济学"的目的，和马歇尔当年将"政治经济学"改成"经济学"的目的，是相同的，那就是特别强调这门学科的客观性和科学性。我认为，这位经济学者的这本小册子，在中国经济理论拨乱反正史上，具有划时代的历史地位和开拓性的学术价值。（熊映梧《理论经济学若干问题》，中国社会科学出版社，1984 年版）

第二节 思想史 、学说史与理论史

读者时常可以看到经济思想史（如罗尔著）及经济学说史（如国内陈岱孙、李宗正编著以及法国的基德和里斯特编著的同名著作等）之类的研究经济学形成史的著作和教科书。经济思想史方面的专业研究学者，还能看到诸如熊彼特的《经济分析史》及其它类型的（如断代史）著作，但至今，还没有一本经济理论史专著。

下面简要叙述我对经济思想史、经济学说史和经济理论史的之间的区别和联系的思考。

经济思想，相对于经济学说和经济理论，是较原始、低级的理性思考。这可以从两方面进行理解：一、经济思想是人们最早对经济现象进行认识的观念上的表现，包括口口相传的（非文字说明的）、以及很久以前就有的关于经济思想的文字、历史及其记载；二、经济思想，是较低级的层次的认识结晶，它通常是仅仅停留在感性认识的总结上。因此，这里的"低级"，是指朴素的非系统化的关于经济现象和经济存在的思想，它有时侯还可能处在非文字说明阶段状态（如前辈或老师口头传授、江湖艺人口头演义），它大多是个体的经验总结，没有经过合乎逻辑的论证和科学检验。

我们的先贤孟子曰：

> "夫物之不齐，物之情也。或相倍蓰，或相什百，或相千万。子比而同之，是乱天下也。巨屦小屦同贾，人岂为之哉？从许子之道，相率而为伪者也，恶能治国家？"（孟子《孟子·滕文公上》）

这就是最朴素的经济思想。

再例如，中国有句谚语叫"谷贱伤农"，也属于经济思想的这个层次，它可看成是我们的先人关于中国封建社会商品经济中谷物种植业的农民因丰产、谷物价跌而减收的多次痛苦的感性经验的总结。就西方的经济学者来说，亚当•斯密提出的"看不见的手"，就既是一种比喻，又是一种基于原始经验性总结的低级思想。因为亚当•斯密并没有正确的价值理论，所以他对"商品经济是如何运行的"，也就只能够提供一个形象的比喻，而无法达到一种系统化的科学认识。

经济学说比经济思想，层次又高了一个等级。表现为：一，成文性。具有一定的理性结构及一定因果关系，看上去可以自圆其说；二，它的起源，要晚于经济思想。我们知道，古希腊、古罗马及古中国，就有了经济思想，但经济学说，也就是经济学说史中的各种"主义"，最早产生于14世纪。作为一种社会经济思想，正在系统化的重商主义，就是从那时开始萌芽的。但重商主义、重农主义以及此后的各种主义，与经济理论相比，还有个非常不规范的、也非常不成系统的痕迹。因此，我们可将重商主义，看成是尚处于发展和过渡阶段的经济思想，是刚萌芽时的经济学说。

经济理论是系统化的经济学说，它是人们对经济关系的更高级别的理解，是理性认识的观念体现，它通常有个复杂的逻辑结构，有着比较完全的因果关系。例如，马克思的经济理论，就是一种非常系统的经济学说，它以劳动价值理论为基础，经过逐步论证，得出资本主义商品经济必然灭亡的逻辑结论。又如凯恩斯的经济理论，也是这样，它以三大心理定律，作为基础，以对影响就业、投资和消费的因素的分析，作为核心，经过论证，得出资本主义自由竞争的市场制度中，存在着有效需求不足的问题，从而提出国家需要进行宏观调节的政策结论。

经济理论与经济学说相比，经济学说则明显具有主张的性质，即具有目的性、政策性的特征和说教性的外观，而经济理论则距离这类应用部分远一些，纵使结论有政策含义，也是隐含的。与我的上述分析相对应，经济思想史、经济学说史和经济理论史，就有着不同的内容和历史时间取向。为什么有人写经济思想史及经济学说史，而很少有人写经济理论史呢？对这个问题，三言两语也讲不清楚。读者看完本书，就会明白一二。除上述三类著作外，还有经济学史或政治经济学史这类名称的著作。其实，上述三类著作，都属于经济学史，或政治经济学史的范畴。除此之外，关于部门或区域的经济学史，以及依据研究的层次而加以分类的经济学史，属于前者的亚种。

经济思想史，即对经济现象认识较低级的观念结晶的历史，起源于古希腊，至今已有2000多年的成文历史，当然，古代中国，从春秋战国时代起，也有类似的思想（包括口头和成文）流传至今。通常经济学者写这种类型的著作，都是从古希腊开始写起的（从苏格拉底开始）。经济学说史，即对经济现象认识有较高层次的观念结晶的历史，起源于14世纪，至今也有600多年的历史。一般写这种类型的著作的经济学者，大多是从重商主义开始写起的。而经济理论史，即对经济现象认识最高层次的观念结晶，起源于17世纪，英国从古典学派中的配第写起，法国从重农学派写起，至今只有300多年的历史。而经济理论成体系的历史的起源，就更晚了，我认为它起源于18世纪亚当·斯密的《国富论》，中间有马克思的《资本论》，终结于凯恩斯的《通论》。

亚当·斯密和他的"看不见的手"

富人为了满足自己贪得无厌的欲望，雇用千百人来为自己劳动，但是他们还是同穷人一起分享他们所作一切改良的成果，一只看不见的手引导他们对生活必需品作出几乎同土地在平均分配给全体居民的情况下所能作出的一样的分配，从而不知不觉地增进了社会利益，并为不断增多的人口提供生活资料。（亚当·斯密《道德情操论》，商务印书馆，第4卷，第304-305页）。

把资本用来支持产业的人，通常既不打算促进公共利益，也不知道自己能在什么程度上促进这种利益，他所盘算的只是自己的利益，而在这场合，像在其他许多场合一样，他受一只看不见的手的指导，去尽力达到一个并非他本意想要达到的目的，也并不因为事非出于本意，就对社会有害。他追求自己的利益，往往使他能比真正出于本意的情况下更有效地促进社会的利益。（亚当·斯密《国富论》，商务印书馆，第4卷，第456页）

第三节 经济理论中的"学"、"术"及"附着物"

经济理论是一把理解经济存在的理性钥匙。而到目前为止的经济学，主要是围绕商品（市场）经济（存在及其运行）进行研究的一门学问。

一个经济理论体系，是由许多不同的经济理论分支构成的。在对各个经济理论体系及各个经济理论分支的构成的研究中，我发现，它们通常可以分为：两个核心性质的构件部分和一个附着性质的构件部分。我把它定义为经济理论的科学部分、工具部分和伦理部分。当然，有的经济理论及其分支，只有这三部分构成中的一部分或两部分内容，并不全有。

1. 经济理论的科学部分，就是通常所说的"学"，它是对商品经济客观存在的认识，这种认识有可能是正确的，也有能是错误的；有可能是片面的，也有可能是全面的；有可能是单维的，也有可能是多维的、系统的。对这一部分内容，可以进行证实和证伪。比如我说："所有制是决定商品交换价值的一个主要因素"，它就是一种科学认识，可以对它进行证实或证伪。再比如，我说："现代经济伦理观所导致的福利国家政策，是影响现代资本主义商品经济运行的因素之一"，也是一个科学判断，对它可以进行证实性地检验。

2. 经济理论的工具部分，就是通常所说的"术"，相当于大家日常理解的"技术和工艺"。它给我们提供一个手段，使我们可以比较方便地认识商品经济中的客观存在以及运行机制。它没有正确和错误之分，只有方便还是不方便、精确还是粗略之分。比如说，工业品及消费品物价指数，就是被构建用来测度及认识商品价值及其变动的工具。而股票指数和期货指数，则是被用来测度及认识股票市场和期货市场的价值及其变动的工具。

　　熊彼特认为，经济理论只不过是一种分析工具，这和马歇尔的观点是一致的，马歇尔认为，经济理论并不是普遍真理而是可以用来发现某一类真理的通用机器。(熊彼特《经济分析史》，第 3 卷，商务印书馆，1994 年版，第 299 页) 我不同意熊彼特和马歇尔的上述观点，经济理论不仅是工具，它必须包括对客观经济存在的正确认识，否则，这门学科就失去了它存在的主要价值部分。

3. 经济理论的伦理部分，我之所以把它定性为"附着物"，是因为它和前面我们所说的内容完全不同。它不是一种对客观经济存在的认识，而是通常所说的经济学者个人的价值观或"意识形态"。从逻辑上讲，从经济理论的学术部分，我们是推导不出某种伦理观的。但是，许多经济学家，通过语言和语义的"腾挪"，就把他们的个人偏见，塞进他们的经济理论中了。值得强调的是，许多经济学家，常常分不清自己的经济伦理观和他所处时代的社会经济伦理（包括当时的社会经济伦理主流即时代精神）之间的关系。如果经济学家正确地分析、解释和描述了某一个时代的主流经济伦理对他要研究的那个时代的商品的价值决定乃至对经济运行的影响（如韦伯的《清教伦理和资本主义精神》），那他的作品，就具有了科学认识价值，依据我们的标准，它就被归入经济理论中的"学"的范围。

　　如果我们把古典学派（包括马克思）的经济理论，从"资本主义商品经济中决定商品交换比例的因素有哪些、以及资本主义商品经济是如何运行的"的科学探索这种思路，向"不仅是一种科学探索，而且是一种基于科学探索的理性构建工具，并且附加了许多他们自己的道德偏见的附着物"的思路方向转变，就会更深刻的理解这些经济学者为什么会穿凿附会许多我们看上去完全不能成立也并不必要的概念、范畴及其论证过程在他们的学术著作中的缘由所在。

　　经济学者进行科学探索的结果一般具有片面性，众多经济学者的研究结果，因其通过不同的研究起点、角度和使用不同的概念、方法去认识同一个客观存在，从而结果既具有多元性，也具有统一性，但这不否定，属于科学发现性质的正确结果（真理性），具有唯一性。至于理性建构的工具，那就只需要有基于科学发现真理上的适用性，对它的评判标准，是它的便利和效率（或生产性）。比如说，以水为填料做温度计，和以水银为填料做温度计，都可以通过热胀冷缩原理，用来衡量温度，在科学原理上，没有对错之分。但是水银因其物质比重大更适合于做温度计的填料，因此用它做填料更便利和更有效率。

　　由上述对经济理论中的"学"和"术"的定义，我们获得了一个清晰的"学术"定义，也因此引申出了"学者"的定义，之所以这样做，是因为我认为，有必要把经济理论中的这三方面的构成分清。

　　不过，我这个关于经济理论上的"学术"的定义，尽管清晰，也有它的缺陷，与西方文化语义中的"学术"定义相比，内涵稍微窄一些。

第二章 经济理论的统一体系

第一节 论建立统一的商品经济理论体系是否可能

二十多年前，我就在思考这样一个问题：建立一个统一的商品经济理论体系是否可能。我这儿所说的建立"统一的商品经济理论体系"，是指将经济理论史上的大经济学家对商品经济的主要理论贡献，从纯粹经济理论的角度加以分析、综合，吸收他们正确的部分，扬弃他们谬误的部分，形成一个到目前为止比较统一的关于商品经济（市场经济）的经济学理论体系。

我认为，至今为止的所有的经济学者，在研究商品经济方面已经做出的主要理论贡献，大致可以分为以下二部分：

1.揭示出（有助于认识）人类社会商品经济（市场经济）发展一般规律的学术贡献；

2. 揭示出（有助于认识）人类社会商品经济（市场经济）发展特殊规律的学术贡献。

经过这些年的学术探索，我认为，建立一个这样的统一的商品经济理论体系，是完全可能的。这种可能性立于以下两点：

其一，经济存在的客观性及其可认识性；

其二，经济理论知识的累积性及其分析工作已经达到的历史高度。

我在此先以马克思的商品经济理论为例，加以说明。

马克思在《资本论》中论述道，在简单商品经济（其实是指只存在劳动所有权条件下的商品经济）中，商品交换以其价值（耗费的劳动凝结）为基础；在资本主义商品经济（其实是指在存在劳动所有权、资本所有权、土地所有权及政府调控条件下的商品经济）中，劳动者创造的价值，只有一部分归劳动者（作为劳动力价值），其余被资本家和地主剥削去了。商品交换尽管仍以价值（耗费的劳动凝结）为基础，但是，这时市场价格的决定基础，表现为商品生产价值转形为生产价格。

经过研究，我发现：马克思《资本论》的逻辑前提，应该是资本主义性质的商品经济。马克思《资本论》中的价值理论，应该是关于资本主义性质的商品经济中的价值决定研究的学问，即研究，在资本主义性质的商品经济（指存在资本所有权、劳动所有权、土地所有权及政府调控的市场经济）中，决定商品之间的交换比例的因素是什么及其具体工作机制。但是，马克思在《资本论》第一卷第一篇进行理论研究时，无意识地（但愿他不是有意识地）犯了一个致命的错误，那就是，他把资本主义商品经济的存在前提--资本所有权（及土地所有权）及其在资本主义社会的经济体现形式--利润（和地租），抽象掉了。也就是说，马克思因不当使用"抽象"这一理性认识工具，错误地改变了他正在研究的资本主义商品经济的社会性质方面的理论设定，进而否定了资本所有权在资本主义商品经济中所具有的决定商品价值大小的作用的存在。这种抽象加否定的结果，导致了他在《资本论》第一卷第一篇实际研究的，并不是资本主义性质的商品经济中的价值决定问题。因为，不存在资本所有权（及土地所有权）、只存在劳动所有权的商品经济，根本就不是资本主义商品经济。合乎这一所有权性质设定的商品经济，只能是小业主性质的商品经济，也就是马克思所定义的"简单商品经济"。此时研究的价值决定问题，也就不再是研究资本主义商品经济中的价值决定问题，而是转变成了研究只存在劳动所有权条件下的商品经济中的价值决定问题。而从《资本论》第一卷第二篇以后，马克思将他在"简单商品经济"设定中推断出来的"商品价值是由凝结在其中的劳动决定的"这一劳动价值理论，直接应用到资本主义性质设定的商品经济中去。他在这种缘于抽象不当而导致的错误的资本主义商品经济价值理论基础上，建立了他的整个《资本论》经济理论体系，因此犯了一系列理论错误。确切地说，马克思没有"所有权是决定商品价值大小的一个主要因素"的科学观念，他因此不理解：不同社会性质的商品经济，其价值决定因素是不同的，即当所有权构成不同时，商品的价值决定因素及商品的价值大小，会因此而异。

同样，我在本书"马克思和凯恩斯--经济理论比较"章中，指出了凯恩斯应该感谢马克思之处，以及他和马克思在认定资本主义商品经济存在有效需求不足的原因和克服该困难的手段的不同之处。再比如说，我在本书还研究了关于"资本的边际生产力决定收入分配理论"的错误原因和它所蕴含的合理之处。

我在本书中曾经写过：所有权在商品经济中的主要功能，就是所有者有权参与分配，至于参与生产与否，倒在其次。从生产要素的作用，去确定分配伦理，不仅是不可能的，而且是和现实及历史中已存在的商品经济运行机制不符。至于想从商品的价值确定去推出所有权，那更是因果关系倒置。举例说明：中国改革开放前的计划经济时期，工业品和农产品之间的交换，其价值大小和交换比例你如何确定，又如何从价值确定去推出所有权呢。事实上，只有在所有权确定的条件下，商品的价值确定才有意义。这样说，丝毫也不否定这种可能性的存在：个别商品的价值确定要素的变化（如偏好的改变），有可能引起生产它所需要的某些资产的价值改变，从而导致所有者所拥有的所有权价值大小的改变。

至于马克思劳动价值理论的基础即劳动二重性，在此再重复一遍我的理由：许多经济学者，和马克思一样，都认定人类劳动具有等同性，似乎这种等同性是不言而喻的。我的分析已经揭示出：在资本主义商品经济中，人类劳动的等同性，和土地的等同性以及资本的等同性一样，只是一种商品经济中的价值的等同性，它来自对各种不同类型的生产要素的所有权的等同性。其实，只要思考并类推一下，就会发现：如果劳动有二重性，那么资本和土地也同样具有二重性乃至多重性，这就是商品经济和计划经济之间，经济制度及运行机制的不同之处。马克思揭示出了劳动者及劳动收入，作为劳动所有权下的生产要素及其收入（工资制度），在资本主义商品经济中的表现形式，这是马克思对人类认识资本主义商品经济制度是如何运行的

（即广义的价值理论的）一大学术贡献，尽管这其中也包含了巨大的谬误。另外，劳动时间，作为价值尺度，只是人类的认识商品经济的理性工具之一，并没有啥先天更高的伦理支撑及必须运用的必然性。

　　依据我对各个商品经济理论体系的研究，我把我的统一经济理论体系，分拆、归类为如下四个分支：一，元经济学，包括经济语言学和经济语义学；二，经济哲学，主要研究关于经济方面的存在论和认识论；三，经济伦理学，主要研究商品经济社会的经济伦理及其发展；四，经济科学，主要内容在于客观表述并揭示商品经济是如何运行的，它是统一的商品经济理论体系的核心部分。

第二节　统一的商品经济理论体系的构成

爱因斯坦写道：

> 科学就是这样一种不懈的努力，它试图用系统的思维，把这个世界中可感知的现象尽可能彻底地联系起来。说得大胆点，它是这样一种企图：要通过构思过程，后验地来重建存在。他认为，一个理论体系所具有的真理内容，取决于它同经验总和对应之可能性的可靠性和完备性。（爱因斯坦《相对论》，重庆出版社，2008 年版，第 7 页）

本节所说的统一商品经济理论体系，就是这样一种努力的结果，它试图通过对各个经济学家、各个经济学派关于商品经济的理论体系的分析和研究，取其各自正确的方面，扬弃其错误的方面，并在这种努力的基础上，建立起一种与客观存在相一致的、不存在内在逻辑矛盾的商品经济理论体系。

统一商品经济理论的构成，分成四大部分。

一、元经济学。

二、经济哲学。

三、经济伦理学。

四、经济科学。

通过它，至今为止，所有的经济学家的关于商品经济的理论贡献，都可以归纳进这一分类之内 。

首先，谈一下元经济学。在研究马尔萨斯的经济学时，我们可以看到元经济学。我把元经济学定义为经济语言学和经济语义学的统一：所谓经济语言学，就是研究经济理论中字、词、句、段、章及其构成，它们必须合乎一般的语言学规则，它是语言学在经济理论中的应用，也可以说它是经济学和语言学的交叉学科，经济语言学的对象仅涉及对观念的表达元素的分析；经济语义学，是分析哲学在经济理论中的应用，或者说是分析哲学和经济学之间的交叉学科，我们利用它来分析经济客观存在和经济学中的观念之间的关系。比如说"价值是劳动创造的"这个句子，在语言学上没有任何错误，但却在语义学上含有严重的错误（所错之处及成因见本书相关章节）。正如说"世界上有鬼"，在语言学上没有任何错误，但它在语义学和分析哲学上，除了表达一种臆测和情绪外，没有表达任何关于客观存在及其关系的实质含义。

其次，让我们研究一下经济哲学。统一商品经济理论体系，把经济存在论与经济认识论（含经济方法论。这儿把经济范畴论，归入元经济学）两者归入"经济哲学"这一范围之内。经济存在论及其体系，就是要回答什么是经济理论的对象，它有什么性质；所谓经济方法论，就是分析采用什么方法去认识经济存在、各种方法之间有什么区别和联系，以及各种方法之间的优缺点等。对经济存在的定义和分类的突破，时常引起经济理论的重大变革；同样，对经济认识方法的改变，也易于加深人们对经济存在的认识，并使其更全面、更正确从而更易于达到经济实践的目标。比如说，克拉克，主要是靠经济存在论方面的贡献，在经济理论史上占有一席之地，同时，他对静态经济与动态经济的区分，也引起了人们对动态经济理论的探讨；而马歇尔则主要是在认识方法论上作出的新的贡献，而在经济思想史上占有一席之地的。马歇尔将古典学派和效用学派的一维认识方法转变成他自己的二维认识方法，并在此基础上，提出了他的局部均衡价值理论。自马歇尔之后的西方经济学，继承的就是马歇尔的这种基于实证主义的二维及多维的认识方法。

再次，让我们来探讨一下经济伦理学。任何一个社会都要以经济作为运行的基础，从而都需要有、也的确会有关于经济分配的依据。我们把对现代文明社会中关于经济分配的依据的描述和分析的内容，归入经济伦理学的范围。它和规范经济学有统一的地方，也有交叉的地方：它同样要回答，不同时代的同一地域的（或类型）的社会关于经济分配的道德依据以及这种道德依据如何在经济运行中实现（也是经济正义）的问题。比如说，现代欧美国家资本主义市场经济，并不像一般人所认为地那样，完全是无意识地运转着，因而是依靠自然规律进行财富的分配的从而不存在经济分配的伦理观和正义及其作用。恰恰相反，现代欧美国家的市场经济，是建立在对经济要素所有权的等同性和社会公认的分配依据（如福利国家政策）的基础之上的，它与 18、19 世纪的欧美国家的市场经济及其经济伦理的观念和意义有很大的不同。比如说，中国要走"共同富裕"的道路，这就是一种邓小平时代的关于经济发展的中国官方宣传的伦理观念，和毛泽东时代的关于经济发展的中国官方宣传的伦理观念，已经有很大的变化。

最后，我们还要分析一下经济科学。统一经济理论体系认为，经济理论中的经济科学部分，是它的核心部分，其它各部分都是围绕它而存在的。我们将"经济科学"，定义为对经济存在的客观认识。凡是描述和分析客观存在的观念，而非对其主观评价以及依据其主观评价提出的规则判断，都在经济科学范围之内。它的突出特点之一，就是它的实证性。元经济学，就是要将经济科学成分从经济理论的其它的成分中分离出来，从而能够正确地用观念去表述和分析客观经济存在，以及用这些观念去指导人们的经济实践；经济哲学，无论是经济存在论还是经济方法论，最终目的都是在于方便和深化人们对经济客观存在及其规律的认识；经济伦理学，是与经济科学相对应的另一部分，我将它分出来，就是为了将经济学中的"应该"和"是"分开，使人们不犯摩尔所说的"自然主义"的谬误。

我提出的这种最新的分类方法，不仅最大限度地与已有的经济学学术共同体的分类方法相容，尽管已经有了一些拓展，也与普通大众关于经济理论构成的认识相一致，从而最少地改动人们关于经济理论的观念体系及其构成要素。而且，它特别有助于把各种各样的经济理论著作加以科学分类。比如说，《政治经济学的定义》（马尔萨斯），《制度经济学》（康芒斯），在现在的经济学分类法中，就不方便归类，因为它们既非规范，也非实证；既非动态，也非静态。但归入我的元经济学专著范围，就非常合适。再比如克拉克的关于经济存在的"三分法"及动态、静态研究方法，当然应该归入经济存在论和经济方法论之内。这样，把他的《分配的哲学》一书，归入经济哲学著作中，就名正言顺了。而像《福利经济学》（庇古），毫无悬念的应归入经济伦理学的著作之中，不管其外表多象经济科学著作。而维克赛尔的《利息与价格》和凯恩斯的《就业、利息和货币通论》，当然应该归类于经济科学性质的著作，因为这两部著作，其中的主旨，是关于资本主义商品经济中"是"的描述和分析，而非"应该"的描述和分析。而争议颇大的马克思的《资本论》，尽管时常被看成无产阶级的正义宣言书和"圣经"，但无论从马克思写作时的主观理念还是它呈现在我们面前的实际内容（非物质性客观存在），还是应该归入经济科学那一类的。

第三节　元经济学初论

经济理论（经济学）是一个概念的体系，如果概念有双重或多重含义，纵使提出它的人自己再清楚，也很难让其他人明白，这个理论体系也会因歧义而成为混乱的东西。

这里，先来熟悉两个概念。

语言学：英文　linguistics

> 以人类语言为研究对象的学科。探索范围包括语言的结构、语言的运用、语言的社会功能和历史发展，以及其它与语言有关的问题。传统的语言学称为语文学，以研究古代文献和书面语为主。现代语言学则以当代语言和口语为主，且研究的范围大大拓宽。

语义学: 英文　Semantics

> 也作"语意学",是一个涉及到语言学、逻辑学、
> 计算机科学、自然语言处理、认知科学、心理学等
> 诸多领域的一个术语。虽然各个学科之间对语义学
> 的研究有一定的共同性,但是具体的研究方法和内
> 容大相径庭。语义学的研究对象是自然语言的意
> 义,这里的自然语言可以是词汇、句子及篇章等等
> 不同级别的语言单位。但是,各个领域里对语言的
> 意义的研究目的不同。

我从数学哲学等学科借用了"元"这个概念,将它和经济
学结合起来,形成了一个经济学新领域,主要研究经济学
中的语言学和语义学。

　　所谓经济语言学,就是研究经济理论中的语言应用。
经济理论是一个语言体系,它有字、词、句、段、章、篇
等语言结构,它必须合乎一般的语言学规范,可以说,经
济语言学的对象,仅仅涉及表达经济的观念的元素及其构
成的语言研究。

　　所谓经济语义学,可以看成是分析哲学在经济学上的
应用,我用它来分析经济客观存在和标识它的概念体系之
间的关系。比如说,"一个鬼可以卖一百元钱",它在语
言表达上完全合乎语法规则,但在经济语义上却只能表示
一种情绪和非科学性观念表达,因为它的主语没有对应的
经济客观存在。我们这儿所说的语义学,研究目的在于找
出语义表达的规律性、内在解释、不同语言在语义表达方
面的个性以及共性。这么重要的一个学术分支,在中外经
济学教育中,居然没有一本教科书,让我们意识到,经济
学至今还不能被称作一门比较完整的学科。

凡是经济学者，都离不开元经济学，尽管有时候他们意识不到这一点。正如我们每个人都按人的自然生理规律生活，却并不都清晰地意识到它的客观存在一样。最早从事元经济学研究的，是一位匿名的经济学者，他写了一本名为《论政治经济学中若干字面上的争论》的书，可惜，该书和他的作者一样默默无闻。但该书提醒我们，许多所谓的经济学术论战，不过是毫无认识价值的语言辩论游戏。

尽管元经济学还没有形成体系，甚至没有一本教科书，但它作为经济学领域的学术研究对象，和经济学的历史一样长久。在此，我只指出马尔萨斯的《政治经济学的定义》和康芒斯的《制度经济学》这两本划时代的元经济学专著，就足够了。

曹国奇问：

> 闹了半天你在研究这个？为何我批判"马克思的价值没有对应的存在，是虚无的鬼"时，你为何不从经济学语义上也分析一下我的批判有理没有？

请曹国奇参考本书"马克思劳动价值理论研究"章，在其中，我已经解决了这个问题。不过，我并不认为马克思所说的耗费劳动价值，是"虚无的鬼"，我只分析了"劳动创造价值"这个语句的语言和语义含义及与此相关的错误。

我看过曹国奇关于"价值是财富的量"的解释。我有如下想法，不知当否，就教于此：如果财富的内涵和外延如他定义的，完全是物质性的范畴，则价值是财富的量，就只能理解成和公斤及马力等相近似的范畴。然而，价值范畴，是一个商品经济特有的范畴，离开了商品交换，价值就不存在了，而这显然和物质性定义有矛盾。

如果财富的内涵和外延不完全是一个物质性范畴，它本身就和价值概念重迭了，则他的这个"财富"概念，就和通常人们使用的定义不一致，其它读者就不能够理解这个语言文字所表达的含义。如果"价值是财富的量"，是指"价值是一件商品（一种财富）可以交换到的其它商品（其它种财富）的量"，这倒是一个接近正确的命题。我们通常把一件商品的价值，和它的社会购买力等价，所谓社会购买力，其实就是指这个商品可以交换到多少其它商品的量；用货币表达，就是可以交换到多少货币的量。

曹国奇还认定，交换过程就是分配过程。我认为，这只有在黄焕金网友的行业间进行商品交换的意义上才是正确的，而且这只是财富的第一次分配。在此之后，还有行业内财富的分配和企业内财富的分配。经济学上的价值理论，要研究这三个层次的分配。当然，我们在此抽象掉了政府在财富分配中的地位和作用。另外，认定"价值"只是一个定义，这是曹国奇的致命错误。尽管如此，我仍认为他的关于多层次因素迭加作用决定国民收入分配的思考，很有经济学、政治学乃至社会学的学术价值。

我之所以把经济语言学和经济语义学定义为元经济学，是因为在中外经济学教育中，都忽略(至少不重视)了对经济学科里的学生进行这方面的基础训练的必要性。的确，元经济学是一切经济理论的基础和前提，一个语言混乱、语义不明的人，不仅不可能成为经济学家，甚至连普通的经济学教师也不称职。试想一下，一句话"只有劳动创造价值，资本家剥削工人的剩余价值"，就搞乱了几十亿人的思想，这不值得我们的经济学界的学者们花大力气研究吗？对经济学来讲，这也是重中之重的学术问题和社会问题啊。

黄佶问我：

> "剥削"的含义，是"无偿占有别人的劳动"，和马克思的本意没有冲突呀？

我的回答是：明白了吧！语言谬误会害人的。比如说，"鬼"，虽不是个客观存在，却可以使人产生恐怖和厌恶的情感。要知道，人的行为也受感情支配。马克思的"剥削"的本质，和"鬼"一样。

有个叫 Kuhasu 的网友，看到我的上述对话说到：以前做翻译的时候，可没想到语言、语义能跟经济学搭边儿。赶紧把本书出版了吧。

元经济学的应用举例：

1. 英语中有 economy 和 economics，汉语中有"经济"和"经济学"，以用来表达不同的客观存在 汉语中有"经济专家"和"经济学家"，这和西方的 economist 的含义，是有很大不同的。

2. 英语专家张放，曾举过一个非常著名的例子：CNN 主播 Cafferty 在一档名为"The Situation Room"节目里，对于中国政府，他使用了"goons and thugs"。对于中国生产的产品，他用的是"junk"。显然，这三个单词并不是我们多数中国人所熟悉的。他这几个非常不被中国人熟悉的英语单词，却引起了中国外交部的严重抗议。

   任何语言，都有它的如下功能：（1）表述功能；（2）表达功能。其中表达功能还包括：(a)表达情绪；(b)表达一种主观性的认识、价值观或评价。CNN 主持人在此表达的，是他的个人价值判断，我们只要不认同他的价值观，就行了；中国外交部把他的这一表达，看成是一种污蔑，要求他向中国人民道歉，似乎意义不大。

3. 语言文字不仅可以表述经济存在，而且可以歪曲人们对经济存在（事实）的认识。比如说，"创造"就是这样的词。

此外，我看了许多经济学文章，有如下感觉：在许多经济学文章中所举的例子或例证里和辩论的题目里，不仅和论证的前提不符，有时候甚至风马牛不相及，许多文章例证，缺乏的最基本的前提设定，比如说：

(1)用孤岛上罗宾逊•克鲁索的例子论证商品经济；

(2)用小业主的例子论证资本主义商品经济；

(3)用消费者行为论证价格决定（尤其是资本主义商品经济中的价格决定）；

(4)用文物等特殊商品论证通过生产增加供给商品的价格决定；

(5)用资本主义商品经济的观点去看待封建土地经济和奴隶经济的问题；

(6)用似是而非的逻辑关系去进行论证，比如"价格低，人们就会多买些"等等，不胜枚举。

中国有个成语，叫"一叶知秋"；中国还有个成语，叫"一叶障目不见泰山"。搞学术研究，上述二成语都要牢记在心。

4. 近日翻了一下商务印书馆出版的中文版的熊彼特的《经济分析史》，有一个小发现：庞巴维克的《马克思主义体系之崩溃》，被翻译成《马克思主义体系的完成》。"崩溃"变"完成"，虽仅仅一词之差，但所要表达的意思，却差之毫厘、谬以千里！（熊彼特《经济分析史》，第2卷，商务印书馆，1994年版，第21页）

5. 看来，仅仅懂外语而不懂经济学，还是不适于独立翻译经济学著作，那些非经济学专业的译稿，最好由懂经济学的专家，帮助审校一下。否则，会出现这种状况：译者和出版社在以讹传讹还糊里糊涂不自知呢。

6. 外语不能增加一篇论文的学术价值，但能增加这篇论文作者的市场价值。在中国，这是一个真理。懂了这一点，足可笑傲中国经济学界这个江湖。

经济学，是一门从低级向高级一辈一辈不断传承的学术。我这里的"低级"，只是指朴素的非系统化的关于经济存在的思想，它有时候还可能处在非文字说明（如前辈或老师口头传授、江湖艺人口头演义等）状况，它大多是个体的经验总结，没有经过论证和科学检验。

语言谬误还可能生产观念垃圾。我们能否因为吴承恩在《西游记》中把一个并不存在的神话世界写的栩栩如生，就认定和去证实这个神话世界的确存在呢？显然，一个正常的人是绝不会混淆这两者的区别的。语言能够表述和歪曲客观存在，它也能虚构一些东西，但它（语言虚构的东西）毕竟不是客观存在本身。

比如说，现实中，商品交换是一种客观存在，价值理论是一种观念体系，我们能否用虚构的及歪曲的观念体系（价值理论）东西去描述和解释客观存在（商品交换）？

如同孙悟空（《西游记》中的斗战胜佛）有七十二变（化身），经济学上的"价值"，也有多个不同的内涵和外延；这就不难想象，为什么一个价值理论辩论了那么些年，还没有一个统一的大家认可的内容了。

经济理论仅仅能够自圆其说，那是远远不够的，它还要和客观存在相一致。据此，我说耗费劳动价值论和边际效用价值论等价值理论都是错误的或者是部分有条件正确的。尽管它们能够自圆其说，但和客观存在不一致。

在英语的语义中，商品的价值提高用的是"add"，比如小麦变成面粉，增加了价值，就用 "add"；而到了汉语里，尤其是中国官方经济学者理解的马克思语境中的商品价值提高，就成了价值创造，变成英语里的 "create"。比如小麦经过加工，变成面粉，劳动者就创造了价值，相当于英文的 "create"。就此而言，有个叫 amakesi 的网友的理解，倒合乎古典学派的原意：加和减是相对的，所以不能出现亏损的企业存在 "add" 价值的问题和状况；但 amakesi 把价值增加（add），写成价值创造(create)，就的确是错误的了。

原始森林，没有任何人的劳动，一直给人类提供木材和氧气。这时候，谈劳动创造价值，就和谈上帝创造人一样可笑、一样没有科学意义，但它的情感意义，尤其是隐含的具体时代的道德含义，确是不容抹杀的。

在德语里，"庸俗的" 和 "表面的" 是同一个词。但是，经济学，在德国，就是 "表面的"；在中国，大多就是 "庸俗的"。因为，多少年来，中国的经济学，就基本上少有真正的学术研究，只有不知所云、伦理道德批判、说教和辩护。

clm0600 网友在 "西方经济学把价值归于虚幻的游戏" 帖子里写到：

> 商品交换，交换双方的总成本没有增减，有赔必有赚，赔赚永远是相等的，你想通过交换让它增加或减少是不可能的。交换本来就是零和游戏，财富是生产出来的，不是交换出来的。几百年来经济学家的努力，到斯密之后就是一文不值的，统统要被扔进历史的垃圾堆。

这位网友，啥是成本，啥是交易价格，啥是价值，他搞明白了吗？他在西方经济学领域还只是一个门外汉，还没有掌握西方经济学的语言、语义、语境，而是一味地用他自己的语言、语义、语境去批判它。西方经济学诚然有许多问题（包括不知所云及谬误），但比他能够理解的，还是有知识的多得多，几百年经济学家的努力，在他看来一钱不值，这既是毫无根据地低估了这些经济学家，又毫无顾忌地高估了他自己。就我看来，交换是否创造价值，只是在于他自己的定义。他所用的"零和游戏"这个词组，也和西方经济学中的"零和游戏"的内涵和外延不同。

第四节 经济哲学

➤ 经济存在论和经济方法论

在上一节，我把经济认识论中的范畴论，命名为"元经济学"；在这一节，我来研究一下经济存在论和经济方法论，我把这二者归类于"经济哲学"这一分支之内。

先来探讨一下经济存在论。也就是说，首先探讨一下什么是经济存在，这个概念的内涵和外延有哪些。客观经济存在，是经济学研究对象，它是既予的、外在于研究者的，经济学，要把这个客观经济存在，先转化成观念上的概念集合，即用概念、范畴和关系表述客观经济存在的构成到底包括哪些东西。其实，通过不同的角度入手，我们就会得到不同的经济存在论，这些经济存在论，尽管初步得到的是对客观经济存在的部分认识，但这些部分认识的集合后及系统化再构建后，可以让我们得到一个关于客观经济存在的观念上的整体。比如说，如果我们从第一产业、第二产业和第三产业的角度，去定义、研究客观经济存在，那么，我们就会有相应的关于这些产业的经济学，如第一产业经济学（农业经济学）、第二产业经济学（工业经济学或制造业经济学）和第三产业经济学（服务业经济学）。如果我们从资本主义商品经济的运行过程，对这种客观经济存在进行定义和研究，我们就会有关于资本主义商品经济中的生产、流通、交换、分配、消费和再生产的经济学，我们还可以按部分过程或环节，将经济学分为生产经济学、流通经济学、交换经济学、分配经济学以及消费经济学和再生产经济学等等。如果我们采用经济学家通常所采用的角度，我们亦可以把对客观经济存在的认识，分为微观经济学、中观经济学和宏观经济学。如果我们把客观经济存在，依据制度经济学的角度，把它分成各种"运行中的机构"，来加以认识和研究，我们就有了消费者经济学、家庭经济学、企业经济学、行业和地区经济学、国家和民族经济学和国际经济学。

经济存在论，尽管不是经济理论学术成果的必然来源，确是经济理论生长和繁荣的温床。许多经济学家，都是通过对客观经济存在提出新的分类和新的视角，进而发现新的真理和制造出新的认识工具及其方法的。经济理论进化的历史，就是不断深化对客观经济存在认识的历史。当然，经济存在论，并不必然导向经济学真理的发现和新的学术成就的取得。

接着我们来探讨经济方法论。通常是，有啥样的经济存在论，就有啥样的经济方法论。在对经济方法论探讨之前，我来举个例子：我在徐州，要去北京旅行。在现有的科学技术许可的条件下，我有多种方式和方法可供选择。我可以选择从陆路、水路和空中等途径去北京。在陆路中，我还有多条路径可供选择，而且在同一条路径中我还可以采取步行、骑自行车、开汽车等多种旅行方式。这些途径、路径和方式，都可以使我实现从徐州到北京旅行的目的。甚至于想象和做梦也可以看作是一种方法，尽管不是一种当下切实可行的方法，或者说，它有可能为以后提供一种在真实中实施的观念。

至于我实际采取何种途径、路径和方式，要根据我当时的条件再做决定。经济方法论，和我上述关于旅行的途径、路径和方式的性质，是一样的。在经济理论史上，存在许多研究客观经济存在的方法，比如历史的方法、归纳的方法、综合的方法、抽象的方法以及数理的方法和动、静态的方法等等。这些认识方法，都被许多经济学家所用，也由此取得了许多经济理论学术成就。与此同时，纵使许多经济学家熟知各种认识经济存在的方法，有的甚至把方法论写得头头是道，却并没有取得任何具体的值得一提的学术成就。如同钓鱼人，纵使使用了最先进的海杆，还是没有钓到一条鱼。不过，对于最早提出某一种经济学方法论的经济学者，经济理论史还是给他一定的学术嘉奖的。比如说，德国的历史学派，就是这样的一个代表。尽管历史学派，受到过奥地利学派的抨击，而且几乎没有取得任何值得一提的经济理论成果，但他们的历史主义的方法论（其实，发现客观经济存在具有历史性的特点，这也应该算是一个学术贡献，但他们把历史性和规律性相对立，就犯了过犹不及的错误），仍使他们在经济理论的学术发展史上获得一个席位。

在经济理论史中，认识方法也有一个从简单到复杂的进化史。例如，价值理论，就是从最早的一维的（线性）认识方法（古典学派的"劳动"和效用学派的"效用"），经二维的（平面）认识方法（剑桥学派或马歇尔学派的"供给和需求"共同决定论），发展到三维乃至多维（里昂惕夫）和系统认识方法的（包括统一经济学的"所有权"和"时序"为主的交换价值多要素决定论）。

> ## 李斯特与经济存在的历史性

对客观经济存在具有历史性的认识，使李斯特成为一个最清醒的经济思想家。"伟大的人格造成伟大的经历"这句话，对李斯特的表述显得特别正确，我还想再加上一句："伟大的经历，铸成伟大事业的理论"。

李斯特（1789-1846），德国伟大的经济理论家，杰出的社会活动家，德国关税同盟（德国统一的基础）的创议者和领导人，为德国从落后国家变成发达文明的强国，做出杰出的理论上的和实践上的贡献，从而在德国经济史上和经济思想史上，有着任何人都无法取代的地位，但他一生坎坷，多次遭受反动政府的迫害，于1846年自杀。

李斯特在经济理论上的贡献有如下几方面：（一）国民经济理论；（二）生产力理论；（三）保护关税理论；（四）发展阶段理论。其中（一）为中心，后三者可看成是对（一）的论证、补充或子部分。

李斯特在《政治经济学的国民体系中》一书中，首先提出古典学派（他称为世界主义）的自由放任理论，是有条件的，它忽视了民族发展的特点，是把世界看成是一个经济整体的结果。古典学派经济理论不是无条件适用于每一个处于不同发展阶段的国民经济，为此，他提出了他的目标是建立国民经济学。这门学科的任务是规定一个民族的经济基础及其扶植工业发展的条件。李斯特分析了国内分工及其对一国经济的影响，在此基础上，提出了他的生产力理论。

李斯特认为，古典学派的世界主义偏重价格和交换，而他的国民经济学的核心，就是生产力理论。

李斯特认为：

> "基督教，一夫一妻制，奴隶制度和农奴身份制的废除，地主政权的世袭，印刷、报纸、邮政、货币、度量衡、历书和钟表的发明，警察制度的实施，自由土地所有制，运输数据的推行，就是生产力的丰富源泉"。（李斯特《政治经济学的国民体系》，商务印书馆，1997 年版，第 155 页）

为了发展生产力需要国家的干预和支持，同时注意精神资本的积极保护和积累，因为它们也具有生产性质（在生产力内容及国家作用方面，他和亚当•弥勒非常一致）。并且为了发展生产力，当需要扩大某些具有重要意义的产业部门时，要施行积极保护政策。发展生产力，对于一个国家意义大于交换价值。李斯特不仅引用了一大篇历史，加以佐正，而且提出了经济发展阶段和具体政策理论。

李斯特把有史以来的经济发展，分成蒙昧时期(狩猎时期)，游牧时期，农业时期，农业兼工业时期和农业商业时期。部门准则，是李斯特划分阶段的基础，他认为什么部门占主部地位，是确定该经济所处阶段的依据。他认为，从单单的农业国过渡到农业工业国，然后过渡到工业农商业国，是经济发展的实质和目标。

依据他的生产力理论和他的经济阶段理论，李斯特提出了他的保护关税理论。他认为：关税的基本任务，是扶植一个国家的工业，是为了给世界经济中足以保证某一国家得到独立和自主的经济基础发展，创造有利的条件。李斯特认为，关税只是一种临时的措施，只有当某一国家在工业方面尚未站住脚跟之前，才需要关税，如处在第四阶段的民族和国家，就是这样：它的工业基础已经发展，但还不巩固；但关税不适于农业国家，也不适合经济高度发展的国家。李斯特的关税理论，是对关税问题最科学的分析，是近现代民族国家扶植幼稚工业发展的理论基础。

总而言之，李斯特的国民经济理论体系，在逻辑上非常严谨，是一个相当完整的理论体系，许多国家（包括德国）所走过道路及运用的政策，证明它的正确和普遍有效性。

李斯特是一个大经济理论家，把他作为榜样的历史学派（包括新、旧历史学派）的成员们，却没有做出任何值得一提的理论贡献，这也毫不奇怪，他们发展的方向之一，就是消灭经济理论（他们反对归纳，而提倡历史实证主义）。这在克尼斯身上极为明显，令人费解的是，这个要求取消经济理论的人，却写了一本《货币国定论》的理论著作。

除了李斯特之外的历史学派，尽管没有取得过什么理论上的巨大贡献，但他们在三个方面对古典学派进行了批判，对经济理论的进步起到了解毒剂的作用：（一）强调当今生活与自然规律有不同之处；（二）批判古典学家的"世界主义"，强调民族的特点；（三）批判古典学家"归纳方法"，强调经济与政治社会的其它方面的相互作用。俄国经济学家施拖尔希，和李斯特一样，他把政治经济学命名为"关于经济发展阶段的自然规律的科学"。也提出了经济发展阶段理论，但没有李斯特的深刻。

➢ **客观性是经济科学存在的前提**

我在本书中一再强调说，客观性是经济科学存在的前提。可以毫不夸张地说，经济学的灵魂，就是经济学的客观性。离开了客观性，经济学就没有了科学性，就会变成没有认识价值的诡辩和"公说公有理、婆说婆有理"的道德偏见集散地。

在此，我先提出一个经济学假设（姑且称之为"假设"）：在资本主义商品经济中，财富的分配，和形成财富的要素的所有者，可以没有任何个体性的"贡献"上的关系。那么，这个假设，是一种对资本主义商品经济的客观存在的正确反映吗？或者更精确地讲，这个假设，是否反映了资本主义商品经济的客观存在的主要事实呢？如果在资本主义商品经济社会中，财富的分配所依据的，和目前的教科书（包括马经和西经）所传授的"贡献论"，完全或基本不一致，那么，这个假设，就会转变成为一个经济理论史上具有重大革命性的科学发现。为此，我研究了资本主义商品经济中财富初次分配的三个层次，即企业内的分配，同一行业内企业间的分配，和不同行业间的分配。我觉得，整体讲来，初次分配的贡献决定论（无论是马经还是西经），是对资本主义社会客观经济存在的扭曲的乃至歪曲的反映，因而是错误的，至少其所谓的资本主义商品经济分配遵循依据贡献为主体分配依据的论点，是错误的。

我认为，人的经济行为，具有主观性，这种主观性并不能够等同于理性。因此，对西方经济学中的"理性人"假设，我也是有保留的。西方经济学的理性人观点，就如同瞎子摸象，它属于片面性认识。如果把经济学建立在这一基础上，得出的结果必然是错误。我的理解是，人类的个体行为，除了受理性支配外，还受情感、本能、冲动及疯狂乃至群体暗示等各方面的影响；人类的群体的行为（包括经济行为），则会更加复杂。

但是，如果因此反其道而行之，并进而认定，人的个体及其群体的行为，没有规律性或规律性很少，甚至进而言之，经济学，因客观存在的行为主体的特殊性，而不含有科学成分，那就更是我无法苟同的。

通常，有啥存在论就有啥认识论；但是，"经济"这个客观存在，没有大家通常认为的那么神秘。因此经济理论（包括价值论），也不需要形而上学，不管多么奥秘的形而上学。定义一百个概念，把虎画成猫，大致不错，而把虎画成犬，那就是歪曲。建议大学中经济学本科生和研究生，都必须先念一年以上的与经济学方面相关的语言学和语义学课程，否则，没有这些必需的素养去读经济理论，要么会不知所云，要么会把"鬼"也当成一种客观存在了。

由此，我想起了我读研时给我授课的孟氧老师，他是一个勤劳智慧的长者。但他受到意识形态的影响，认识上也存在误区，以至于把晚年的全部精力都放在"社会场"的研究上，意图建立社会经济和自然的统一场论。事实上，正如牛顿在晚年把精力放在证明上帝存在是误入歧途一样，我认为，孟氧老师晚年的努力，也是一种误入歧途。

就商品经济的存在论而言，我也想延伸用一下马克思曾经用过的比方：市场经济好似有机体，个别企业好似细胞，而工人和资本家好似细胞壁和细胞核，而行业则是市场经济中的某一器官。同样，我们也可以从微观（企业）、中观（行业或地区）和宏观（国民经济整体）三个层次，对这一问题进行科学研究。

我想，我们还没有确凿的证据来证实，处于任一层次的主体，比其它层次的主体，信息更完全，决策更不盲目。

对此，我有如下两点说明，以加以阐释：第一，所谓企业投资的盲目性是有经济外在条件的。举个例子，比如说，两年前，一个企业在中国西北地区的一个城市投资了一家医院，因有效需求不足，经营困难，这时候，从纯粹投资的角度看，这个投资是无利润的，对投资者是不利的。今年，政府要提高整个社会的医疗卫生福利，这个投资因有效需求的改变而变得有利润了，而提前投资又使该项目处在非常有利位置。第二，由于企业的专业性和规模的巨大，有时侯，它比行业协会和政府，对该投资方向的判断，可能更准确。比如说，微软公司在信息产业方面，可能比许多国家政府的认识更全面。

　　许多经济学者都举过这样一个例子：一个人在剧院里看电影，坐板凳看不见，站在板凳上就能看见了。如果大家都站在板凳上，是否就都能看到了呢？答案显然是否定的，至少是不确定的。所以，有时侯，一个经济学理论，在微观上能够成立的，在宏观上就不一定成立。也就是说，朴素的经验的表达，决不能自然而然地成为真理。

　　经济思想史中，有许多值得一提的关于经济存在的某一侧面的学术著作，比如说，贝克尔《家庭论》等，就值得一读。但我觉得，家庭需要经济支持，但主要不是靠经济来维持，如果用经济学上"理性人"的观点维系家庭，那是注定要失败的。

　　经济学还存在这样的一些存在论方面的困扰问题：

1. 如果我们生活在计划经济社会或者封建社会，因为没有"交换"，就没有必要研究经济学吗？或者说，经济学，只是关于商品经济客观存在的学问吗？
2. 就以商品经济为对象的经济学而论，经济学也主要不是研究个人之间的交换。对于个人之间的商品交换说来，价格的确具有偶然性，或者说，个人的主观性对交换和价格，有着重要的影响。但是，经济学一旦研究一种商品交换的集合或者研究行业产品时，就会发现，决定商品交换的因素，主要是另一些具有客观性质的因素。而许多主观性的东西，会因样本增加而失掉了重要性。但我们要时刻切记，个人的主观性对于商品交换是有影响的，尤其是理解一些特殊商品（如古玩）及特殊时期和特殊地点的商品的价格确定时，这一点，就需要特别强调。

3. 古典经济学家已经把分配纳入经济学的研究对象。分配是否应该是经济科学的研究对象，纯粹是一个关于"经济"的存在论问题。一个美国经济学者可以把家庭和婚姻纳入经济学对象，其他人也似乎有理由把分配剔出经济学研究对象。

汪林海说：

> 经济学家们的"经济人"行为（推销自己的理论，让自己获得利益和满足），结果是分裂了经济学，使经济学成了神学和价值观。

我不同意他的上述观点。我认为，大多数的经济学家，首先是一群科学家，其次是道德高尚的人，也许有时侯有点固执己见，那也主要源于对客观存在认识的局限性，决不是有意识地出于个人偏见或利益需要，而故意欺骗后学者。此外，由于许多经济学者的努力，我们对商品经济的认识，已经取得了非常大的进步。比如说，批判萨缪尔森的经济学存在主观主义，没有错；如果批判凯恩斯的经济学也是主观主义的，那犯错误的就是批判者自己。我认为，凯恩斯的《通论》，是基于客观主义和经验主义的，他避免了效用价值论者的死穴。价值论，归根结底是一种中观经济理论（这也是我的主要经济学贡献之所在），它联结宏观经济理论和微观经济理论。马歇尔避开古典学派和效用学派的价值论陷阱，研究个别企业的供求关系及长短期条件下的价格体系，取得成果，他进而在此基础上，形成一个比较正确的微观经济理论起点；凯恩斯避开了价值理论的陷阱，从国民经济宏观体系出发，基于既予的价格体系，构成了一个比较正确的宏观经济理论基础，他们的思想，都是经济学的科学部分，是我们经济理论研究发展的起点。

通常大家把科学定义为对客观存在的描述和认识，它可以被证实和证伪。经济科学是人类观念中和客观存在以及理性相连的那一种；而信仰则是人类的另外一种观念，这种观念无须得到证实和证伪，它常常和人类的感性情感和本能联系在一起；宗教则是信仰观念中的一种，它时常和人类的来源和归宿联系在一起。信仰和宗教这两种价值观念，和科学应该属于人类观念中不同的领域。

科学要求对象明确，比如，当说劳动力价值为 100，其创造的价值大于 100 时，你首先必须明白三个问题：你所说的价值的内涵和外延是什么；劳动力的价值是如何决定的；"创造"是指的什么。如果这些问题，都还没有搞清，那些无论是对《资本论》进行批判，亦或是对《资本论》的批判进行批判的人，都还不具备最基本的知识基础条件。

我想强调一点的是，传统的西方主流经济学（一直到萨缪尔森），都是把资本主义商品经济制度看成是"自然的"，只有马克思、凡勃伦等非主流经济学家，才把它看成是人为的。况且，马克思本人一半还是"自然历史"论者，这都阻碍政治经济学的发展以及人们对现代商品经济制度的理解。我这儿的使用的"政治经济学"，是指含有社会道德伦理观在内的国家经济学，俗称"经邦济世"之学术。我觉得，现代社会中，除了马克思主义者和马尔萨斯主义者外，很少的现代经济学者，会相信有什么"自然的"经济规律存在。

直至今日，中国的许多经济学者，对《资本论》的研究，仍主要集中在马克思经济理论中的伦理方面，而不重视乃至有意识地忽略了马克思经济理论中的科学分析方面。这是马克思主义经济学不能快速发展并与时俱进的重要原因。举个例子来说，如果我们把自己当成一个有独立思考能力的人的话，我们完全可以把马克思关于生产力及其构成的理论，看成是一种关于经济侧面中生产力部分的存在论，也可以把马克思关于生产力性质的分析，看成是一种科学假设。

经济学的存在必须以理性为前提条件，但经济存在则不然。比如说，个人和群体的经济行为，有许多是非理性的（不能等同于反理性的），有的是本能的，有的是情感冲动性的，有的甚至是常人不可理解的乃至疯狂的。所以，理性人的假设，也只是一种关于经济存在的假设（片面认识），它只是从"人是理性的"的这一假设出发，研究商品经济将会如何运行以及应该如何运行，也就是说，利用它会有助于我们去理解客观经济存在中齐一性的那面。

➤ 商品经济理论中的价值论

关于资本主义商品经济中的价值决定以及它是如何运行的，本质上是一个科学问题。我们在这一节，仅从存在论和认识论的角度，对它进行简单的研究。

先比较一下古典学派、效用学派和我的统一经济学关于资本主义商品经济的价值理论研究。古典学派是从劳动这个生产要素的角度，去试图理解商品的价值是如何决定的；效用学派是从效用这个影响需求的要素的角度，去试图理解商品的价值是如何决定的；而我的统一经济学，是从所有权这个制度构成的要素的角度，去试图理解商品的价值是如何决定的。这三种学术探索，从存在论的角度看，它的客观存在实体，都是既予的资本主义商品经济；从认识论的角度看，它们都需要利用人类的理性概念和范畴体系，来表达和分析这个客观存在，并产生观念的排列和综合；从方法论的角度看，这三种学术研究的方法，都具有各自不同的性质，尽管这种性质，有历史进化的性质，也有高、低级之分，但并不能因此确定，因认识方法不同而研究出来的结果具有不同的科学性（真理性）。我认为，经济理论（包括价值理论）中的科学性（真理性），来自于经济学者对客观经济存在的正确认识，而与经济学者所持有的关于经济客体的存在论和认识论之间，并不必然具有因果关系。

一个网友提出：

> "价值是什么"是哲学上的判断，而"如何分配价值"才是经济学上的判断。关于哲学含义上的"价值是什么"，我不知道，我觉得它纯粹是一个定义问题。但在经济学上，"价值理论是用来干什么的"，则有特定的含义，它和哲学上的"价值"含义完全不同。

我的理解和这位网友有如下不同之处：我认为，从狭义上讲，价值理论是研究商品之间进行交换时其交换比例受何因素决定的理论；从广义上讲，价值理论是研究市场经济如何运行的理论。"如何分配价值"，的确属于经济学研究的范围，它包含两层含义：物质财富（含土地）和劳务的分配，以及使用货币（社会购买力的一般形式）后，体现出的对物质财富（含土地）和劳务的控制权力的分配。

　　要回答这位网友的上述问题，需先搞清楚两个基本点：

1. 经济学上的"价值"范畴，是商品经济特有的呢，还是所有社会都有的呢，它是人类社会特有的呢，还是和物质一样，不依赖人类及其意识而独立存在呢？

2. 劳动"创造"价值，是一个科学发现呢，还是为了证明一个伦理判断的正当性，而编出的一个先入为主的偏见和谎言？或者说它是一个语义学上的谬误；"创造"是什么意思，它和"鬼使神差"的概念类似吗？也就是说，它是否是这样一种性质的动词，它仅仅表达人们的一种想象的情感和意愿，而没有客观存在相对应。

　　比如马克思的劳动价值理论，如果认为它仅仅是一种定义，那完全是理解错了：马克思及所有马克思主义者都把它看成是一种科学发现，并认为这种发现，揭示了资本主义商品经济的一般规律。

　　我一直坚持这一观点：价值是商品经济特有的范畴，离开商品经济，就不存在。曹国奇说"价值是财富的量"，我觉得这种表述就不是很清楚：这是定义呢，还是发现呢？由此，我们推断出如下结论：

1. 曹国奇否定价值的"创造"说，是完全正确的。凡是"价值创造"论者，都是上了语言不清和语义不清的贼船。此外，价值创造是不知所云的，不管价值创造是一元论和多元论，都是错误的。

2. 10000 吨粮食，无论如何，也不会因某些人的主观评价，改变一个原子，如果这些人没有特异功能的话。但是，同样的 10000 吨的粮食，在灾年和丰年，对于同一个社会和个人，其重要性及社会评价肯定是不一样的，比如说对去年和今年的朝鲜人民来说，就是这样。这和是否是商品经济没有任何关系。在商品经济中，这种粮食的重要性及社会评价，会影响到它与其它商品之间的交换比例，包括和社会购买力的一般形式（货币）的比例，这时候，我们就说，粮食的价值（较丰年）提高了。在此，我们和边际效用价值论之间的区别和联系，就一清二楚了：我们既承认个人和社会的主观评价对商品的价值决定起作用，同时又指出它只是商品价值决定的一个因素，而且我们还指出了这一因素是通过什么影响商品的价值的。

3. 商品的价值，只有在商品经济才有意义。当曹国奇说"价值是财富的量"时，他就又引进了"财富"这个和人们日常使用含义不同的概念。

4. 价值对于生活在商品经济社会中的人来说，就是一种客观存在，尽管是社会性的客观存在。尽管这种客观存在完全是人为的，是社会许多个人及组织主观评价的结果及客观化。它的最一般的表现形式就是货币。同样，财富，在商品经济中，也因商品经济的特殊性质，而有了特殊的规定，使人们感觉到，似乎不能交换到货币的财富，就不是财富。

5. 对价值进行定义，依据我们要"价值"这个概念到底去做什么。假设我们先抽象掉货币的存在的话，所有的经济学者，其定义的第一和最主要的目的，就是为了确定，如果商品甲与商品乙及与第 N 种商品之间进行交换时，归根到底是哪些因素决定它们之间的交换比例。如果我们在这一点能达成一致的话，那我们就在价值理论的研究工作上，向前迈进了一大步。

6. 决定交换价值的因素，不仅不是不可知的，而且是可以逐条指出的。这些因素依据不同的分类标准，又可分为影响交换比例的偶然因素和内在因素，以及中心因素和波动因素。在我们强调价值决定因素的客观性时，决不能否定人的个体的主观性，

7. 商品的价值，是否和重量一样，具有实在的可比性？这种实在的可比性，是不依赖于商品经济制度而存在；还是指只有在商品经济制度中，这种实在的可比性，才有意义？比如说，石油，在没有发现它有用处时，它有没有价值。发现它有一定用处后，在可以无限供给和可以人为控制供给的情况下，它的价值如何确定。

8. 当我说"商品交换的决定因素主要是客观存在的因素"时，这个"客观存在"，是有特定含义的，是相对生活在商品经济社会的人来说的，离开了这个商品经济社会，这个客观存在也不存在或没有意义。比如说，货币制度和所有制，在商品经济社会，它就是一种非物质性的社会性质的客观存在，它不以个别人的主观意志而转移。

9. 有人说，价值决定和测量的客观性，将导致"循环论证"问题，我认为这是不存在的。李嘉图之所以会破产，决不是来源于劳动价值理论的客观性，而是来自于李嘉图劳动价值理论的耗费性。我证明了，所谓的价值创造和价值分配，不过是一种因语言和语义上的错误交织成的合成谬论。在商品经济中，财富的价值决定过程就是财富的分配过程。在计划经济中，生产过程和分配过程是完全分离的。这两种经济制度及其运行机制，有很大的不同。

10. 就价值论而言，中国的马派和西派，都不过是瞎子摸象，对商品经济是如何运行的，都还没有全面的科学的认识。那些靠所谓权威支撑的观点，终究不过是昙花一现，只有正确的经济理论之树，才有生命，才能够常青。

11. 任何经济体系都是人类行为的一部分，它必定包含个人的主观能动性在内。但如果认为人类的经济运行完全是各个个人主观意志的结果，那也是不合乎客观存在的事实的。很多时候，人类的行为，是受客观存在的经济制度的制约的，并且是合乎经济制度的要求的。

因此，我认为，价值理论，不是象《易经》那样的玄学，也不是象《圣经》那样的神学，它是科学分析的结晶。自从被提出那天起，它就有非常清晰的目的性：那就是试图解释在变化不居的价格体系后面，是否能够找到一定的规律性。或者说，找出决定商品交换比例的那些因素。

张建平把西方经济学判定为建立在流沙之上，是傻子经济学。(《西方经济学的终结》，中国经济出版社，2005 年版) 我认为他这样说，也是有一定根据的。我非常欣赏象黄焕金、曹国奇及张建平等人的一些文章，别人言多有失，他们言多有得。业余爱好者有时侯的直觉判断能力，有其特殊的价值。通常，专业教育有助于人们对客观存在的理解，但有时侯则相反。

如果我们想到的，我们的前人都知道，那哪儿还有科学创新？中国人有种阿 Q 精神：凡国外的发明，中国几千年前都有了。有的人则反其道而行之：凡你们想的，老外都写成书了，要怪就怪你们没有读到。

我们应该支持怀疑精神和创新勇气，乱扣帽子只能证明对待学术研究的态度的非科学性和反自由性。想想刘国光之类的极左派是如何对待西方经济学的，就一目了然了。

　　学术研究成果，是一种客观存在，它不会因为不被承认就不存在。它也不会因为不被承认，就不对社会产生影响。那些漠视理论创新的人倒有掩耳盗铃者的风格。

　　那些崇拜权威的人，多看看马克思和凯恩斯的书，多有点批判精神，才会多有点接受学术异端的勇气。学术研究不能搞垄断，不能搞一言堂，否则学术创新就会成为一句空话。想想原来万马齐喑的日子，我觉得今天的学术自由辩论网络，是人类学术进步今后一块难得的沃土。所以，我对那些在中国进行西方经济学的传道者（包括马派和西派）呼吁：回到马克思，回到凯恩斯。

　　做经济理论史学术研究，要有自知之明，同时还必须"知人"，许多人对此感到有点莫名其妙。其实很简单：比如说我要批判西方经济学的某个理论，我就要研究这一理论的学术演化史，也就是经济学者的思想史，而经济学者的思想史，通常就是这个经济学者个人历史的经济学表述。

　　经济学，在西方国家发展了几百年，一些错误已经转变成为公理，一些伦理偏见已经被看成为科学发现。在这种西方社会学术背景下，反思和发展经济理论，将会遇到巨大的所谓既定范式的障碍。想想凯恩斯《通论》的出版，对当时的古典经济学的震撼吧。

　　创新不是全盘否定，而是扬弃。是真理就坚持，是错误就放弃。我们没有成规和范式的拘束。我们毕竟开始不迷信书本，用自己的眼睛观察现实的客观经济存在了。

　　有的人曾讥讽地说：一个人会算，也别算错了自己的天赋。对这种讥讽，决不能漠然置之：这种人，记住了那么多的东西，却忘记了那和牛顿（更别提张五常了）一样--也许还更高的天赋。

　　经济学理论的每一次突破，都被看成异端，也时常被封杀。还有些人，走入了自然科学方法的魔咒：他们离开那些数学语言，就不能表达经济学概念，经济学就真那么高深、那么玄幻，离开数学语言就讲不明白？我认为，那些故弄玄乎的表述方法，只能证明其对经济学理解的肤浅。尤其是广大初入门的学生，别让数学垃圾挡住眼睛，连经济学的低等数学表述都还没有学好，还在那用高等数学，肯定会出问题的。

　　马歇尔和凯恩斯，一再告诫我们，在应用数学时，要特别谨慎。但是他们的现代继承者们，没有他们的理解水平，却在经济学中滥用数学，造成了大量的垃圾，使广大学子深受其害。我不反对用数学语言，我要提醒别滥用数学语言，以防掉进凯恩斯所说的数学垃圾的陷阱。比如说，边际生产力决定收入分配理论，就是用数学去解决理论上不可能用数学解决的问题所形成的一个理论谬误。我对数学没有偏见，和喜爱应用数学的经济学者之间，也没有任何个人恩怨，我只是说，滥用数学（纵使是高等数学）是在误人子弟。我想提醒那些虽有半瓶子醋却自以为是的海归们：你们在向学生兜售那些西方经济数学垃圾时，好好想一想，是否是在浪费学生们的宝贵生命。写的人不知所云，读的人莫名其妙。凯恩斯把这样的所谓的经济学文章，称为垃圾。连基本概念都搞不清楚，就去套数学，还要别人跟他学，还美其名曰"高级"。这不是发疯吗？用小品式样的话说是：大发疯，和发大疯。

　　比如说，经济学上，有一个名词："完全竞争市场"。这个名词，是在下一个定义呢，还是在描述抑或分析经济存在呢，不搞清楚，就会陷入打"上帝是否存在，是啥样的"之类的笔墨官司。任何企业的要素价格都不能仅仅靠数学解决，它都是既予的（和"外生的"概念还不能完全一致，"外生的"，意味价格可以独立于企业存在），都是历史形成的，它是企业的运行基础；纵使是垄断企业，它的要素价格也是如此，但这并不意味着它不能逐渐改变部分要素的价格（如工资），也不意味着它能够改变它所需要的全部要素的价格。完全竞争市场中，企业是价格的接受者，这个"接受者"，只有在"无法向上改变产品价格和无法向下改变要素价格"，才有意义；否则就是循环定义从而没有认识价值。

诺伊曼在其它领域的成就，我不敢妄加评论，仅就他在经济学的贡献而言，我可以说他是不知所云。比如博弈论，它是在完全竞争的市场还是在垄断竞争的市场下成立，他都搞不明白。现代科学（包括经济学），已经非常专业化，跨领域研究，如果不小心，纵使是诺伊曼这样的计算机天才，也不免在其它领域（包括经济学）出洋相。博弈论的理论基础，是垄断的存在，在自由竞争的环境中，纳什的理论，就成为胡思乱想。就国民经济分配的现实原则而言，纳什的理论，确有正确之处：就某一时间而言，国民收入是一定的，各个阶层的博弈能力必定影响他们的分配比例。不过，在不同的政治及经济制度中，收入分配往往还有更为刚性的决定因素，它们作为既予的外在因素，如计划经济中的领袖的目标（包括管理者的偏好和利益）和市场体系中的所有权，比纳什的东西，将更为有力的决定那些分配的实施。国内的那些人云亦云的海归教授们，他们只会鹦鹉学舌，哪里懂得这些道理。

所以，我认为，就西方经济学作为一个理论体系而言，其中部分内容是子虚乌有的，部分内容是对现实加以歪曲的，也有一部分内容是正确的，是对市场经济的客观认识和科学分析。我一直说，那些迷信西方经济学的人，要先把许多理解经济学所必需的基本知识学好，再谈经济学，否则连正确的那部分内容，也会搞不明白。

> ## 对经济学中主观性趋向的批判

张建平说：

> 经济学不存在客观性。价值乃主观性的东西，因此，经济学是研究人的经济行为的主观动机的学说。

对于张建平的上述观点，我是坚决反对的。我认为：经济学，当然要研究经济主体的主观性这一方面，但更主要的是研究经济主体及其行为的客观性。西方经济学有诡辩的成分，而且我认为这些诡辩成分，主要是和它的主观性相关；但是，西方经济学还有客观性，所以它也有科学性的那部分。这是张建平还没有理解的。张建平的《终结》一书，对于那些沉迷于现代西方经济学教科书的读者来说，是一剂很好的解毒药：现代西方经济学不管它披上多厚重的数学外衣，它的主观主义哲学基础，都不可能使它变成科学。现代西方经济学必须回到英国的经验主义哲学基础，才能浴火重生。

现代西方经济学教科书，通常就是一个大杂烩，其中有对经济理论中科学成分的继承部分，这一部分是人类文明的成果，对于这一部分，我们要加以继承并发扬光大的。因此，对待西方经济学，应该参考马克思对待德国古典哲学的态度和警告：不能泼洗澡水连孩子也泼掉了。

张建平不同意李嘉图关于商品应该区分为两大类的观点。其实，张建平不理解，李嘉图关于商品应该区分为两大类的观点，充分证明了李嘉图的严谨。不管个人的主观偏好如何（李嘉图没有专门讨论有用性），只要能够交换，就是商品。但是，商品是千差万别的，李嘉图发现了这些千差万别中他认为是也的确是很有经济意义的区别，那就是商品在供给性质上的差别：到底是可以通过生产而增加供给的商品，还是不能够通过生产增加供给的商品。李嘉图认为，他的经济学的主要研究对象，是"可以通过生产而增加供给"的商品，这是他的伟大之处。这一点，至今还是所有经济学者，从事市场经济研究的逻辑起点，也是商品经济学教科书的基础理论内容。

张建平对资本主义商品经济的认识，是不正确的。他不明白，一个人对一种商品的主观评价，如果没有他持有的社会购买力作为支撑，几乎不影响这个商品的价值或价格，这就是商品价值及其决定因素的客观性的最有力的证明。

在资本主义商品经济中，商品经济的主体是资本家，而不是一个个商品生产者个人，他们的生产目的是为了利润，而不是使用价值。凡是把资本主义商品经济假定为个人之间进行交换的商品经济，都是犯了关于资本主义商品经济的存在论的前提不清及抽象不当的错误。

就马克思意义上的资本主义商品经济而言，商品交换只有资本家与资本家以及资本家和工人之间的交换。李嘉图很少研究资本家和消费者之间的关系，因为他只研究耗费劳动大于 0 的商品交换，而且把消费者对交换的影响，放在需求对价格的影响中加以分析。

商品交换制度，是基于所有权的经济运行制度，没有所有权，就不存在商品经济。在资本主义商品经济之前，还存在封建性质的商品经济及自由民性质的商品经济等等，它们的区别，只在于私有权的具体形式不同。

张建平说:

> 如果像你上面所说,马克思的交换是"只有资本家
> 与资本家",那么马克思错了!《资本论》上谈论
> 的商品交换是从"X 量的商品 A＝y 量的商品 B"
> "20 码麻布＝1 件上衣"这种形式开始的。即便是
> 后来马克思把 A、B 其中之一限定为货币,通常意义
> 上货币是在消费者手中。

1. 所以,我说马克思在《资本论》第一卷一篇一章中犯了
   这样的抽象错误:(1)同是商品经济,基于个人私有制
   和基于资本主义私有制,其商品价值的决定因素,是不
   一样的。(2)他把该处分析的商品经济一般,和后来分
   析的资本主义商品经济具体,混为一谈了。

2. 在资本主义商品经济中,货币主要在资本家手中,而不
   是在消费者手中。你看看今日中国、欧美等国家,货币
   主要在谁手中。从交换的角度讲,资本家性质的厂商的
   交换行为及其目的,和消费者的交换行为及其目的,是
   不同的。资本家性质的厂商的交换行为及其目的,是不
   符合戈森定律的。

3. 马克思劳动价值理论的错误,不是它的客观性,它的客
   观性所引导的结论,是正确的。我认为,经济学的前提
   是(或应该是)纯粹可验证的科学判断,而弗里德曼等人
   则认为经济学的前提假设不必可以验证,只要具有预测
   力就可以,因此是一种实用主义经济观。这个问题,对
   于经济学可以说是个性命悠关的问题。其实,经验主义
   和实用主义之间,并没有很深的隔阂。经验主义属于较
   高哲学层次的,实用主义属于较低哲学层次的。在经济
   学理论研究方法论层次上,实用主义是较低级的经验主

义，或者说，是经验主义的应用和延伸。

经济学的科学性，来自于对经济存在及其客观性进行的理性认识。把主观性作为经济研究的基础和原点，尽管不是不生产的，却是狭隘的，因为它只适用于商品经济中的一小部分，而不适用于最大的那部分的商品。对此，还是李嘉图更严谨，他说，他只研究通过生产可以增加供给的商品；那些非此类（靠心理决定）的商品，他不研究。这是他的伟大之处。

在一次偶然的出差途中，我思考，主观主义经济学为啥在经验主义的英国和实用主义的美国，也能取得胜利。我觉得大致有如下因素：

其一，经济行为中的主观性因素的存在，是一个客观的事实，而且它的确对经济运行有巨大的影响，这是任何人都不能无视和抹杀的。经济行为，首先是个人的行为，其次才是群体的行为和运行着的机构的行为。因此，含有主观主义的西方经济学，从这个角度讲，对商品经济的认识，也具有科学性。它作为必要的解毒剂，是对古典学派（包括马克思）纯粹客观主义的有益补充。其二，英国的经验主义和美国的实用主义，由于没有无神论的土壤，因而其哲学的社会基础，必然是不彻底的。一个以基督教为信仰的国家，它不可能做到彻底的经验主义和实用主义，这就给主观主义留下了生存空间。

➢ 西方经济学的"理性人"假设

理性人假设的核心。一条是偏好公理，一条是自利假设。前一条很抽象，现在最大的争议是其中的传导性公理，后一条最大的争议是人类是否存在利他性，在什么情况下表现出利他性，以上是行为经济学正在努力的方向之一。

另外的质疑，在于人类没有足够的能力获得全部信息，即使获得了也没有足够的能力完美的处理信息，以上是 Simon 的有限理性提出的基础。

不过，纵使没有理性人设定，也不影响我们对经济行为和后果的认识。正如关于上帝推动地球运转的存在的设定，并不会有助于物理学的发展一样。

➢ 经济学与阶级性

在资本主义商品经济中，阶级或阶层的存在，是一种客观存在，那些否定阶级或阶层是一种客观的经济存在的观点，是在无视历史事实。我们不能自欺欺人，通过否定范畴的存在，来实现否定客观存在的目的，那样实质上是在掩耳盗铃。我承认，在资本主义商品经济社会中生存的经济学家，也会受到他所在的阶级或阶层的影响。但是，阶级和阶层，不是资本主义商品经济的全部，而且也不是决定资本主义商品经济运行的主要的构成要素。经济学家，可以从阶级和阶层的角度，对资本主义商品经济进行分析，但这不能代替和否定他们使用的其它的分析方法的学术价值。

国内的《经济学说史》，大多依据臆测的关于所述经济学者的"阶级"背景为主要线索，以时间为参考线索，进行编写的。这些复制于苏联教科书的内容，不仅老调重弹了无新意，而且许多观点，已经被逻辑和历史证明是错误的东西（比如说，陈岱孙/李宗正主编《经济学说史》上、下册，人民出版社，1983 年版，就是一个标本）。

的确，任何一个经济学家（包括马克思在内），在认识、理解客观经济存在的时候，都会受到一定的限制。这些限制，包括个人的、社会的、客观的、主观的等等方面，我们也可以综合的定义它为历史局限性。这种历史局限性，绝不仅仅只有"阶级性"这一点（我认为，阶级性，被马克思主义经济学者没有必要地赋予了太多的权重）。事实上，在认识、理解客观经济存在的许多场合，大多数经济学家是力求超越历史局限性（包括阶级性）的困扰的。在"经济学具有阶级辩护性"这一点上，大概只有马克思主义经济学家认可他们自己的经济学，是站在无产阶级立场上，为无产阶级辩护的学说。

当然，我并不否认，西方经济学中有一些观点，具有辩护性乃至阶级性质的辩护性。但这些内容，和它的科学性毫不相干，也不能从它的科学性中推导出来。同样，马克思主义经济学中的一些具有辩护性乃至阶级性质的辩护性的观点，也和它的科学性质的部分毫不相干，也不能从它的科学性中推导出来。不管自诩是哪个阶级的经济学家，客观经济存在，都不依他的主观愿望而改变。只有他的经济学所认识及所揭示的内容，和客观经济存在一致的时候，它才具有科学性。所以说，科学性，不是一个标签，把它当做标签使用，只能证明贴标签者的浅薄。纵使有人认为他已经站在无产阶级立场的道德制高点上，也无法确认他的观点的科学性，也和科学性毫不相干。阶级性，往往给经济学家的个人主观判断，带上了社会伦理及其观念合理性、正当性的面纱，但这和科学认识毫不相干。

比如说，吴易风的论文中就充满了这种阶级论的观点：

"我国有的学者认为阶级分析法已经过时，西方经济学基本理论没有阶级性，这种说法不符合事实。当代最有影响的西方经济学家凯恩斯在《劝说集》中就公开宣布自己所追求的资产阶级利益和所站的

资产阶级立场"。（吴易风（关于西方经济学的几个问题），《经济学动态》，1999 年 02 期）

如果依据这样的证据和逻辑推理就因此判定凯恩斯经济学中存在阶级性，也太简单化了吧，至少也是，一叶障目，不见泰山。

通过对经济思想史的研究，我们可以发现，真正的原创性学术成果，和提出这些成果的经济学家的阶级性之间，没有相关性。如果说有点影响，那也是负面影响。比如说，马克思，本人无论如何也不是无产阶级；再比如说凯恩斯，无论如何也不能归类于资产阶级。的确，在进行经济思想史研究中，阶级性可以作为一个线索，就如太阳黑子运动可以作为经济周期的一个研究线索一样。但是，要时刻记住的是，阶级性只能当做历史局限性的一个方面，而且是一个影响非常小的方面。

在资本主义社会中，特权阶层、资产阶级与底层劳动者，花费在工作上的时间大致是一样的（我就不说前者的劳动时间更少了），但前者占有的产品却是后者的成千上万倍，这是一个客观事实。但这只能证明这个社会的分配，存在巨大的差别，却无法证明马克思语境下的"剥削"的存在。首先，要定义和理解什么是"剥削"，然后再认定"剥削"是否是客观存在。如果有人认定"鬼使神差"也是客观存在，那我就无话可说。我不理解，如何能从劳动时间的相同及财富持有的不同，而得出一个阶级占有另一个阶级的劳动。纵使能证明劳动是财富的唯一要素，也不能推论出财富应该归劳动者所独有。如果马克思把资本主义商品经济中的生产关系定义成"剥削关系"，那这种"剥削关系"，倒的确是客观存在。不过，马克思不承认他是在定义，他说他是通过经济理论研究，证明了这种生产关系是"剥削关系"。换句话说，如果剩余价值根本就不存在，马克思是发现不了剩余价值的存在的。但是，在《资本论》中，马克思自认为他发现并证明了剩余价值的存在。附带说一句，我说马克思经济理论中存在"片面"和"错误"的成分，并不是直接"宣称"，而是经过论证的。比如说，马克思的无产阶级贫困化规律及其建立在其上的资本主义经济必然灭亡规律，根本就不是规律，它是基于片面认识推导出的错误结论。对马克思经济理论的认识要与时俱进，也就是说，对马克思的经济学说，也存在一个螺旋式上升的认识过程（包括不断的扬弃过程）。我们可以因修正错误而改变自己的观点，但是一些学者因政治需要而坚持错误，这就违背了他们所推崇的马克思本人所倡导的学术原则。

➤ 经济史和经济思想史

经济史，应该是客观存在（经济实体）的历史；经济思想史，应该是经济学家的观念的固化的历史。把经济史和经济思想史，放在一起研究，多有不便。有个网友认为，放在一起的好处是彼此可以相互借鉴一些东西，现在很多基于经济学研究视角的所谓的经济史的论文，做得其实是经济思想史的题目。但我认为，这样搞，容易引起虚幻的错觉，好像：经济史，是思想史的物化史（凯恩斯的观点）；或者反过来，思想史，是经济史的反映史（马克思的观点）。其实，经济史和经济思想史二者的关系，是很复杂的，它们并不总是具有对应关系（包括因果关系）。目前，历史为人类理性构建物的观点，甚嚣尘上，这是一个误区，值得警惕。

　　以下为相关资料：

网友 gowsg 说：

　　我并不能确凿的答复"经济"是由人的思索产生，但针对存在与感知的问题，则完全可以在这里耍个滑头，换个说法，把它解释成"我们所理解的存在"之意思。我想，也可以借鉴量子物理领域的测不准原理而把经济学中"真实的存在"与"我们理解的存在"更加严格的区分开。同自然科学相比，经济学这架机器本就是由无数人类活动（特别是政府决策）集合而成，无疑更容易被经济学家的思想所左右。比如在法国一向比较流行的重农主义，在德国一度相当辉煌的历史学派，这些思索不仅在对"存在"的阐述上大相径庭，更把法德两国的经济体系甚至政治制度引向了两个截然不同的方向。

马克思写道：

　　（马克思）竭力去做的只是一件事：通过准确的科学研究来证明一定的社会关系秩序的必然性，同时尽可能完善地指出那些作为他的出发点和根据的事实。为了这个目的，只要证明现有秩序的必然性，同时证明这种秩序不可避免地要过渡到另一种秩序的必然性就完全够了，而不管人们相信或不相信，意识到或没有意识到这种过渡。马克思把社会运动看作受一定规律支配的自然历史过程，这些规律不仅不以人的意志、意识和意图为转移，反而决定人的意志、意识和意图……（马克思《资本论》，第

一卷，转引自《马克思恩格斯全集》第23卷，人民出版社，1995年版，第20页）

凯恩斯写道：

> 即使撇开此种当代情绪不谈，经济学家以及政治哲学家之思想，其力量之大，往往出乎常人意料。事实上统治世界者，就只是这些思想而已。许多实践家自以为不受任何学理之影响，却往往当了某个已故经济学家之奴隶。狂人执政，自以为得天启示，实则其狂想之来，乃得自若干年以前的某个学人。我很确信，既得利益之势力，未免被人过分夸大，实在远不如思想之逐渐侵蚀力之大。这当然不是在即刻，而是在经过一段时间以后；理由是，在经济哲学以及政治哲学这方面，一个人到了25岁或30岁以后，很少再会接受新说，故公务员、政客、甚至鼓动家应用于当前时局之种种理论往往不是最近的。然而早些晚些，不论是好是坏，危险的倒不是既得权益，而是思想。（凯恩斯《就业、利息和货币通论》，商务印书馆，1963版，第330页）

第五节　经济伦理学

　　经济伦理学是研究经济运行过程中的道德价值体系的学问。道德调节，在经济发展中是一种存在于各种社会组织中的特殊力量，有时候甚至是一种超越政府和市场的重要力量。但我们更多关注的是存在于经济体制、产权制度和经济运行机制中的经济伦理的功能、演化及其对经济存在及其运行的影响。

➢ 经济伦理的性质

必须分清经济学家个人对经济伦理的科学认识和他个人的经济伦理观之间的关系，以及他的关于经济伦理的观念体系与商品经济客观存在中的经济道德组成即实践中的经济伦理构成之间的关系。在经济伦理中，我们最关心的是分配伦理，它也是经济伦理的核心。当然，经济伦理，既存在于财富的生产、交换、流通、分配、消费以及积累和再分配等等各个过程，也存在于个人、家庭、企业、行业、政府和其它社会（包括宗教）组织等等各个"运行者的机构"（康芒斯语境）的存在及运行中。事实上，上述二者分析，是关于同一种存在的两种不同的视野及其表述。

凯里说：

> 分配的一般规律，是工人的份额在比例上和数量上都得到增加；资本家的份额在数量上增加，但在比例上减少。这个规律总是要使人们处在平等的境地。它是美妙与和谐的。支配劳动产品分配的伟大规律，就是如此。在科学所发现的一切规律中，它可能是最美妙的，因为它正是人类各个不同阶级之间真正的利益达到充分和谐的基础。（转引自季陶达主编：《资产阶级庸俗政治经济学选辑》，商务印书馆1963年版，第233页）

问题是，在资本主义商品经济中，客观存在这样的分配规律吗？我认为，他的所谓的客观存在的"美妙与和谐"分配规律，根本是子虚乌有的。财富分配是不同阶级之间各种力量谈判、折衷及斗争迭加的结果。

那么，马克思的如下观点是否正确呢？马克思认定：首先，资本主义制度下劳动生产率的提高，缩减了每一单位产品中的活劳动耗费，生活资料价值的降低，必然引起劳动力价值，即工资的下降，因而工人在国民收入中所占份额不是增加了而是减少了。其次，随着社会劳动生产率的提高，意味着不变资本增加，可变资本相对减少，资本有机构成提高，利润量的增加要比利润率的降低超过许多倍。在国民收入中利润所占份额会不断增长。历史资料证明，马克思的这种分析，也是不正确的。

从逻辑上讲，从经济理论的科学部分，我们是推导不出某种经济伦理的。但是，许多经济学家，通过语言和语义的"腾挪"，就把他们的个人道德的以及关于分配伦理的偏见，塞进他们的经济理论中了。

在中国的经济学术界，凡是认为经济学（包括马克思主义经济学和以凯恩斯为代表的西方经济学）中有科学成分和经济伦理成分，而且可以把二者分离开来的人，都是我的"志同道合"者。我们目前最需要做的工作，就是认识商品经济是如何运行的，包括商品经济中分配伦理的实现，即分配在商品经济中是如何且依据什么实现的。

➢ 市场原教旨主义者的标识

市场原教旨主义者通常持有如下观点：

市场经济提供了人类所能发现的最为公平的分配原则。在一个不受干预的市场经济里面，每个人是按其对生产过程所作出的贡献，当然也是对社会所做出的贡献，而获得收入的。生产过程与分配过程是同一个过程，生产过程的完成也意味着分配过程的完成。

包不同网友的观点，就非常有代表性：

> 《教父3》中，教父质问乔扎萨雇用黑人能否让他们不贩毒的时候，乔扎萨的回答很漂亮："不，这个我不保证，我只保证谁贩毒我杀谁。" 这个回答也适用于市场经济，市场经济也不能保证效率，只保证谁效率低就淘汰谁。与电影不同的是，市场经济的裁决者是老天而不是乔扎萨，因此就是公平的。物竞天择，适者生存，这就是市场经济的核心逻辑。

➤ 按劳分配、平均分配与按人分配

让我们先来分析一下资本主义商品经济中的初次分配和再分配。关于再分配，存在许多运行主体，其性质可分为政治的、社会的、宗教的等等，亦可按区域分类为国内、国际的等等。在这各类分配主体中，最重要的，是国内的政治性的各级主体，即国内的各级政府。对此，我也姑且不论。现在，让我们来研究一下资本主义商品经济中的初次分配。为了研究的方便，我们把资本主义商品经济，分成同一行业的企业内、同一行业的企业间以及不同行业之间三个层次，看看这三个层次的财富分配决定因素有哪些以及它们是如何运行的。首先，研究一下同一行业的企业内的财富分配。通常在一个企业内，存在如下财富分配主体：企业家、工人、资本家和地主，由企业家负责资源分配。如果，企业的收入是一定的，那么，这四个主体就只能在这个收入的范围之内进行分配，但是，分配的结果，必须满足积累和再生产的条件，否则，就会影响整个经济的运行。其次，我们来研究一下同一行业的企业间之间的财富分配。很显然，同一行业内的企业，如果要分配更多

的财富，就要有相对这个行业内的其它企业，有更高的竞争力。即必须有更低的市场成本、更高的市场价格。最后，我们研究一下不同行业之间的财富分配。不同行业间，也包括相关行业和不相关行业两类。相关行业间的财富分配，类似于企业内的四方财富分配；不相关行业间的财富分配，则和整个国民经济体系的财富总量及这个行业在其中的比例和重要性，有一定的关系。

通过以上的研究，关于资本主义商品经济中的初次财富分配，是依据什么以及它是如何运行的，我得出了一个看上去似乎是非常残酷的结论。说实在的，我非常不愿意面对这样的现实画面：在资本主义商品经济中，财富的初次分配和要素的所有者的贡献（不是要素的贡献）基本不相关，或者很少相关。因为，如果这是一个科学认识，那么，我们已经深信的关于这个社会的财富的形成和分配的神话（也是这个社会的主流的价值观），就会崩塌。但是，纵使我不愿意面对这样的现实，那么，这个现实就会因此改变吗？不会的。比如说，我的一个朋友得了癌症，他不愿意面对这个现实，但他会因此不得癌症了吗？不会的。如果他敢于面对现实，积极地去医治，也许还有治愈的希望。

面对我们曾经深信的神话的破灭，我们并不是就因此只能无所作为了：这是我们建设新的社会经济伦理观的逻辑起点，也是政府和各种社会组织应该有所作为的经济理论依据之一。比如说，如果我们要在这个社会中，树立财富的"勤劳致富"以及"贡献大就分配的多"的分配伦理，就可以通过政府的政策调整，实现对这些分配伦理的支持。同时积极地去建设社会福利保障制度，这是基于"按人分配"的制度构件。它是基于现代商品经济制度之上的

分配伦理，也是现代商品经济制度能够正常运行的条件之
一。

中国目前的主流社会的经济伦理，官方说是以"按劳
分配"为主的各种分配伦理的综合。的确，中国的现在的
分配伦理，主要是受下列几个方面的因素决定的或者说是
构成的。

我估计，按影响国民收入分配的重要性比重排列，顺
序依次应为：按权分配、按劳分配、按资分配、按人分配。

与此相对照的是：

北欧等类似民主社会主义国家的现在的分配伦理，主
要是有下列几个方面，按影响国民收入分配的重要性比重
排列，顺序依次应为：按人分配、按劳分配、按资分配、
按权分配。

美国等类似资本主义国家的现在的分配伦理，主要是
有下列几个方面，按影响国民收入分配的重要性比重排
列，顺序依次应为：按人分配、按资分配、按劳分配、按
权分配。

对这些影响分配的伦理的重要性的分析和推测，可以
加以实证，它既不是玄学，也不是神学。

"按劳分配"，是一种社会分配伦理，它没有对错之
分，只有应该不应该之分。象程恩富教授那一类学者，还
没有摆脱"按劳分配"的伦理观的影响。那些试图从生产
要素的作用引伸出一种分配原则的人，都不过是重复马克
思和边际效用学派的老错误。中国一些经济学者，就缺乏
科学地对待马克思的经济理论的精神，要么是从前的全部
正确，不允许怀疑和批判；要么是现在的全盘否定。有的
经济学者虽不公开承认，却实际认定马克思的经济理论全
部错误，进而一头扑进西方庸俗主流经济学的怀抱。其实

马克思的经济学，和凯恩斯的经济学一样，都是人类的宝贵精神财富，如果我们把它们当圣经，那我们就一定会犯错误；如果我们把它们当作认识客观经济存在的有前提条件的工具，那它们对我们就有帮助作用。

"按人分配"（最接近于"平均分配"），是基于现代商品经济分配伦理之上的财富分配体现形式。可以看成是一种现代社会伦理在经济运行中的体现，它是现代社会的人权观的一部分。我认为，任何经济制度都是人为的，现代社会经济伦理，是现代社会经济制度的演变的核心动力。但是，我不同意马克思的"自然历史观"，我认为人类社会根本不存在自然规律，包括不存在那种独立于社会经济伦理的财富平均化分配规律。

在现代资本主义商品经济中，财富的生产和财富的分配是这样的：在资本主义商品经济中，财富的生产表现为，资本家雇佣工人在企业中生产；财富的分配表现为，工人得到工资和资本家得到利润。马克思也承认财富并不只有劳动一个要素，那么，财富的一部分被资本家拿去，作为投入资本的报酬（利润），和一部分作为工资分给工人，其分配伦理的性质完全相同。请注意，我这里根本就没提财富是否具有一般社会购买力形式即财富的货币价值形式这一问题。

关于现代市场经济中的分配，有个叫"research"的网友的观点，很有代表性。他认为分配就是一个简单的博弈论问题，现代经济学早已将其解决的彻彻底底。我觉得，在解释分配时，博弈论，还不如斯密的"看不见的手"，更有解释力。把"看不见的手"，变成"看得见的手"，诚然是有学术价值的，问题在于能否做到。当然，如果那个"手"（因不存在而导致被）看不到，斯密也就不能也不会发现它了。

我认为，博弈论的理论基础，是垄断的存在，在自由竞争的环境中，纳什的理论，就成为胡思乱想。就国民经济分配的现实原则而言，纳什的理论，确有正确之处：就某一时间而言，国民收入是一定的，各个阶层的博弈能力必定影响他们的分配比例。不过，在不同的政治及经济制度中，收入分配往往还有更为刚性的决定因素，它们作为既予的外在因素，如计划经济中的领袖的目标和市场体系中的所有权，比纳什的东西，将更为有力的决定那些分配的实施。

clm0600 网友认为：

> 是分配决定价格，不是价格决定分配。把分配问题归于变幻莫测的价格波动，绞尽脑汁用尽高等数学去研究价格的波动，这就是本末倒置！正确的思路是用分配来给价格定位！

其实，如同鸡生蛋和蛋生鸡，都是客观存在一样，分配决定价格，价格也决定分配，这都是客观存在的，只是认识角度和认识的时点不同而已。

➢ 谁创造归谁所得

"谁创造归谁所得"，有两个问题：（1）"创造"出来的是啥；（2）依据啥进行财富分配。关于"谁创造归谁所得"的第一个问题，我们在元经济学那一节已经进行了研究；现在开始研究第二个问题。

"谁创造归谁所得"的第二个问题，是个分配伦理问题，但比"谁劳动归谁所得"这个分配伦理，具有更多的语言和语义毛病。需要指出的是，在马克思及马克思主义者那儿，它们就是同义语。

马克思告诉我们：

> 剩余产品是劳动者在剩余劳动中生产出来的产品。剩余劳动是必要劳动的对称，劳动者超出必要劳动界限所从事的劳动，这里的必要劳动是指维持劳动者的劳动力简单再生产的劳动。劳动者在进行劳动生产时，除生产必要产品外，还要超出这个界限来生产剩余产品，即满足劳动者及其家庭所需的必要的产品以外的产品。生产剩余产品的劳动叫剩余劳动，从事这种劳动的时间叫剩余劳动时间。

有人不同意马克思的这种逻辑分析，他们说：从劳动的角度看经济分配，似乎如马克思以上所述；如果从资本及土地的角度看，那么是否有剩余资本和必要资本，剩余土地和必要土地的问题。如果从资本家和地主的角度看，劳动者是靠他们养活了？其实这些观点，都是错误的。他们混淆了分配的先后次序和分配伦理。

有个网友问我：

> 资本家的物一开始是从哪来的呢，难道那些物天生就是资本家的吗？资本家不就是"剪径"的人吗？

我这样回复他：如果你生在美国，这么问还情有可原。中国资本家的产生，是每时每刻都在进行着的社会行为，难道还看不明白吗？你被中国的马克思主义经济学教授教糊涂了，连现实都分辨不清了。"剪径论"，只是看到私有制的第一个层次，私有制还有保护和发展经济的职能。这个"剪径"的人，为了挣更多的钱，不仅要把现有的路看好，还要把收到的钱用来修新路。如果只看到了"剪径"，但看不出这后一点的人，就会误入歧途（片面性）。

➢ **恶与经济发展**

20 世纪 30 年代末期，有人批评凯恩斯通过刺激总需求带动经济增长的主张，仅仅是一种"治标不治本"的短视策略；还有一些人认为，凯恩斯提出的消费有益论，与新教伦理所主张的"节制"信条相悖，从而是"不道德"的。

凯恩斯在 1939 年所写的《我们子孙的经济学》中承认了这一点。他说，也许很多年以后，我们将会再一次把目的看得比手段重要，宁愿追求善而不追求实用。可是，要注意！这样的时候还没有到来，至少在一百年内，我们还必须对己对人扬言美就是恶，恶就是美；因为恶实用，美不实用。我们还会有稍长一段时间要把贪婪、高利剥削、防范戒备奉为教条。只有它们，才能把我们从经济必然性的地道引领出来见到天日。

如果我们客观地分析那些促进经济发展的因素，我们会发现，有些因素，并不因为我们的价值观（包括主流价值观）的不认可就不存在，比如说权钱交易、官商勾结、贫富差距以及腐败等这些我们认为是"恶"的东西，它们都是或曾经是促进经济发展的因素。从这种意义上讲，恶，有时候的确是一种推动经济发展的因素和动力。恶，是人对客观经济存在的主观评价，它不是客观经济存在，也不是对客观经济存在的科学认识，它属于人类对客观经济存在认识的另一种视角，即从伦理的角度，去看待和评价客观经济存在。尽管如此，这种伦理性质的评价，并不是毫无意义的，也不是没有力量的。

马克思写过下面这段著名的论断：

> 批判的武器当然不能代替武器的批判，物质力量只
> 能用物质力量来摧毁。但是理论一经掌握群众，也
> 会变成物质力量。理论只要说服人，就能掌握群众；
> 而理论只要彻底，就能说服人。所谓彻底，就是抓
> 住事物的根本。但人的根本，就是人本身。（《马克
> 思恩格斯选集》第 1 卷，人民出版社，1995 年版，
> 第 9 页）

也就是说，某种伦理评价，一旦变成群众的伦理观念，就
有可能变成群众的行动指南，从而成为改变客观经济存在
的力量。关于某种"恶"的经济伦理观，也有一个历史演
化的过程，因而属于历史范畴。一个客观经济存在或影响
客观经济存在的因素，在某个时期被认定是"恶"，但是
在另一个时期，有可能转变成"中性"乃至"善"。同样，
一个客观经济存在或影响客观经济存在的因素，在一个时
期，被看成是"中性"乃至"善"的东西，随着经济发展，
有可能转变成（被认为是）"恶"的东西。比如说，贫富
差距，在改革开放初期，是一个促进经济发展的积极因素，
从而具有社会伦理上的和经济上的"中性"乃至"善"的
性质。但是，随着经济的发展，贫富差距，发生了一个从
量变转化为质变的过程。尤其是，中国目前的贫富差距，
已经不是基于个人素质和努力的差异，而是基于目前这个
具有"中国特色"的社会制度运行的结果，就更不容易被
中国现代社会大多数人的伦理观认同。当然，具有"中国
特色"的这个社会制度，也并不是从天上掉下来的，它也
是人为建构的，从而是可以微调的甚至改变的。中国目前
贫富差距过大，是一个客观的经济存在，这种过大的贫富

差距，已经从原来促进中国经济发展的因素，转变成阻碍中国经济和社会发展的因素。也就是说，中国目前过大的贫富差距，不仅已经没有道德伦理上的理由，而且也已经失去了经济发展上存在的依据。它事实上，已经转变成阻碍中国经济和社会进一步健康发展的因素。因此，中国目前过大的贫富差距，其社会评价已经转变成"恶"的性质了，从而成为需要被政府及社会管理机构调整的因素。客观地说，中国的贫富差距，既有资本主义商品经济本身特有的经济制度初次分配造成的贫富差距，也有中国特色制度造成的贫富差距。这二者既有区别，也有联系。要降低中国目前过大的贫富差距，要从这两方面入手。不能只强调前者而否定后者，也不能只提后者而否定前者。当然，后者是造成中国目前特有的过大的贫富差距的更为根本的原因。

➢ 上帝的价值

上帝在经济学中有存在的价值吗？尤其是无神论占主流的当代中国社会公众，肯定会给予否定的答复。但是，在基督教具有巨大影响的欧美国家，在古典学派那儿，尤其是洛克那儿，上帝扮演着非常重要的角色，它是产品的来源和归属（财富分配）的依据的最终仲裁者。

➢ 中国国有资产的处置原则

经济伦理有时效问题和来源问题。我的分配伦理观，既不合乎正统的马克思主义经济学，也不合乎西方主流经济学，合乎的是我自己的统一经济学。那么，它会决定我的科学分析研究吗？我的回答是否定的，我力求撇开它的干扰，尽管不能完全做到。

　　中国的经济改革，尤其是，国有资产的处理原则，应该考虑大众的情绪和利益，但要说大众比学者聪明，那是让人难以置信的；把改革决策权交给群众做主，在中国也是行不通的。在如下这一点上，我完全和社会大多数人的观点一致：私有化也要采取公平竞争的处置方式即市场化。同时，既然是全民所有制，也要考虑农民的利益。

　　经济学告诉我们，中小企业的产权和经营管理阶层挂钩，有利于效益和公平；大型企业和特大型企业，产权和经营管理阶层的分离，有利于效率和公平。至于在海外上市的中国国有企业，谈不上产权和管理分离，任何一个对大型国有企业有一点常识的人都知道，在国外上市，不过是圈钱及实现其它政府目标的手段而已，和国外那些跨国巨型企业的两权分离，根本没有可比性，无法相提并论。国营企业的私有化，决不是只有 mbo 一条路。

　　是否应该把一部分国有资产分给农民，这决定于政府执行的是哪一种社会分配伦理观，和是否存在工农产品间的"剪刀差"没有任何关系。在计划经济中，所有的财富都按照政府的指令性计划进行生产和分配，价格并不反映供需，所以也没有对资源分配和财富分配的职能。"剪刀差"不过是当时的经济学家，借用商品经济的概念，表达对农民所处的一种极差政治经济地位的同情并试图加以合理化解释的努力。这种解释，本身就容易引起误解。因为"剪刀差"有着合法、合理的外观：政府没有采取赤裸裸的抢夺方式，而是采取"交公粮"和工农产品交换的形式，实现了农产品向政府和城市的转移。

　　我从没有说过城市剥削农村或工业剥削农业，因为我不知道他们用的"剥削"这个概念是指什么。但有一点可以肯定的是：在毛泽东时代，农民是当时国内除出身有问题的一小撮人（后者估计也以千万计）外，政治及经济地位最低下的阶层；至今，农民还是国内除乞讨者外政治经济地位最低下的阶层，当然市郊农民除外。如今搞商品经济了，农民工，作为市场经济中生产要素之一，至少从经济伦理的角度看，也应该和城市工人享有相同的政治经济待遇，但现实中却远不是如此。也许这就是许多农民及其同情者感觉农民受"剥削"的原因吧。工业的现代化，是否就必须牺牲农民的利益，这是一个经济问题，更是一个社会道德选择问题，绝不是一个经济科学可以解决的纯粹经济问题。如果没有户籍制度的改革和农民的有序转移，农业实现现代化是不可能的，它是个必要条件，而不是充分条件。

中国正在建立的和谐社会，对各个阶层的财富的增加都是一个福音，而且只要操作适当，这些期望完全可以变成现实。纵使是资本主义商品经济，消除了"丰裕中的贫困"，也是为创造和谐社会提供更优质的经济条件。我觉得"共同富裕"应该是也的确已经是许多国家的基本国策。它决不是中国领导的发明，也决不是"社会主义"的专利，只是对于现在的中国来说，主要因国有企业垄断而形成的社会巨大收入分配鸿沟的影响，需要更加强调一下而已。在当今开放的世界商品经济体系中，一个国家能否持有一种与其它国家不同的经济伦理，而同时更有助于这个国家的经济发展，这是一个很重要的经济问题，值得研究。

第六节　经济科学

爱因斯坦在其《相对论导读》中这样写到：

> "所有思想，特别是科学思想，本质上都是构建性、
> 推断性的"。（爱因斯坦《相对论》，重庆出版社，
> 2008 年版，第 11 页）

我的折算劳动价值理论，就是一种构建性的价值理论，它
来自于我对商品经济的认识。我将经济现象用经济范畴表
述出来，并指出了各个经济范畴之间的关系，用我提出的
这一价值理论推导出的结论，可以被经济运行现实和经济
实践证实。

我觉得，对于许多经济学者说来，先去学习语言学和
语义学，搞清楚"科学"这个概念的内涵和外延后，再争
论经济学是否是一门"科学"，那也不迟。在理解啥是"科
学"之前，必须先来理解现实（客观存在）、定义和经济理
论三者之间的关系。

➢ 经济现实（客观存在）、定义和经济理论

经济学是关于经济存在的学问，所谓"学问"，至少
包括两大部分：一是学术，即已经取得的成果；二是问题，
即有待探索的东西。无论是成果还是问题，都是关于经济
存在的观念体系。因此，我们看到有两种存在，一种是经
济存在，它是客观的，不以某些个人的意识而转移。另一
种是理论的存在，它是一种观念的存在。这种观念的存在，
也许有物资的外壳（比如纸质），但它的本质，是观念，是
一种和客观物质存在完全不同的东西。为了说明的更清
晰，让我们来看一座大山和对它的绘图。很显然，大山，
首先是一种物资的存在，从而是一种客观存在。而对大山

的绘图，不管你是绘在纸上，还是绘在计算机中，它都是一种观念（信息）的存在。那么，这种观念的存在和客观存在，是一种什么样的关系呢？很显然，它可以是正确反映的，也可以是扭曲反映的（不管它是否具有美学价值），甚至可以是和客观存在毫不相关的虚构。假如我们出于科学研究的需要，要对"经济存在"进行表述、分析，那么这就涉及到定义（概念化）。啥是"经济存在"呢？这就需要对"客观存在"的各个方面及其构成，进行定义。即用一个个概念去表述"客观存在"（现实社会中的一部分）。这种表述，就是确定概念的内涵和外延的过程。这样，我们通过许多类似的定义，就建立了一个观念的体系（或理性的体系）。这个观念的体系，包含许多定义、概念以及概念与概念之间的关系。这个观念的体系，和客观存在，完全是两回事。用哲学的话讲，它们是观念和实在的关系。

现在，我们就理解了经济现实（客观存在）、定义（概念化)和经济理论三者之间的关系。定义和经济理论，属于理性建构的结果。在理性建构的过程中，由于经济学者的局限性，会因为定义及建构的缺陷，导致构建的理论体系，和客观存在不完全一致甚至扭曲。这种不一致，并不意味着就是错误或没有科学认识价值。正如一个 1: 10000 的地图，并不意味着错误和没有科学认识价值一样。在此，我不想铺开来讨论经济学家的局限性问题，我只想指出一点，经济学家的理论体系，绝不是生而知之的产物，而是和他的个人阅历以及他在那个时代的经济存在中的角色息息相关的。比如说，凯恩斯，如果不是因为长时间的担任英国的财政和金融机构的高管，他就很难对宏观经济，有那么透彻的理解，从而也就不大可能提出宏观经济学。

> ➤ **"范式"与现状**

最近，我看了几本教科书，发现在中国的经济学术界，有两个存在严重误导（错用）的概念，那就是"范式"和"证伪"。明明是清清楚楚的事情，经过这两者一处理，马上就糊里糊涂了。许多人用"范式"是作为学术碉堡的，比如说，我用的是"马克思主义经济学范式"，你用的是"新古典经济学范式"，那我们大家就可以相安无事，你也批评不了我，我也批评不了你。这样，对客观经济存在的认识，也就没有科学和谬误而言了，这大概也是为了贯彻学术共同体和谐原则的一部分吧。但这是中国经济学的病态现状：无论马克思主义经济学还是西方新古典经济学，都在"范式"的保护下，否定经济学中的科学认识的存在。

> ➤ **"范式"与客观性**

sungmoo 网友认为：

> 因为范式不同，所以无所谓真理和谬误：

> 没有谁不想知道"客观存在"是个什么样子，可是谁有资格提出什么才算"客观存在"的标准呢？或者说，谁能证明自己（或其他人）知道的是"客观存在"呢？在没有人有资格说清楚"客观存在"是什么的时候，这种讨论没有什么意义。如果有人有资格说清楚，大家都想知道这种资格怎么来的。嘲笑瞎子摸象，和"五十步笑百步"没有本质区别。

关于"瞎子摸象"在经济理论研究中的价值，我和 sungmoo 已经讨论好几次了。如果 sungmoo 是个不可知论者，我也无法和他辩论，但他一边说客观存在的一个方面是可知的，比如他认定边际效用价值论就能达到真理；另一方面又认定对客观存在不能得到相对全面的认识，这就是自相矛盾。系统科学告诉我们，对于客观存在，我们能够达到相对全面的认识。就象我们这些明眼人，没必要象盲人那样去摸，也能通过片面认识而形成全面认识，逐渐达到正确认识。

对于范式的认识，我和 sungmoo 的观点，截然不同。按他的理解：范式不同，就不存在真理和谬误了，客观存在，会因人类的理解不同而不同。更浅显易懂地说，由于不同的瞎子是从不同的地方以及不同的方式去认识大象的，从而瞎子认识大象是啥样，大象就是啥样，象的客观存在，是靠瞎子的认识来决定的。

我从来没有嘲笑"盲人摸象"式的探索，相反，我一直强调人类从线性思维、平面思维及立体思维向非线性思维及系统思维的发展，是一个历史的自然进化进程。但我们不能总是停留在瞎子摸象吧，既然人类思维已经近化到非线性及系统论，我们的经济学为何还止步不前呢。如果你们否定经济学的对象的客观存在性和经济学的科学性的一面，那我就不和你们辩论了。不过，既然不可知，那你们还研究啥呢，更用不着辩论了。至于资格，它来自于经验，即实践证明。比如说，你不知道作为"石头"这个概念的客观存在是啥，那很简单，让你的同学，从山上取一块坚硬的物体，向你的头上砸一下，你的头上血流不止，你马上就理解了"石头"的客观性，你肯定也不会再问别人有没有资格谈客观性了。再比如说，货币，作为商品的社会购买力（即价值）的一般表现，对于商品经济下的社会人及组织，它同样是一种客观存在。如果你否定这一点，那请你把你的货币交给别人，这时候，你马上就会感到它的客观存在性在别人手中了。

我还认为，瞎子摸象，类似于人类早期的一维认识；而系统论的认识，则建立在更高的认识层次上。如果从系统论的观点看"瞎子摸象"，这些瞎子对于我们认识"象"这个客观存在都作出了贡献，它们是科学知识的来源。

人类的认识能力，并不完全是天生的，它在很大程度上，是历史的和进化的产物。比如说，从前，我在登山时，我总是顺着一条道向山顶的方向前进，我无法知道我的这条道是否能到山顶，更不知道这条路是否是快捷方式。现在，我借助于飞机和卫星，在未爬山前，就可以基本断定某条道，能否到达山顶，亦能断定它是否是快捷方式。就商品和货币的历史而论，货币的历史在商品的历史之后，这是大家公认的观点。对货币的认识，从货币商品论，货币金属论，经货币国定论，到货币制度论，也是一个从表面经验总结到对商品经济深刻认识的过程。至于谁有资格规定货币作为一般等价物的客观存在性，那要看你处在哪个历史阶段及其特定的商品经济社会了。比如说，如果你处在原始商品交换社会，大家都用贝壳作为货币，那么贝壳作为一般等价物的客观存在性，是先于你的存在的属性，你不用贝壳，就换不到你需要的东西。至于对真理的不可知的观点，我们由此可以看出，从怀疑论到不可知论，的确只有一步之遥。

> ## 证伪和经济理论的进步

一只黑天鹅的存在，不能证伪"大多数天鹅是白色的"的命题，但能证伪"所有天鹅都是白色的"的命题。

"所有天鹅都是白色的"尽管是错误的，比"天鹅是黑色的"的认识，能够给我们更接近现实的知识（真理）。因此说，"所谓理论最终都是要被证伪的"，这是一个不能被证实也无法去证伪的观点。它可以是一个哲学判断，但不可能是一个科学判断。

我对其他学科的发展史没有进行过详细的研究，不好随便下结论，我仅仅就经济理论的发展史，谈一点"证伪"，对这个学科中科学部分的认识价值：

经济学中的科学，就在于对客观经济存在的描述和分析。从经济学说史中，我没有看到，存在一个学派的科学部分否定另一个学派的科学部分的现象。我看到的是，一个学派的科学部分对另一个学派的科学部分的补充，而真正被否定了的只能是谬误。请看，效用学派，否定得了古典学派关于生产成本的分析吗？没有！它只是从需求的一个要素，补充了我们对市场经济运行机制的认识。凯恩斯否定了上述两派的理论中的科学部分吗？也没有！他也是补充了我们对市场经济宏观经济及其控制的认识。正确的东西，你是否定不了的。只要经济作为客观存在，那么对这个客观存在的正确认识，就有可能不断的向真理逼近，我看不出它咋会因此成为"霸权主义"，而去愚弄人们。所以，我说，中国人关于"范式"及其绝对化理解，是错误的。我们的头脑，不应该作为西方形形色色的哲学观点跑马的地方，马克思主义教条化固然不对，西方现代哲学教条化，不是同样错误吗？

就经济理论发展史而言，无论从静态还是从动态的角度看，证实，是推动经济理论发展的主要动力和方式，至少它也比证伪的作用大。举个例子，马克思经济理论，在它问世不久，就遇到了庞巴维克的批判。庞巴维克的论证，从逻辑推理的角度讲，可以说是无懈可击。但全盘否定的结果如何呢，事实是，并没有带来马克思经济学中谬误的消失和经济学的进步。一个最重要的原因是，在马克思的经济理论中，存在着巨大的真理成分。庞巴维克的全盘否定，变成了过犹不及的笑料。而凯恩斯，以否定的外观，非常巧妙的继承和发展了马克思经济理论中的科学部分，进而对经济学作出了巨大的贡献。所以，我在本书"马克思劳动价值理论研究"一章中指出，不仅是凯恩斯，就是我们现在所有的经济学者，都要感激马克思，正如我们应该感激其他前辈经济学家一样。

我所谓的经验和实践，既包含个人的，也包括集团的和社会的，甚至包括我们的前人的。作为个人，你能做多少事情呢，很少的。否则，我们为何总是说，我们是站在前人的肩膀上。

➤ 官本位与科学性

一个人官位的高低，和他的观点是否具有科学性，是毫不相关的。这在欧美等西方学术世界，是一个毫无疑问的问题。但这个问题，在中国至今还存在着，尽管不是那么理直气壮的存在着。用一句行话，这是中国学术界的"潜规则"。

➤ 学术评价体系的客观性与科学性

有的学术评价体系设计，因为有定量指标体系，尽管看上去具有客观性，但是却不一定具有科学性，也不利于学术创新。如果手段和目标背道而驰，试问一个评价体系的客观性有啥价值呢？举个例子，《经济研究》发表的关于马克思《资本论》的文章，非常多，尤其是社科院下属的几个所发表的，有段时间几乎接近连篇累牍。如果以文章发表频率，作为衡量研究《资本论》学术水平的依据，尽管是客观的，但是却是错误的。因为大家都知道，研究《资本论》的学术工作，社科院的几个所基本上没有值得一提的学者，而且，评审这些文章的人，几乎都是没有读过《资本论》的毛头编辑，他们的学术水平及审稿能力可想而知。

➢ 洞察与科学

有的观点取得的方法，叫洞察。洞察必须和论证及证实相辅相成，否则就和巫师及预言家一样了，无法确认这种观点是对还是错。

➢ 科学与相关性研究

关于经济学上的相关性研究问题：比方说，需求量与价格的相关性是什么，在哪里？价值与劳动的相关性在哪里？（不能说，因为有劳动才有价值，因为有很多劳动是毫无价值的）把两个或两个以上的没有相关性的事件或对象扯在一起，不是胡说八道，就是关公战秦琼。

➢ 科学性程度及其来源

(1) 盲人甲说，大象的腿象柱子；盲人乙说，大象的耳朵象蒲扇。是盲人甲错了？还是盲人乙错了？他们都没有错，他们的认识都是真理。

(2) 盲人甲说，大象的腿最重要，因为没有腿，大象就走不了路；盲人乙说，大象的耳朵最重要，因为没有耳朵，大象就听不见东西。是盲人甲错了？还是盲人乙错了？我只能说：不知道。因为我不理解他们的"最重要"是啥意思。

(3) 盲人甲说，大象的腿，是铁做的；盲人乙说，大象的腿不是铁做的。是盲人甲错了？还是盲人乙错了？显然，盲人甲的认识不是真理，因为它和客观存在不一致；而盲人乙的认识，尽管是真理，有科学性，却只有很少的认识价值。

➤ 真理，谬误和力量

真理有时候就是不讨众人喜欢，否则人类历史上就不会有那么多的思想家，被关进监狱，被绞死，被烧死。有许多时候，谬误非常有力量，尤其当它被众人当作真理的时候。二十世纪的法西斯暴政历史，我们刚度过，不能伤疤刚好，就忘了痛。

➤ 逻辑自洽性与科学性

在此，我想简单讨论一下自洽性和科学性之间的关系问题。黄焕金认为，理论的自洽性，是最重要的。马迎夫认为，自洽性就等于科学性。王志成则认为一个不能够满足自洽性的理论或者方法显然是不攻自破的。

我不同意他们的观点。我认为，与自洽性相比，经济理论的科学性更重要。没有科学性，理论的自洽性，在经济学中就失去了最主要的认识价值。经济理论的科学性，在于它和客观经济存在相符，而理论的自洽性在于它是否能够自圆其说。如果说，自洽性属于人类的理性范围，则科学性属于人类理性和客观存在相一致的范围。比如说，我们生活的地球不是圆的，对地球的科学认识，就不会是圆的，否则，就不是正确的认识。一种理论不管它能够把"地球是圆的"论证得多么完美，多么自洽，也不能增加它的科学性。但是，如果通过对地球这个客观存在进行了实践证明，在人类的技术局限性之内，得出"地球近似是圆的"这个结论，那么这个判断，就具有较高的科学性认识。这种理论，因为和客观存在一致而给我们更多的科学认识。

我再举个例子，以说明科学性和自洽性之间的区别：我今天没有象往常一样和老婆一起下乡。我给老婆说，我要接待公司一个客户；但实际发生的事情，是我在上网和改稿。明天，我对我老婆说，公司那个客户没有来。我自洽了吗？显然我能够自圆其说，我老婆也相信我说的是实话；但我说的是一种和客观存在一致的表述吗？显然不是。所以，我认为，自洽性只是科学性的条件之一，不是充分条件，更不是充要条件。有人指责我在说谎，那么，假如"我"这个主角变成另一个人呢？我咋知道他是在说谎？难道我只能通过判断他能够自圆其说而加以证实吗？也就是说，自洽，可以是也只是我的认识方法之一：我不会因为他能够自圆其说，我就相信他；同样，纵使我认定他不能自圆其说，我也不能因此就否定他的表述所具有的真理性。

和许多学者一样，黄佶在《资本异论》中，也是这样批判马克思的理论的，认为它片面、不能自洽；但仅仅如此，不足以否定马克思的理论。（黄佶《资本异论》，台湾鸿叶文化事业有限公司，2003年版）如同上面曾说到的一个例子，"所有的天鹅都是白色的"这个判断，在发现一个黑天鹅的时候，这个推测性判断就转变是一个谬误。但如果说，"大多数天鹅是白色的"，那到目前为止，就是一个真理。与"天鹅都是白色的"相比，"大多数天鹅是白色的"，就是一个科学性更高的判断和表述，它能够帮助我们更"真"地认识这个客观存在的事实。而"天鹅都是白色的"这个判断，尽管是不正确的，却仍然是有科学认识价值的。

显然，我们这种做法，就是在依据客观存在事实，改变我们的观点。就是不断去寻找判断的自洽性。所以，自洽性是理性寻找真理的方法之一和结果，并不一定是也不代表真理。自洽性，属于人类理性范围，但不能归结为"真"的范围，也和"真"没有必然关系。因此，自圆其说，属于人类理性所做的一种自我肯定性质的努力；而科学，是一种人类对客观存在的理性认识，这种理性认识及其结论必须和客观存在一致，而不能仅仅靠理性自己在那儿"腾挪"，从而使理性认识及其结论之间不再有矛盾。

如果一个理论，仅仅有点小问题，那是无伤大雅的。任何理论能够帮助我们认识这个世界，就是有价值的；能够帮助我们客观地理解这个世界，就是具有科学性的。

为了说明以上谈到的理论的两种帮助区别的不同，我举一个例子：叔本华在《作为意志和表象的世界》这本书里说，树木向天空生长，就是世界作为意志的表现形式。（叔本华《作为意志和表象的世界》，商务印书馆，1982年版）他的这种理论，给我们认识世界，增加了一个有价值的方法。至于这种方法，是否是认识世界的科学方法，姑且不论或则当别论。就现代植物科学知识而言，很显然，树木向天空生长，是为了吸收更多的能量，但树木有没有意志，它的的枝杈直插云霄，是否是世界意志的表现形式，则是我们人类到目前为止，还未知或不可知的问题。和叔本华的理论一样，中国的《易经》以及老子、庄子的理论，也具有如此的性质。尽管它们不能和现代科学的观点相符，但那也是一种有价值的人类认识世界（包括人类社会）的方法。也就是说，中国古人那些玄之又玄的观念，也是一种认识世界的维度，和叔本华的一样。但这些都不是科学认识，也很少具有科学性。

因此，我认为，对客观经济存在的认识和理解，是有许多维度的：它可以是科学的，也可以是伦理的、艺术的，甚至可以是宗教信仰的抑或形而上学的（中国人所讲的"玄学"的）等等。这些不同的维度，在我们研究客观经济存在的目的不同时，就具有不同的价值和意义。

人们由于受到各种局限性因素的影响，易于把通过以上各种维度研究出来的结果混为一谈。这些不同维度，在不同的认识阶段，有着不同的价值。值得强调的是，经济科学（通常所说的学术），是经济理论中非常重要的部分，但它既不是全部，也不是我们研究客观经济存在的最终目的。确切地说，它既是我们学术研究要达到的一个初级阶段的目的，也是我们在认识客观经济存在后去改善社会经济环境的工具。如果我们只强调经济理论中的科学部分，那我们就有可能陷入科学至上论（或唯科学主义）的陷阱。

第七节 从存在论看经济学家的任务和位置

经济学不仅研究人的个体行为，还要研究人的集体行为包括特定经济制度下的社会行为，而且必须以后者为主要研究对象。前者现代西方经济学涉猎的较多，后者古学派（包括马克思）研究的较多。

在此，我从存在论的角度，探讨一下经济学的任务和位置。

通常，与经济学相关的存在论有如下：

1. 存在与非存在；

2. 存在中的客观存在与非客观存在；

3. 客观存在中的物质客观存在与非物质客观存在。

　　"经济"，相对于政治、社会、文化、宗教等，是广义社会存在的一个侧面，显然是一种存在，而不是非存在（比如"鬼"）。

　　经济学家研究"经济"中的客观存在部分，如"现行的世界货币体系"，但不是全部；他也研究"经济"中的非客观存在部分，如文化、习俗和"资本主义精神"，但这个时候，他被认为是在从事着经济学的"帝国主义"。

　　经济学家研究的中心，是"经济"中的客观存在。在商品经济中，包括生产、交换、流通、分配、消费，以及再生产、税收、国民收入再分配等等。

　　经济学家基本不研究物质性客观存在，物质性客观存在的研究，是自然科学家的任务；经济学家只是借用自然科学家研究出来的结论和方法。

　　经济学家主要研究的是"经济"中的非物质性的客观存在。他的位置，介于自然科学家和哲学家之间，所以说，经济学家既不是纯粹的哲学家，也不是纯粹的自然科学家。

　　比如说，一个经济学家在研究中国目前的分配现状及其决定因素的时候，他也许会将其分为客观因素和非客观因素，在非客观因素中，他也许会把这个社会的主流分配伦理（时代精神以及相应的意识形态），作为一个重要的因素。

　　关于经济学家研究的主体为非物质性客观存在的问题，再举个例子。就资本主义商品经济而言，商品交换后面的⋯⋯因素，会因为我们个人的偏见，而不同吗？或者说，换个最象马克思这样的经济学家的偏见，而不同吗？是一种客⋯⋯问法，对经济学家而言，商品的价值决定，⋯⋯还是主观臆想？再比如说，市场经济中的货币制度，本身是一种有法制约束的信用体系，对于生存在其中的个体说来，它也是一种客观存在。货币（包括广义货币）对于体系中的个体来说，是资本；但对于体系本身（政府的货币调节机构及社会本身）来说，货币不是资本。如果说是"资本"，那也是另一种含义上的资本，最多可以说是这个社会的无形财富。

　　作为经济学者，首先，要分清"经济"和"经济学"。市场经济是一种客观存在，劳动价值论及要素价值论，是一种观念（理论）存在。它们之间，是完全不同的两种存在。其次，不能泛泛地说，劳动价值论是一种对市场经济错误的认识，而要素价值论是一种对市场经济正确的认识。因为劳动价值论本身就是一种不断变化的理论，至少从配第到马克思，各个古典经济学家的劳动价值论，其内容有很大的不同。要素价值论本身也是一种内容众说纷纭而且正确性必须看讨论范围的一种价值理论。再次，就马克思本人的劳动价值论而言，也不能一棍子打死，即认为他的劳动价值论就是完全错误的，应该抛弃。马克思的劳动价值论，并不是铁板一块。它的构成，有的是正确的，有的是错误的，有的尽管是错误的，但却导向正确的方向或具有学术启示价值。

熊波特在论述 1790-1870 年美国经济分析史时，讲过这样一个观点：

　　　　美国之所以在这个阶段，尽管经济高速发展，却没有一个经济学家提出过一个值得一提的经济学领域的理论贡献，是因为有头脑的人都去做靴子了。（熊彼特《经济分析史》，第 2 卷，商务印书馆，1994年版，第 215 页）

　　回头看看中国过去 30 年的大转变，中国经济持续高速增长，却没有一个中国官方经济学者，提出过一个值得一提的经济学理论贡献，大概原因是他们都去挣钱买房子去了。

　　经济学家提出劳动价值理论的学术目的，在于认识确定商品交换价值大小的因素的存在及其包含的具体内容。在它的首倡者---配第那儿，这本来纯粹是一个科学认识理论或关于价格现象的学术问题。后来经过洛克、斯密、李嘉图到马克思，它被赋予了许多与科学认识毫不相干的宗教的、伦理的、情感的乃至语言语义上不知所云性质的内容。我把这些内容，称为价值理论的"附着物"理论。所有的经济学家，都把"资本主义商品经济的价格中心是生产价格"，看做是一种对资本主义商品经济客观存在的科学认识，而这毫无疑问是一个真理；同样，他们也把北美殖民地时期的商品经济中，商品交换价值由其中耗费劳动决定，看做是一种科学认识，看成是一个科学发现。但他们都没有揭示出，"这种交换价值决定因素的差异，是因为它们所在社会的所有权性质不同"，这样一个具有重大认识价值的学术发现。而这是我在商品经济学理论领域，所作出的一个主要的学术贡献。

　　我对所有权和价值决定的早期认识的缺陷是：把"主要"写成了"唯一"。这种认识，类似于"乌鸦都是黑色的"的命题，尽管不完全正确，但也很接近于真理。如果认为，经济学不需要价值、价格了，因为有所有权，就足够了，应该用"奥卡姆"剃刀，把这些多余的概念，都消除掉，这就有问题了。马克思和古典学派认为，价格是价值的货币表现，除了货币外，价值实体是劳动，劳动和货币不能解释的其它价格现象，他们用供需变化以及故意绕圈子加以解释。但是，不能说价值就是所有权，价格就是用货币去表现、衡量所有权。价值理论，是用来解释价格现象的，而所有权，并不能用来解释一切价格现象。比如说，一颗天然珍珠，其价格在不同的人哪儿，有高低之分，如何用所有权来加以解释？如果所用的"所有权"概念，和通常意义上的"所有权"，有了不同的内涵和外延，那么，我建议还是用大家都通用的字词更为方便，也就是说，还是用"价格"这个词为好。正如，大家叫某种动物为"狗"，你叫它为"鸡"一样。语言的约定，具有群体性，否则，就混乱了，相当于鸡与鸭语。如果我们把"价值"定义为"决定商品之间交换比例"的东西，那么，很显然，我们会找到许多性质完全不同的构件，这个东西是一个复合体（有许多因素，这些因素，有些是独立的，有些是相关联的甚至互为因果关系），而不是具有齐一性质的单一体；如果我们把"价值"定义为"决定商品价格高低"的东西，那么，除了找到上述的复合体之外，我们还发现存在"货币"这个因素，它同样对商品的价格的高低有影响，尽管同一时间点上的商品之间交换比例，会相互抵消掉货币的影响作用。

　　把价格揭示为用货币衡量和表示的商品的所有权的观点，具有"反弹琵琶"的性质，这种认识方法，是有启发性的，也是有学术价值的。康芒斯在他的名著《制度经济学》中，曾经用晦涩的语言，表述过它。但是，作为以广义社会存在为研究对象的学科，经济学早已比法学，地位更显赫，在社会中的角色，经济学家比法学家有更多的话语权，也更有影响力。因此，用法学概念讲述经济学原理的康芒斯，就不被经济学家待见，不管他说的多么在理。因此，康芒斯活着默默无闻，死后在美国经济学界也几乎没有什么影响力。在现代学术体系中，对同一个客观存在，经济学和法学，很久以来，都是用不同的概念和范畴去加以表述，比如说，商品交换，经济学中说是按价值等价交换，法学上讲是按相同的所有权及其附属权利交换，它们只是用的字词不同、所要强调的重点不同而已。而且，经济学研究的问题，并不在于商品交换的结果是按等什么性质和定义的价值交换还是按等所有权交换，而是在于研究决定商品交换的因素，到底有哪些，它们是如何决定商品之间进行交换的。因此，对这种因素、机制及其决定过程的认识而不仅仅是结果，才是经济学中价值理论的主要内容。

　　clm0600 说，交换就是交换物品的所有权，价格就是所有权。我认为，他的这种逻辑，的确是简单、直接了，也就由此走上谬误了。商品的交换，并不只是为了商品的所有权，只有在纯粹商人（指经营者和经营者）之间的商品交换，其所有权交换，才是他们交换的目的所在。在商人和消费者之间，决定商品交换比例的，并不只有所有权（比如消费者对货币的所有权和商人对商品的所有权）之间的交换，消费者对商品的主观评价，同样会影响商品交换。如果商人同时是对方交换的商品的消费者，尤其是在物物交换场合，那么，这时候，物品所有权之间的交换，也许并不被特别看重，而使用价值的交换，才是而且也的确会成为决定交换过程的主要因素。古典学派提出，商品等价交换，就是等"劳动"交换，然后去定义"劳动"，比如马克思提出应该是"社会必要劳动"；效用学派提出，商品等价交换，就是等"效用"交换，然后去定义"效用"，比如瓦尔拉斯提出应该是"边际效用"；这位网友提出，商品等价交换，就是等"所有权"交换，他然后去定义"所有权"，不管是啥五花八门的所有权及其附属权力，都不再是通常意义上的"所有权"。客观存在告诉我们，商品交换，并不是某单一客体或性质的交换，因为，这个社会客观存在的商品交换本身，并不具有同一性。因此，对这些商品交换的研究结论，也不能是同一的。

对于上述我的诘难，clm0600 为了自圆其说，立马就走上了与古典学派、效用学派一样的老路：开始编瞎话、重新定义及乱用概念，以达到浑水摸鱼的目的。我一再强调，在现代资本主义商品经济中，客观存在着不同目的的商品交换，因此，决定商品交换的因素会有许多，所有权、效用、劳动都只是因素之一，如果把民族国家考虑在内，则影响商品交换的因素，就更为复杂。比如说，美国对农业的补贴（大豆、玉米），毫无悬念地会影响中国人菜篮子的价格。这也是我一再强调的，客观存在对予研究者的既予性以及研究者的客观性，是经济学中科学认识能够存在的前提条件和原因所在。

第八节　对经济学家的分类

邹恒甫在"肮脏的光华和清华经管学院是中国穷苦人民的寄生虫"帖子里，一再说他熟悉的华人经济学家，好的是三流的（包括他自己），不好的是七流、八流、九流的。

我对此有感而发并回复如下：这个人坦诚自己水平三流，还是有点自知之明的。就其行为而言，人品应该还可以。就是有点很傻、很天真。邹恒甫把自己封为三流，本意是自谦，并依据此讽刺张维迎。不过，在我这儿，他和张维迎等，都被列为不入流。我的下属分类，主要依据在于其学术贡献，邹恒甫的分类，还强调了人品和道德 。

在此，依据"论建立经济理论的统一体系是否可能"那一节的的标准，我把理论经济学家分一下级（流），请大家把国内那些名经济学教授和专家们，对号入座，看他们到底入流否：

1. 一流的经济学家，在理论体系上有重大的贡献。如魁奈、斯密、李斯特、马克思、马歇尔、凯恩斯等；

2. 二流的经济学家，在理论体系的部分领域有重大的贡献。如配第、洛克、李嘉图、门格尔、瓦尔拉斯、里昂惕夫等；

3. 三流的经济学家，在经济理论的个别分支有一些不太重要的贡献。如凡伯伦、克拉克、西斯蒙第等；

4. 四流的经济学家，能够理解一流的经济学家的思想，能够讲出经济思想史，有一点学术成果。如熊彼特等；

5. 五流的经济学家，不能够全部理解一流经济学家的思想，但能够理解二、三流经济学家的思想，有一点不大重要的学术成果。如萨缪尔森、琼，弗里德曼等；

6. 六流的经济学家，对经济理论的部分有一点独到的理解。如科斯等及大多数的 Nobel 经济学奖得主；

7. 七流的经济学家，没有学术贡献，但是称职的经济学教授，能够正确的讲解经济学理论。如国内的陈岱孙、高鸿业、宋承先等。

除此之外的经济学教授、研究员，博士，都不适合被称为中文意义上的"经济学家"。

英文意义上的 economist，和中文意义上的"经济学家"，含义和适用范围，有很大不同。中文的经济学"家"，是有相当学术造诣的人，才有资格被命名的。我这种排名的意义之一，就在于还"经济学家"的本来含义。

依据上面的理论经济学家分级，我建议：

1. 处于一、二流位置的经济学家，可以称为经济学"大师"；

2. 处于三、四流位置经济学家，被称为经济学"大师"，就比较勉强，但可以称为经济学某一领域的"大师"。如熊彼特，可以称为"经济思想史"研究领域的"大师"；

3. 五流一下的经济学家，不要再称为经济学"大师"。

给予尊称的人和被尊称的人，不能名不符实。否则双方都会不好意思，如同刚买了一套公寓的人，被称为"富豪"一样。

有的网友问我：

> 马歇尔感觉评不上一流啊！他不就是将瓦尔拉斯的观点重复了一下吗？瓦尔拉斯怎么评不上一流啊？他可是可以称为开创者的！

我的回答是：马歇尔是局部均衡理论的创立者，瓦尔拉斯是一般均衡理论的创立者。他们都是独立完成的，就此而论，应该算旗鼓相当。但是，瓦尔拉斯的一般均衡理论，是建立在错误的价值理论之上的；而马歇尔的局部均衡理论，则是建立在正确的价值理论之上的。

有的网友建议：

> 既然分流，我觉得应该加个八流和九流，合三教九流之"九流"之说，有些人起码让他上排行榜，如杨小凯、黄有光。

> 杨小凯至少在三流以内。他对不完全理性的分析可谓原创。如果不死得那么早，他定能获诺贝尔奖。

我对杨小凯、黄有光的学术水平不了解，不便评论和分类。所有经济学说史中对经济学家的分类，都是按照其写作者的理解水平，来加以判断并安排的。作此分类的学者都想力求客观，但不能确定是否能够达到客观。就我的这种分类而言，本人但求公道，不过，毋庸置疑的是，在挑选中，必定掺杂有我个人的主观判断。

　　本分类仅仅从学术角度考评，没有论及职务高低及社会影响大小。这里分类的是理论经济学家，不包括应用经济学家和经济实践者（包括专家）。据媒体报导，在香港科大任教职的丁学良教授，曾提出"中国合格经济学家不超过 5 个"的观点，这确实有些过分低估了中国经济学者的总体水平。据我所知，丁学良教授本身不是搞经济学的，而是一个社会学教授。丁学良教授的经济学水平，和国内许多经济学业余爱好者的水平差不多，因此，他根本没有资格和能力做出这样的专业判断。他对大陆经济学界指手画脚，故作此惊人之语，只是为了炒作。和许多香港商人（包括书商如郎咸平）一样，他也的确借此成功地展示了他自己一把，在国人面前露了一次大脸。此外，丁学良所在的香港科技大学以及香港大学等几所高校，都自吹其经济学研究成果亚洲领先，这也是经济学学术圈众所周知的笑话。就香港的人文社会环境而论，它是个出商人的地方，不是出思想家（包括经济学家）的地方。

有的网友因此叹息说：

> 按你的分类，诺贝尔奖的获得者都只能是六流的经济学家了，那可以肯定，以后再也不会有超过六流的经济学家了。

我说，对中国经济学界，这种判断有点太悲观了，而且根据不足。经济理论创新的历史经验是：经济学大发展，一、二流经济学家就会出现；经济学小发展，三、四流经济学家就会出现。尽管目前国内很多经济学教授连经济学入门水平还没达到，但我们既不应妄自尊大，也不能因此妄自菲薄。中国转型的历史丰富多彩，使中国理论经济学创新的条件，得天独厚；中国出现理论经济学大师的时代，即将来临。

有本书上说：经济学家及其研究的三种境界为，一流经济学家是研究经济学思想（斯密、马克思等）；二流经济学家是研究具体理论与方法（学院派）；三流经济学家是研究数学模型与政策（无数个）。这当然也是一种分类方法，但我认为这和我的依据经济理论贡献进行的分类，其作用和目的是不同的。

中国不出有创新思想的经济学家，但发表阿谀奉承高论的"经济学家"却层出不穷，对这一现象，也可以理解：首先，经济学家是一门职业，要吃饭，要养家糊口。"端谁碗，看谁脸"。中国的经济学家，尤其是"著名"经济学家，基本上都是端政府碗的，还敢与政府和领导叫板咋的？其次，能够有学术成就的学者，在任何时代，从来就是凤毛麟角。大多数的学者，都是在重复别人的观点，其作用在于传播知识。

用一位网友的话说：

> 天赋，使很少的人成为大师，使一般人成为专家，再次点成为砖家，再后次就只能成为庄稼了。

第九节 经济理论中的认识论陷阱

依据哲学原理，我把认识论分为范畴论和方法论。在经济理论中，相应存在范畴论陷阱和方法论陷阱。

一，经济理论中的范畴论陷阱

经济学术研究的方法(包括逻辑)各式各样，如同旅行的道路和交通工具。只要研究结果能够增加人类对其生活在其中的经济客观存在的知识，其方法就都是有价值的。

形式逻辑和辨证逻辑，也是人类认识客观存在的理性建构工具。它本身也有一个接受实践检验的问题。所以，合乎目前逻辑推理的，不一定就是正确的；而不合乎目前逻辑推理的，也不一定就是错误的。

我在"元经济学初论"一节中，曾经探讨过经济理论中的概念和范畴问题，并且指出，概念是处于高级思维阶段的范畴。其实，概念和范畴，二者最有意义的区分在于，经济理论中的范畴，首先应该是一个关于存在的概念，其次，应该是一个对应于客观经济存在（包括其中的要素和关系）的概念。

前面我曾专门讨论过这个问题：一个概念和概念所指的实体之间的关系，和两个概念和两个实体之间的关系。这些分析，同样适用于经济学范畴。

比如说，货币是一种客观存在，商品是另一种客观存在。它们之间有时侯有关系，有时侯没有关系。说货币是虚拟的商品，就是一个不知所云的范畴论错误，是一种理性构建错误。

在此，我不讨论经济理论中的观念体系和各个范畴之间的关系，也不探讨观念体系中的语言结构如段、节、章、篇和各个范畴之间的关系，这儿仅仅简单演示性的分析一下，构成经济理论中的观念体系中的句子和范畴之间的关系。

比如说，"李克洲是人"，这个句子，它就可以有如下几重所指：

1. "李克洲"是三个汉字，如同"上帝"和"鬼"这两个汉字，此时，"人"也是一个汉字。这时候，这个句子就是纯粹观念性的，没有概念和实体之间的关系。但这种句子对我们也有意义，因为人类语言，除了认知功能，还能表达人类的情感及展示非理性的意识。

2. "李克洲"是三个汉字，"人"是一个概念，它有全部人作为实体。这时候，具有定义的性质。该种定义具有排它性。如果同时再定义"李克洲是树"，那就出现了歧义，用这种含歧义的语句构成的文章，则易引起纷争。

3. "李克洲"是一个概念，"人"仍只是一个汉字。"李克洲"有实体相对应，但"人"却没有。这时候，该句子可以有情感的，但还是没有认知的功能。

4. "李克洲"是一个概念，"人"是另一种概念。它是一个或几个个人的姓名。这时候，"李克洲"就是具有特定性质的几个实体的概念，这些实体都必须具有"人"的实体的特征。这时候，该句子具有表述功能。如果这时候，有人说"李克洲不是人"，则是错误的，因为他的表述和客观存在相矛盾。

➤ 经济范畴论陷阱：物化劳动

经济理论中的范畴论陷阱很多，比如说"物化劳动"，就是一个非常有代表性的例子。其实，"物化劳动"和"鬼打墙"一样，都是人类陷入语言文字陷阱的产物。

中国社会科学院马克思主义研究院网站这样介绍"物化劳动":

> 又称"物件化劳动"。凝结在产品中的人类劳动或物化在生产资料上的劳动。

我们的先贤庄子在他的"齐物论"篇中这样写道:

> 昔者庄周梦为蝴蝶,栩栩然蝴蝶也,自喻适志与!不知周也。俄然觉,则蘧蘧然周也。不知周之梦为蝴蝶与,蝴蝶之梦为周与?周与蝴蝶,则必有分矣。此之谓物化。(庄周《老子.庄子》,时代文艺出版社,2009年版,第108页)

马迎夫提出这样一个命题:

> 无福利无垄断的商品社会,竞争使价格趋向于物化劳动,成熟的市场经济不会产生贫富悬殊现象。

我问他:"这是猜测,还是期望,抑或是科学结论"?

马迎夫没有搞明白:如果要使它是一个科学命题,他首先必须告诉我们,"物化劳动"是啥东西(即它的内涵和外延是啥);假设,"物化劳动"是和"鬼"一样的东西,那么,它就不可能是一个科学命题。

有的人在指出别人存在主观唯心论的同时,也许自己还在重复犯着老毛病而不自知。回顾一下经济理论史,就更需要不断地自我反省。想想提出"物化劳动"(斯密、李嘉图)、"社会必要劳动时间"(马克思)、"边际效用"、"一般均衡"(瓦尔拉斯)、"资本边际效率"(凯恩斯)等概念的大经济学家们,他们不都是一直在一边不断改错、一边犯错吗?

为了正本清源，现在，我从经济思想史和词源学的角度，研究一下"物化劳动"概念的来源：

JACOB H. HOLLANDER 在他的论文中提出，"物化劳动"（embodied labor）这个概念，最早起源于亚当·斯密，但是亚当·斯密后来又抛弃了它。（JACOB H. HOLLANDER, The Development of Ricardo's Theory of Value，History of Economic Thought Articles ，1904, vol. 18, pages 455-491 ）

我认为，李嘉图之所以后来要重新捡起斯密抛弃的"物化劳动"这个概念，是为了满足他所提出的"劳动价值理论"的逻辑需要，即为了使他的这个理论能够自圆其说。"物化劳动"是一个很有代表性的经济学的概念，看上去来源于经验主义，其实来源于主观主义。它显示出，一个语言和语义错误，能够对经济理论的发展，造成多么巨大的危害。

有人认为，"物化劳动"仅仅是一种形象化说法。如果真是这样的话，那就没有详尽探讨的必要性；但是，这是一个给经济学带来巨大理论混乱的概念，对它的正本清源，不仅有经济思想史上的意义，而且还有非常大的现实价值。

这个题目，足够写一篇博士论文。在这儿，我想提出一个假设，李嘉图时代，世俗的宗教气氛应该是很浓的。"物化劳动"的社会来源，有可能是受到面包是基督的血肉转化来的启发。既然，面包可以看成（当成）是基督的血肉，那么，把资本看成"物化劳动"，就一点儿不显得荒谬。而且很自然，受到宗教的模拟支持。

物化劳动的英文来源之一，就是 embodied labor。我读李嘉图的英文版《政治经济学和赋税原理》时，发现李嘉图用的另一个词为"bestowed"，这个词有神学含义，中文一般翻译为"物化"，也许不太准确。

如果不是基督教徒，估计没有谁把所谓的"圣餐"真当成是基督的血肉转化来的。可是，不管是经济学者还是普通人，都把"物化劳动"当成一种客观存在，却没有人感到它的"荒谬"，这不值得大家好好反思一下吗？

在资本主义商品经济中，机器等一年内不用置换的物品，首先是一种物质客观存在，当它具有资本主义生产职能性质时，它又取得了一种非物质性的社会客观存在，我们可以把这种只在资本主义商品经济中才存在的非物质性的社会客观存在定义成资本的存在，这种资本的存在，是一种特殊的价值存在，这种价值存在可以带来利润，而且由于它的物资固定性而带来的价值的固定性，可以在多年中不断地带来利润。

如果我们象李嘉图那样，把这种只在资本主义商品经济中存在的既具有固定性的物质客观存在又具有非物质性的社会客观存在定义成"物化劳动"，我们会得到什么结果呢？首先，它混淆了固定资本的物质性客观存在和人类劳动的非物质性活动，人类劳动无论如何也不是一种物质性客观存在，它最多是一种物质性客观存在的有目的性的运动形式；其次，"物化劳动"，掩盖了资本主义商品经济生产关系的实质。确切地讲，李嘉图根本没有意识到，他把固定资本定义成"物化劳动"，本来只是为了自圆其劳动价值论学说，但他根本不理解，机器等设备，只有在资本主义商品经济中，才具有固定资本的职能。最后，通过"物化劳动"这个概念，"商品经济一般"这个概念就和"资本主义商品经济"这个客观存在，混为一体，从而分不清楚哪是观念、哪算实在了。

关于马克思的"物化劳动"，首先，我同意一个网友的如下看法：

> 《资本论》认为，价值就是凝结在或者"物化"在产品中的无差别的人类劳动。但是《资本论》没有介绍何谓物化？物化的方式是什么？结果是什么？可否观察？可否计量？从而导致了唯心主义倾向。

其次，我认为，《资本论》中"物化劳动"的概念，是马克思从李嘉图那儿继承来的。李嘉图试图用"物化劳动"，来衡量固定资本的价值，进而研究该固定资本的价值如何向产品转移。由于李嘉图的错误抽象，造成他的理论存在两个巨大矛盾：1，劳动力创造的价值和劳动的价值不一致；2，在资本主义商品经济中，商品的价值和生产价格不一致。造成这两大矛盾的原因是这样的：李嘉图认定，假如产品(A)，由固定资本(B)和劳动力生产，而固定资本(B)仅由活劳动生产，则产品(A)的价值等于耗费在(B)上的劳动的转移(假定一年折完)加上活劳动的投入或耗费。但是，这样计算是错误的，原因很简单，在资本主义商品经济这个大前提下，固定资本（B）的价值不仅与活劳动成比例，而且至少与一般利润（利润率）有关系。略去了一般利润（利润率），就等于否定了资本所有权的存在，即改变了研究的大前提。这是李嘉图及古典学派常见的错误，马克思亦不例外。

最后，李嘉图的这个概念，不仅误导了马克思，而且还贻害了凯恩斯。

比如说，凯恩斯《通论》中有下列论述：

> 我们最好说，资本在其寿命中，会产生一个收益，
> 超过其原来的成本，而不说资本是生产的。盖资产
> 在其寿命中，会产生劳役，且此劳役之总价值大于
> 其原来供给价格者，唯一理由，只是因为资本稀少；
> 资本之所以稀少，因为有货币利率与之竞争。设资
> 本稀少性减少，则收益超过原成本之数渐减。但就
> 资本生产力，至少就物资意义而论，未必减少。故
> 我同情经典学派以前的学说：其说以为一切皆由劳
> 力产生，帮助劳力者，乃(a)古之所谓工艺。今之所
> 谓技术；（b）天然资源，若天然资源丰富，则使用
> 无代价，若稀少则付地租；以及（c）过去劳力之具
> 形于资产者，其价格亦视其稀少性或丰富性而定。
> 我们最好把劳力（当然包括雇主及其助手之劳役在
> 内）看作是唯一的生产要素，在一特定的生产技术、
> 天然资源、资本设备以及有效需求等环境之下工
> 作。这可以部分解释，为什么除了货币单位及时间
> 单位以外，我们可以用劳力单位，作为经济体系之
> 唯一物资单位。（凯恩斯《就业、利息和货币通论》，
> 商务印书馆，1963 年版，第 181-182 页）

➢ 经济范畴的历史性陷阱

　　熊彼特的《经济分析史》，是一部经典的经济思想史巨
著，没有完成，实在可惜，感叹造化弄人。但是，在这本
书里，也遍布许多的学术陷阱。比如说，熊彼特认为，古
典学派的学者，没有能够分离出"企业家"和"利润"范
畴，既是因为他们的认识能力不足，也是他们有意识地或

无意识地忽略所致。事实是这样的吗？不是的。客观经济存在是时间的产物，是历史地发展着的，在不同历史阶段，存在不同的客观经济存在，这些客观经济存在，并不是一直存在的，也不是一劳永逸的存在在那儿，从而不是一成不变的。

我们通常所说的"企业家"范畴和"利润"范畴，的确是两个反映某种资本主义商品经济客观经济存在及其变迁的历史性范畴，它们也只存在于资本主义商品经济中，而且是在比较发达的资本主义商品经济才存在的范畴。在斯密那个时代，资本主义商品经济还没有高度发达，"企业家"范畴和"利润"范畴还没有从"资本家"范畴和"利润"范畴分离出来，甚至在斯密时代，由于经济的不发展，"资本家"范畴和"利润"范畴，还没有从"制造小业主"范畴和"收入"范畴分离出来，因此斯密在《国富论》中，还时常把"制造小业主"和"制造工人"按同义词使用。并不是斯密故意或认识不清，造成了这种混淆，而是因为在斯密时代，客观经济存在就是这样。

比如说，我认为，魁奈的经济思想，来源于他所处的时代。为此，我提出如下经济学假设，供大家思考：魁奈时代的法国，农业中已经产生资本主义生产关系，而在工业中，资本主义生产关系还没有发展起来，还是由小业主性质的生产经营占据主导地位。因此，在农业中，存在"纯产品"，而在工业中，就不存在"纯产品"。但魁奈没有所有权决定价值的理论，他认为，"纯产品"来自自然的恩惠。

再比如：就商品和货币的历史而论，货币的历史在商品的历史之后，这是大家公认的观点。对货币的认识，从货币商品论，货币金属论，经货币国定论，到货币制度论，也是一个从表面经验总结到对商品经济深刻认识的过程。至于谁有资格规定货币作为一般等价物的客观存在性，那要看你处在哪个历史阶段及其特定的商品经济社会了。比如说，如果你处在原始商品交换社会，大家都用贝壳作为货币，那么贝壳作为一般等价物的客观存在性，是先于你的存在的属性，你不用贝壳，就换不到你需要的东西。许多经济学者嘲笑货币商品论者见解的荒谬，其实，这只能证明他们自己学识的浅薄，他们自己没有历史感，也不理解经济范畴受客观存在的历史性约束。

二，经济理论中的方法论陷阱

➤ 数学方法论陷阱

对经济理论中的方法论陷阱，也可分为两个方面：1，错误的（南辕北辙）；2，尽管正确但却效率低下的。比如说，把数学方法不分青红皂白地套用到经济理论上，就会出问题。对此，凯恩斯曾经把滥用数学方法，看成是"垃圾进，垃圾出"。（凯恩斯《就业、利息和货币通论》，商务印书馆，1963 年版，第 256-257 页）

在此，我举一个我以前已经指出的错误地应用数学的例子，并指出："边际生产力决定收入分配的理论，是基于现象总结出的循环论证，是为了替资本主义分配制度的合理性（按贡献分配），进行伪科学的辩护理论"。

我给大家解释如下：

假设有个资本家有土地和小麦种子，雇佣劳动力生产小麦，第 1 年：100 亩土地+5000 斤小麦种子+10 个人，秋后生产小麦 20000 斤。

假设土地不变，种子量不变，第二年，这个资本家增加雇佣了 1 个人，小麦因边际收入递减总收入如下：20500斤小麦。

那么工人和资本家如何分配小麦呢，首先工人个人工资应该是多少呢，依据边际生产决定分配理论，最后一个工人的生产力是 500 斤小麦，他的工资决定全体工人的工资，所以工人单个工资应该等于 500 斤小麦。

现实似乎也应该这样，因为，如果这个工人的工资超过 500 斤小麦，则资本家第二年的利润就会低于第一年 10个人时的利润，他就不会雇佣这个工人。

大家仔细看看如下等式：

100 亩地+5000 斤小麦+10 个人=20000 （1）

100 亩地+5000 斤小麦+11 个人=20500 （2）

我们能够从上述等式中分离出土地、种子和工人各自在小麦生产中的贡献（包括边际贡献）吗？显然不能。我们根本不能通过分离各个生产要素在小麦生产中的贡献，来决定它们的收入，而数学等式却把不能分离的关系变成可能的独立存在。

科学的经济理论，并不只是关于经济现象的常识，也不能只是对现实循环现象简单的概括。边际生产力决定收入分配是非科学的，它只是对经济现象的简单概括。就学术研究而言，一个理论，如果只是"表面的"，那就往往是"肤浅的"，而"肤浅的"又有可能从此导向"庸俗的"，如果有人需要它并把它用来为既定的分配制度或政策进行辩护的话。不过，这种批判，同样适用于对马克思的剩余价值理论（俗语"剥削理论"）的分析。

在看到"边际生产力决定收入分配是非科学的，它只是对经济现象的简单概括"的同时，我还要指出它一直没有被揭示出的而它自身真正具有学术价值的那部分内容。这就是我提出的"时序"，在经济存在中的意义所在。为什么边际生产力决定分配理论，能够解释一些收入分配现象呢？那是因为，资本主义商品经济存在，首先是一种历史存在，任何企业组织在从事某项交易时，它都是在既予的历史成本环境中进行的。它都必须立足于过去，核算现在并预测、决策未来。也就是说，在资本主义商品经济中，资本家是市场经济的主体，他依据啥进行决策呢？他就是依据过去和现在的价格信号，来预测将来的市场，进而决策现在的投资和经营活动。

比如说，在上述例子里，资本家会这样决策：第一年时，单个工人工资为 700 斤小麦，资本利润为 8000 斤小麦；第二年，资本家多雇佣 1 个人，利润变为 7800 斤小麦；第三年资本家就会只雇佣 10 个人，利润仍为 8000 斤小麦。

或者举个更简单的例子：1，一个农民租地主五亩地，第一年，获粮 2000 斤，交地租 500 斤，农民得 1500 斤。2，同样这个农民，第二年，和地主联营种粮食，年底共获粮 2000 斤。请问能否用数学证明, 地主和农民如何分配这 2000 斤粮食，以及哪一种分配比例更合乎等价交换。

农民和地主，仅仅从租赁经营形式转到合资经营形式，农民并不能减少一点劳动，只是承担的风险小一些而已，而地主只是因多承担了一些风险，而多分了一些粮食。这似乎和效用理论毫不相干，正如似乎和劳动价值理论毫不相干一样。

本来无法区分和量化劳动要素和土地要素在粮食生产过程中的作用大小，但有了收入分配比例，似乎就可以区分和量化它们作用的大小了。就象自然界本来没有"鬼使神差"，但有了宗教信仰，"鬼使神差"就似乎成了一种客观存在一样。难道这不值得对此加以深刻反思吗！效用价值论和劳动价值论一样，都会变这种戏法，它们的错误也是相同的。

类似边际生产力决定收入分配的错误，在经济学上经常会换个说法而反复出现，比如有的人提出：在理论上，可以采用偏微分的方法，把每一种生产要素的各自的效用分解出来。

数学，纵使是高等数学，它也只是一种认识和衡量经济存在的工具，它本身不是经济存在，也不能作为唯一的认识方法代替我们其它的认识方法去认识经济存在。要警惕用数学的形式（科学方法的一种）证明谬误是真理这种行为。目前，许多经济学者（包括一些曾获得过诺贝尔经济学奖的学者如萨缪尔森）都因此犯了许多类似的错误。

➤ 路径依赖陷阱

在经济学研究中，还存在一种很容易犯、也很有代表性的错误，那就是易于陷入路径依赖陷阱。那就是，经济学家时常把他们研究的起点、角度和所使用的概念、方法绝对化。如果这种绝对化，仅仅是对他们自己研究的路径或范式的肯定，也不会有太多的危害，但是，许多经济学家，在得了"路径依赖"病后，不仅否定自己会犯错误的可能性，而且先入为主地认定，凡是和他们的研究的起点、角度和所使用的概念、方法不一致的经济学研究，就都是错误的、不能成立。这种危害就非常值得警惕了。事实上，它已经造成了经济理论的分崩离析。

　　就经济理论体系中的价值理论而言，这个问题表现得特别突出。古典学派中，有的学者持有劳动价值论，有的学者持有生产费用论，还有的学者持有供需决定论。在效用学派中，有的学者持有基数效用决定论，有的学者持有序数效用决定论，有的学者持有边际效用决定论。除这两大派别之外，还有许多稀奇古怪的价值决定观点。

　　统一经济学认为，既然资本主义商品经济是一种客观存在，那么对这种客观存在的认识结果，必然是统一的。尽管我们可以、必须而且事实上需要通过不同的研究的起点、角度和所使用的概念、方法，去认识这个客观存在。经济学家会因为他们的研究的起点、角度和所使用的概念、方法，而取得星星点点的、局部的或某些侧面的经济学知识，这些知识不应该是互相否定的、而应该是互补的，这些局部知识的集合，形成一个关于这个客观经济存在的统一的经济学理论体系。

　　因此，从供给方面研究商品的价值决定，并不比从需求方面研究商品的价值决定，其研究的起点、角度和所使用的概念、方法更高级，学术性也不会因此更高。同样，在假设商品的需求不变的情况下从供给方面研究商品的价值决定，并没有否定需求对商品价值的决定作用。假设某一因素不变，绝不能在研究过程中，演变成认定某一因素的不存在。值得强调的是，供给和需求这两个方面的不同价值决定要素，对于不同类别的商品的价值决定，会有不同的重要性，这由这些要素在经济客观存在中的特殊性质而不是人的认识观念决定。

　　在供需这两大价值决定方面中，客观存在着一个我认为最重要的价值决定要素，那就是资本主义商品经济中的所有权。我觉得，应该也可以把它分列为价值决定要素的第三个独立的方面。这个要素，有史以来所有的经济学家，都没有清晰地认识到它，更没有在他们的著作中，清晰地表述、分析过它的存在及其作用机制。它是存在于供需两方面的幽灵，而且是有目共睹的，但是，一旦进入商品价值决定的具体研究时，它就从经济学家的眼中消失了。因此，我的折算劳动价值理论，并没有创造出"所有权"这个幽灵，只是把这个市场经济客观存在中的价值决定要素（这个幽灵），清晰地表述出来，并揭示出它在价值决定中的作用及实现机制而已。

➤ 简议马克思意义上的辩证法

马克思写道：

> 因为辩证法在对现存事物的肯定的理解中同时包含对现存事物的否定的理解，即对现存事物的必然灭亡的理解；辩证法对每一种既成的形式都是从不断的运动中，因而也是从它的暂时性方面去理解；辩证法不崇拜任何东西，按其本质来说，它是批判的和革命的。（马克思《资本论》，第 1 卷，转引自《马克思恩格斯全集》第 23 卷，人民出版社，1995 年版，第 24 页）

按照马克思在上述文字中所表达的意思，辩证法是一种对"现存事物"的"理解"，因此，它必定是人的理性所产生的观念。这种观念的特殊性，就在于它对"现存事物"，有一种先入为主的判断，即"现存事物""必然"灭亡。如果你认为"现存事物"不是"必然"灭亡，而是有条件的灭亡，或在一定条件下可以长期存在下去，那就不是乃至反对马克思意义上的"辩证法"的观点。由于辩证法是

"批判的"和"革命的"，所有对"现存事物"进行辩护和改良的"理解"，也就当然不合乎而是反对马克思意义上的"辩证法"的。我觉得马克思上述意义上的辩证法，似乎有人类自我审视投射性的痕迹，马克思如果把它用在对人生进行哲学上的判断，也许更为妥当，因为人类每一个个体，由生而所不得不面临的现实是：人生短暂，最多百年，生在死中，死在生中。假如说，我们用马克思上述意义上的辩证法，去研究非生物，我们就会惊奇地发现，它几乎完全不适用。纵使是生物，也不是完全成立。比如说，红杉树。如果自然条件允许，红杉树可以活的如此长，以至于人类不能确定它到底啥时候"必然灭亡"。

马克思认为社会发展合乎他的辩证法，他"把社会运动看作受一定规律支配的自然历史过程，这些规律不仅不以人的意志、意识和意图为转移，反而决定人的意志、意识和意图"。这可以看成是马克思关于社会发展的形而上学。

就我看来，马克思的《资本论》，就科学分析资本主义商品经济的制度构成及运行机制等方面而言，根本不需要辩证法。实际上，马克思在《资本论》研究中的大多数时候都不需要也很少求助于辩证法；只有在面对现实不能自圆其说的时候，以及需要施展瞒天过海手段推销他的伦理偏见的时候，马克思才不断乞灵于辩证法的魔力。

第三章 折算劳动价值理论

折算劳动价值理论，是我主要依据资本主义商品经济客观存在而构建（创造）出来的经济理论之一。它既是我独立思考的结果，又反过来成为我理解资本主义商品经济的理论方法和工具，它也成为我评价其他经济学家经济理论中价值理论部分学术价值大小的主要依据。

第一节 价值理论中的"学"、"术"及"附着物"

经济理论是一把理解经济存在的钥匙，而到目前为止的经济学，基本都是围绕商品（市场）经济进行研究的一门学问，而价值理论是商品经济理论体系的核心部分。

经济理论中的价值理论，通常也有两个核心部分和一个附着部分，我把它定义为价值理论的科学部分、工具部分和伦理部分。当然，有些学者提出的价值理论，只有这三部分中的一部分内容或两部分内容。

1. 价值理论的科学部分，就是"学"，它是对商品经济社会客观存在的价值决定的科学认识，这种认识有可能是正确的，也有可能是错误的；有可能是片面的，也有可能是全面的；有可能是单维的，也有可能是系统的。对这一部分内容，可以进行证实和证伪。比如我说："所有制是决定商品交换价值的一个因素"，这就是一个科学认识，可以进行证实。再比如，我说："现代经济伦理观所导致的福利国家政策，是影响商品交换价值的因素之一"，也是一个科学判断，对它也可以进行证实性检验。

2. 价值理论的工具部分，就是"术"，相对于科学，它属于技术和工艺。它给我们提供一个手段，使我们可以方便地认识商品经济社会中的客观存在以及运行机制。它没有正确和错误之分，只有方便还是不方便，精确还是粗略之分。比如说，工业品及消费品物价指数，就是被构建用来测度及认识商品价值及其变动的工具。

3. 价值理论的伦理部分，就是"附着物"。它和前面我们所说的那两部分内容，完全不同。它不是一种对客观存在的价值决定的科学认识或建构的工具，而是通常所说的个人的价值观或"意识形态"。从逻辑上讲，从价值理论的学术部分，我们是推导不出某种伦理观的。但是，许多经济学家，通过语言和语义的"腾挪"，就把他们的个人偏见，塞进他们的价值理论中了。值得强调的是，许多经济学家，常常分不清自己的经济伦理观，和他所处时代的社会经济伦理（包括当时的社会经济伦理主流即时代精神）之间的关系。如果经济学家正确地分析、解释和描述了某一个时代的主流经济伦理对商品的价值决定乃至对经济运行的影响（如韦伯的《清教伦理和资本主义精神》），那他的作品，就具有了科学认识价值，依据我们的标准，应该归入"学"的范围。

如果我们把古典学派（包括马克思）的劳动价值论，从"劳动是资本主义商品经济中决定商品交换比例的因素之一"的科学探索这种思路，向不仅是一种科学探索而且是一种基于方便科学探索而提出的理性构建工具并且借机兜售他们的关于啥才是公平正义的经济伦理私货的方向转变，就会更深刻的理解这些古典经济学者为什么会穿凿附会许多我们看上去完全不能成立、也不需要的概念、范畴及其论证过程。

我认为，古典学派的劳动价值论，对这些古典学派的学者说来，既是科学探索，也是他们用来理解商品经济的理性建构工具，还有他们自己的道德偏见。只是他们没有分清这三者之间的区别，把它们混为一谈了。

我在本书"马克思劳动价值理论研究"一章中，就进行了这样一个工作：它既分析了古典学派作家（包括马克思）各自关于商品经济中商品交换价值决定因素的科学发现真理性的多少，也评估了他们各自所铸造出的不同内涵和外延的"劳动价值理论"这一工具的内容及其适用性和效率，并且揭示出了他们的道德偏见及其来源。同时，我也提出了自己的"折算劳动价值理论"，作为经济科学发现及其应用工具以及对包括古典学派、效用学派在内的各学派的的评判手段和标准，并对他们的经济学理论，进行了简单的批判性应用及分析。

以下我先简单阐述一下我的价值理论的梗概。讲一讲经济学教科书中一直被认为已经搞得很清楚，其实一直都糊里糊涂且以讹传讹的价值理论。

　　让我们来看一下最简单的商品经济中的例子：一件商品交换到了一百元钱，那么，我们就说这件商品的社会购买力（即市场价值）为一百元钱。至于这件商品，是劳动产品，还是资本产品，还是自然恩赐的产品，完全没有关系。仅仅研究这个层次的学者（如凯恩斯），他们揭示的是商品经济的一般规律，这种工作，决不比其它经济学者的工作更没有价值，也不会更庸俗。现在西方许多经济学者，从事的大部分研究工作，都属于这一类型的工作。

　　但是，我们从这一最简单的例子，可以看出这样的问题：社会分工和各种不同类型的所有权（含财富控制的分散化）是这一交换能够存在的前提条件。

　　让我们来审视一番这个最简单的例子：为什么这件商品能够交换到一百元钱，而不是二百元钱或者五十元钱呢。这就需要引入三方面的研究，即有效需求，有效供给和货币因素。古今中外的学者，对这三个方面的研究，就构成了价值理论研究的历史。有的人讲，价值理论应该是撇开货币因素，仅仅研究商品之间的交换受哪些因素决定的理论。其实不然，货币本质上是一种人为的制度安排，它把社会购买力这种本来是商品社会主观性的东西客观化了，它隐含了财富的时间性和社会经济规范（含强制性）的存在。但这并不阻碍我们在研究商品之间交换的时候，把货币看成是一个相对独立的决定因素。

　　接下来我们研究一件商品甲可以交换到二件商品乙，让我们来分析一下是哪些因素影响它们之间的交换比例。这时候，我们就遇到了劳动价值论者（含马克思），效用价值论者，生产要素价值论者，供求决定价值论者。这些人众说纷纭，莫衷一是，其实他们不过是瞎子摸象而已，却都认为自己找到了绝对真理。一旦发现他们的理论推导的结论和现实相矛盾。他们就去穿凿附会，寻找似是而非的理由和不知所云的概念替自己辩护。尽管如此，如果我们把这些形形色色的价值理论综合起来，我们离正确的价值理论就不远了。

就以供求决定价值论为例，我们从交换的过程和结果看，商品之间的交换，的确由供求双方决定。但这只是对交换的表层的观察结论，我们还要搞清楚是哪些因素决定供给和需求，在这儿仅仅分析一下供给方面：假如两个交换者，就是两个劳动者，也就是说，我们研究的是只存在劳动所有权下的商品经济，那么决定商品交换的供给方的最重要的因素就是生产两种商品所耗费的劳动量。再假设两个交换者，是资本家，即我们研究的是资本主义性质的商品经济，这时候，决定两者交换的供给方面的因素，就会和上面的因素，有很大不同，它不仅要看各自耗费的劳动量，投入的资本量及耗费的资本量，还要看工资率及利润率水平。这时候，为方便理解，我们也可以把资本和利润的价值用劳动工资的价值进行折算和衡量(象凯恩斯在他的《就业、利息和货币通论》所做的那样)，但这丝毫不影响我们前面已指出的决定商品交换比例因素的区别。许多学者正是不理解这一点，从这儿开始走进谬误而不能自拔。

当我们研究了半天这两个商品供给方面的决定因素时，已经也必须把这两个商品假设成是可以通过投入资源加大供给量的商品，很显然，如果该两类商品，不能通过投入改变供给，则我们的上述分析将需要一定的修正。

通过上述浅显易懂的解释，我们可以说：从狭义上讲，价值理论是研究商品之间进行交换时其交换比例受何因素决定的理论；从广义上讲，价值理论是研究商品经济如何运行的理论。

第二节　折算劳动价值理论的内容

　　我的折算劳动价值理论，既是一种科学观点，也是一种认识工具，它的主旨，是从劳动的角度，揭示商品交换由那些因素决定。下面我建立一个简单的数学模型，以帮助大家理解资本主义商品经济是如何运行的，尤其是在资本主义商品经济中，不同行业的要素所有者之间，是依据什么来进行决策，以及这种机制是如何运行的。

　　我提出的这个模型的含义如下：

1. 假设在一个社会，是资本主义商品经济，只有两个行业。行业内劳资分配比例已知；
2. 依据分配比例，把资本折算成劳动量，进而求出本行业总折算劳动量；
3. 不同行业商品交换，因为劳动所有权的等同性和资本所有权的等同性要求，实行等量折算劳动交换；
4. 新投资的依据，就以上面形成的价格为基础，计算机会成本及收益，并依据此作出是否投资的决策。

　　数学表述如下：

　　假设 T0 年时，我们知道了国民收入分配率为资：劳＝1：9，根据这个分配率，我们找到了两个行业间，商品交换比例或商品的交换价值（详见本书第 173 页）。

　　如果我们假设，在 T0 年时候，假设行业间的分配率不一致，假设大米行业仍为 1：9，但服装行业为 2：8，那么两个行业的商品交换比例及商品的交换价值，有啥变动呢？

　　(1)甲资本家：土地 100 公顷，劳动者 20 人。合作生产大米，年终生产出 20 吨大米，分配比率 1：9，甲资本家分得 20*(1／10)=2 吨，劳动者分得 20*(9／10)=18 吨，100 公顷土地折合劳动 2／0．9=20／9

年，20 吨大米折合劳动 20+(20／9)=200／9 年劳动。

(2)乙资本家：土地 100 公顷，劳动者：20 人。合作生产衣服，年终生产出 400 套，分配比率2：8，乙资本家分得 400*(2／10)=80 套，劳动者分得 400*(8／10)=320 套，　100 公顷土地折合 80／16=5 年劳动，400 套衣服折合 20+5=25 年劳动。

A，如果假设劳动者工资水平一致，则交换比例为：

0.9 吨大米=16 套衣服即 0.05625 吨大米=1 套衣服

此时，投资在衣服行业的资本家的利润率较粮食行业的为高，衣服行业的折算的劳动量和折算的土地量也较粮食行业大。

B，如果假设资本家的利润率一致，则交换比例为：

2 吨大米=80 套衣服即 0.025 吨大米=1 套衣服

此时，在粮食行业内的劳动者的工资率较衣服行业的为高，此时粮食行业的折算劳动量和折算的土地量也较衣服行业小。

经过分析，我发现，提出劳动价值理论的经济学家，最早的是英国的配第，而他所处的时代，还是英国封建主义末期，资本主义开始萌芽。而在配第之后约一个世纪，另一个提出劳动价值理论的人，美国人富兰克林，所处的北美殖民地，正处在自耕农时代向资本主义发展过渡的时代。所以，有的困惑，是后人纯粹想象出来的。可以说，所谓早期经济学者都有资本主义商品经济永恒的观念，其实是一个伪论点。它只存在马克思之后的人，尤其是现代中国一些马克思主义经济学者的脑袋里，在此之前的人，是很少有的。

发现劳动是决定商品之间交换决定因素之一，是英国古典经济学的学术成就之一，而古典学派中的李嘉图，是将劳动作为商品交换决定因素，从"之一"变成"唯一"的始作俑者，这也是错误的始点。阅读过我的折算劳动价值理论和斯密的第二种劳动价值理论（为啥要通过工资）的区别和联系后，必会豁然开朗。而且，我一再强调，在商品经济中，商品的价值决定过程就是财富（价值的载体）的分配过程。纵使政府依据一定的社会伦理，可以改变部分财富的分配，但这同时也改变了部分商品的价值决定。

有人也许会提出这样的疑问：生产大米的资本家难道比生产服装的资本家更仁慈？愿意少拿产品份额？反过来，服装行业的劳动者看到了资本家的贪婪，为什么不罢工，要求资本家只能拿 10%？特答复如下：1，假设两个行业实物分配率一致，是完全可以的，但假设实物分配率不一致，会使分析中约定的条件更有普遍性；2，纵使实物分配比率一致，耗费劳动价值理论也并不是当然成立，因为还有其它决定交换价值的因素。

请读者注意：在我这儿，根本不存在"总价值（或财富量）与总劳动量是同一个东西"这种设定，所以，那些基于此判断所做的否定，其实是根本不相干的。

以下就一些网友对我的折算价值论提出的疑问和诘难，解答如下：

一，形而上学说

cluo 网友说：

认定劳动价值论是铁的逻辑，我想大部分人都会认为这是借助了话语的霸权，并且只能停留在形而上学的领域。而你对形而上学的说法表示异议，以为劳动价值论可以进入经验领域指导实践。从经验领域来看，劳动价值论必然需要两个保护带。一个是简单劳动和复杂劳动的折算。这点的困难是众所周知的。第二个保护带是"租"的概念，农产品的价值必须包含有租的成份。劳动价值论不是什么铁的逻辑，只是一个定义，把价值定义为劳动而已。

我的回复：

1. 折算劳动价值理论，是我建构的一种分析工具，我用它来认识在不同所有权下的商品经济中，商品交换时，存在哪些决定它们交换比例的因素。同时，我用它来分析和评价其它经济学家（包括马克思），在这一理论领域所作出的学术贡献。

2. 折算劳动价值理论，和耗费劳动价值理论之间最大的区别，在于它没有经济伦理概念的影响和参与。它把不同所有权下的商品经济，都看成是既予的，是一种客观存在。但这丝毫也不意味着我认为商品经济是自然的，是人类终极的最理想境界的制度，更不意味着它是不可改变的。与此相反，我认为，商品经济制度，只是许多种经济制度中的一种，它正在不断发展着。

3. 我在折算劳动价值理论中使用的折算，和凯恩斯在《通论》中对不同收入的劳动者之间的劳动量的折算，是一致的。唯一的差别是，我是一直在清晰地使用这一分析工具，而他不是。还有，我走的更远，我把不同的土地及不同的资本，根据它们不同的收入，和劳动的收入进行折算，并把它们运用到全社会的广义投入产出及分配中去，进而通过它去理解商品经济是如何运行的。其实，劳动者、土地、资本及工艺技术都不是齐一的可通约的经济要素，但它们在价值上，是齐一的和可通约的。所以，我的折算劳动价值理论，是一种基于商品经济的理论认识，即它的成立前提，必须是商品经济制度。马克思、凯恩斯以及那些认定劳动者的劳动，在商品经济中具有齐一性的观点，都是错误的：如果没有价值的齐一性，一个搞原子弹的劳动和一个卖茶叶蛋的劳动，根本就没有齐一性，也无法比较。纵使能够比较，那也比山地和湖地的差别，要大得更多。从这个意义上讲，特殊劳动，在商品经济中，也同样存在和级差地租一样的"租"。

英国的经济学家琼•罗宾逊，就曾经一再说马克思劳动价值理论只是一种形而上学。但这样贴标签，增加我们对它的了解和与此相关的知识了吗？显然没有。（琼•罗宾逊《马克思、马歇尔和凯恩斯》，商务印书馆，1963 年版，第 27 页）她不过给马克思劳动价值理论贴了一个似乎谁都明白其实是谁也不懂的标签。其实，用"形而上学"这个标签，还不如用 X 这个标签，后者更有利于人们对马克思劳动价值理论的进一步研究和认识。马克思劳动价值理论，首先是一种人类对其生活在其下的商品经济制度的理性认识，它的对象是一种客观经济存在，根本不应产生、也的确没有啥形而上学的东西，如果对它的认识出现了玄而又玄的结论，那就值得注意。搞经济理论研究，必须具有一定的语言学和语义学的知识，否则有可能陷入人类语言给人类自己布下的迷惑阵。

二，驳劳动是价值的唯一源泉说

其一说：任何生产要素本身最早都来源于人类劳动，都是劳动创造的，而生产要素（使用价值）投入下一个生产过程将会与特殊的生产要素--劳动力（劳动价值）一起相互作用，形成价值增值，这个增值部分连同本身的使用价值与劳动价值一起转移到产品之中。

无论这些人如何努力，也无法把谬误证明成真理：没人能把美洲新大陆时代的原始土地，变成劳动创造出来的东西。原始森林，没有任何人的劳动，一直给人类提供木材和氧气，它是啥样的死劳动呢？谈劳动创造价值，就和谈上帝创造人，一样可笑，一样没有科学意义。但它有情感意义，尤其还有隐含的时代道德含义，当然是不容抹杀的。

说句形象点的比喻：持有这种观点的人，都还在山沟里转悠！他们周围就是马克思的"劳动价值理论"这座山，啥时候他们爬到山顶了，他们才能看清楚，他们原来转悠的各条路径都是死路。纵使是在山沟里转悠着的这几个人，应该也算是中国不多见的真正的非功利的经济学研究人员，但是要节约他们的生命耗费成本：他们应该从批判和理解别人的基础起步，去搞学术研究，尽可能的少走弯路，尤其是少走那些前人已经走过的弯路。

其二说：驴能够创造驴类价值，自由人和奴隶创造人类价值。这是从上帝那里交换来的，为上帝所拥有、所赋予的价值，确切地说，劳动价值，是人类所俘获的驴类力量等等所创造的价值。

诚然，我不理解这位网友的驴价值。也许毛驴不会象人那样会忽悠，说只有它才能够创造价值。大概一旦毛驴成为马克思主义者，马上就会声称它也创造了人的价值，因为它和人一样"劳动"，具有创造人的价值的一切素质。因此，说"价值是人创造的"，只有在下列语境中才能成立：既然价值是一种特殊的生产关系，它只有在商品经济社会才存在，那么，这种生产关系不是天生的、自然的，而是人为的，即是人类有意识或无意识设计并构建出来的。如同中国的多层次土地所有权及使用权，是由国人（决策层）有意识地构建出来的一样。

同理，有的人说机器能够创造价值，有的人说机器不能够创造价值。其实，这些人都是糊涂蛋。如同一个说，月宫里的兔子能够炖着吃，另一个说，月宫里的兔子，不能炖着吃，只能炒着吃。争论子虚乌有的事情，有趣吗？不管有趣还是没有趣，但不影响这些人因此可以贩卖他们自己的分配伦理偏见。

其三说：创造价值的，永远不可能是东西，只能是人，是劳动者，是劳动者在劳动中创造了价值。

是的，如果"价值"仅仅只是一个概念，那么只有人才能创造"价值"的说法，就是正确的。因为到目前为止，还没有发现除人之外的其它动物，曾经创造出来过一个概念。但是，"价值"如果是指决定商品交换比例后面的要素及其关系，那马克思的劳动价值理论中存在的问题就显露出来了：工人的劳动，在古典学派那儿，本来仅仅是决定商品交换比例的要素之一，在《资本论》中，它先是转变成价值的"唯一的"形成要素，而且后来又转变成能够"创造"价值的唯一生产要素。对这个问题，我在本书"马克思"篇还要详尽研究。

凡是宣传、持有或相信"劳动创造价值"观点的人，大多属于"不知所云"的那一类人。这些人，和相信"上帝创造了人"的信徒，有一点是一样的，那就是不可理喻，他们的存在本身，证实了人类的非理性的一面。凡读过配第、斯密、李嘉图、马克思等人著作的人，都知道古典学派有一个基本的观点，那就是劳动价值论，即商品交换由耗费劳动唯一决定的理论，尽管他们在自圆其说中，又给劳动补加了许多的界定。当然，仅仅了解这些，还远远不能够科学地理解劳动价值理论。

三，曼德尔的归谬法

曼德尔提出三种证明劳动价值论的正确性的方法，因为前两种过于小儿科，我们就不在此赘述了，而只是批驳他的归谬证法。曼德尔认为归谬证法，是证明劳动价值论的正确性的方法之一，也是最巧妙、最"现代"的证明方法：若一个社会的生产完全不用人类劳动，这样的社会也就消除了交换价值。这便证明了劳动价值论的正确，因为一旦生产中不用人类劳动，价值也就随之消失了。

假如各行各业都自动化了，不再需要劳动力，则我们能够得出的唯一结论是，靠劳动作为谋生手段的阶级的消亡，而不是整个商品社会的消亡。因为这些自动机器及其产品的所有者，同样可以形成商品交换。因为生产的自动化并不意味着生产的经济耗费为零及所有权的自动消亡。所以，归谬法并不能证明劳动价值论的正确，但确能证明它是错误的。

试想一下，原来发达国家从事农业的劳动者，失去（离开）土地以后，他们都饿死了吗？完全不需要存在这种担心。此外，按劳取酬只是许多分配伦理中的一种，既不是天经地义的，也不是万古不变的。就我的观点而论，在民族和国家的层次上，一直就存在靠税收制度生存的阶层，而税收能看成按劳分配吗？显然不能。作为自动控制专业的毕业生，我可以告诉大家一个事实：自动化既不是无偿的，更不是无主的，它仅仅是一种工业技术。举个例子，假设整个世界都自动化了，但中国人想到美国旅游，美国人不想到中国旅游，如果没有交换物的话，他们就不同意中国人到美国去旅游，从而中国人就无法到美国去旅游。这就是所有权的经济意义之所在。只不过这时候的所有权已经从个体的私有权上升到集团和国家的所有权层次。再比如说石油，它在中东国家，你再如何实现了自动化，能够改变它的所有权吗，显然是不能的。其实，这些人也太缺乏想象力了：如果没有以劳动作为谋生手段的阶级存在，那不是更好的社会吗？

四，价值是物质还是意识？

答：价值既不是物质，也不是意识，它是介于物质和意识中间的东西。举个例子，我手中的 100 元人民币，它的物质形态是纸张，但它的价值和它的物质形态的（纸张）的价值可以毫无关系。它的价值，相对于个人，是完全客观的，它的购买力也是客观的，不以持有它的某个人的主观意识而转移。但是，货币本质是一种市场经济中的制度设定，属于人类理性建构的东西，它离开了商品经济，就没有意义，也就是说，它以社会的经济制度为前提，是起源于人类社会的东西，它离不开社会的基本形态。价值由啥决定，我在上文中已经说的太清楚了，多看看那个图式。dfwl 口口声声否定马克思，其实他的骨子里还是马克思的那一套。从物质到意识，从来就是一条线，只有马克思主义哲学告诉你，是两个点。

五，交换比例决定外部说

问：商品之间的交换比例的决定因素，绝对不是来自于商品内部，而是来自外部。否则，讨价还价和拍卖就无法解释。

答：你有何依据说商品交换比例的决定因素"绝对"来自于商品外部，而不是有的来自商品外部，有的来自商品内部，或同时来自商品外部和内部二者？讨价还价和拍卖，只是商品交易的一种形式，而且是非主流的形式。等价交换，是一种经济学上的抽象，合乎统计学规律。它的形式是，一旦一种商品处于一种偏离等价交换状态而又非垄断性质时候，它的供给就会增加。我认为，这种对马克思劳动价值理论的否定，是非学术性的。当我们说经济学意义上的"价值"这个词时，一般是指某一商品或劳务的社会购买力大小，即在一定时间内可以交换到其它商品或劳务的能力。如果用货币衡量，就是通常所说的"价格"。

六，价值中外起源辩

刘保强提出：

> 应先说清楚"价值"这个词的含义，再来谈经济学意义上的"价值"这个词是什么！

我的回答：你这个观点好奇怪，不理解个别，就想理解一般。如同不去理解桃、李子、苹果，就想理解水果一样。经济学作为一门系统学问，起于西方成于西方，用英文和数理表述是其原始形式。价值一词本从 VALUE 译来，刘保强和那些试图从中国古汉语中找出价值的古典与现代经济学含义，无疑是刻舟求剑。其实这些人还忘了：汉语的词的释义也有个衍化过程，看看"小姐"和"同志"吧，你要依据古汉语去理解，那就会让人莫名其妙并陷入不知所云的境地。

价值理论在经济学中的学术价值，主要在于它能够帮助我们理解价格的确定。撇开这一主要点，它还有伦理价值、辩护价值及表达感情的情感价值乃至信仰的价值。说句题外的话，讲价值理论中那些自己半懂不懂或者不知所云的东西，还可以评职称，可以当官，可以编教材卖钱买别墅，因此对于一些人还有谋生乃至谋利的价值。还可以证明自己是正统，在党同伐异时作为根据等等。如果一个人或一类人，把一个不同质的东西，通过理性的"改造"，变成一个同质的东西，并告诉我们说这就是客观存在的本来面目，那么，我们该如何给这个人或这类人定性呢？我觉得，可以毫无疑问地说，这个人或这类人，已经落入了"理性的谬误"的陷阱。

七，钻石和水的悖论

在商品经济中，同是一公斤，钻石虽然没啥大用途，但可以交换到很多财富或者货币；而水虽然用处很大到可以维持生命却只能交换到很少的财富或者货币。这儿的"价值"，就是指商品具有的社会购买力。至于决定单位商品的社会购买力大小的因素，请参考我的折算劳动价值理论。张五常在"卖桔者言"短篇中，曾以亲身经历告诉我们，在同时同地同一批桔子，也能卖出不同的价格。其实，张五常没有给我们解释：再咋随机，一斤桔子，也卖不出一两黄金的价钱。这是张五常没有告诉我们的，估计张五常也意识不到这一点。

八，为啥说"只有价值决定要素分析才有科学认识价值"。

我认为，"价值来源说"是一种谬误，不管是一种来源还是多种来源；"价值要素贡献说"也是一种谬误，不管是一种要素贡献还是多种要素贡献；只有"价值决定要素分析说"，才具有科学认识价值。

斯密只是把使用价值和交换价值大小相逆的商品类型，看成个别现象；他把它们与使用价值和交换价值大小相一致的一般的现象做比较。我认为，商品的使用价值的大小和交换价值的大小，其计量标准和决定因素，都是非常不同的，也互不相关。把它们扯在一起，对于人类对商品交换的理解，有害无益。

九，折算主体市场论

这种观点在如下意义上是正确的：任何人不能代替市场进行"折算"，如果把市场也看做和人一样具有理性的话。遗憾的是，市场不是人，而是人的行为的场所和人的行为的结果。只有人才是具有理性的，可以理解市场进行"折算"的依据，以及市场是如何"折算"的。这如同，尽管只有鸡才能下鸡蛋，但不影响人类可以科学地认识鸡的下蛋原理，并采取科学方法促使鸡下更多数量的鸡蛋及下更有营养的鸡蛋。市场，从商品交换的参与者的角度看，是谈判、交易和所有权的获得和让与；从商品和生产要素的分布的角度看，是资源配置和社会分工；从经济学家的认识角度看，是分析、折算和综合并得出合乎现实的结论。

折算劳动价值论认为，同样是商品经济，基于农民个体私有制为基础的商品经济的价值决定因素和基于资本主义私有制为基础的商品经济的价值决定因素，是不同的。说的浅显易懂些：同样是生产和供应大蒜，个体农民的生产、销售费用和资本主义经营者的生产、销售费用，是不一样的，因此，他们的销售价格也应该是不相同的。目前中国农产品的生产、销售主体，还是个体私有制性质的农民。这种性质的农业所供应的农产品，它的市场价格扣除它的生产、销售费用后，基本上就只剩下一个类似于普通劳动者工资的成分，这是合乎统一经济学所揭示的它在这种商品经济制度中的价值体现的。随着中国农产品新的生产关系的引进，即农产品资本主义商品关系的发展，农产品在生产、销售领域开始变革，表现在市场供应价格上有了巨大的提升。

为什么中国农业一开始资本化，农产品价格就突飞猛进呢？依据折算劳动价值论，那是因为农产品的价值决定因素（俗称价值构成）发生了变化，农产品的价值构成，除了原来农民的生产、销售费用及农民的收入（工资）外，又增加了固定资本的折旧、资本的利息及企业家利润等。有的人也许会提出疑问：以农民小私有制为主体的农业，农产品供应价格变化也非常大。以大蒜为例，便宜的年头，每斤几分甚至烂在地里不收，价格高的年份，也不时出现，这又如何解释呢？折算劳动价值论，在强调所有权是决定商品价值大小的主要因素之一的同时，也强调有效需求是商品价值的决定因素之一。比如有一年，因为世界性的对中国大蒜，进行贸易限制，致使中国大蒜经营者和农民损失惨重。农产品的资本化，伴随着农业的现代化。它在短时间内因改变农产品价值构成而引起价格上涨的同时，也在促使农产品供应量的稳定及价格的稳定。还以大蒜为例，高温冷库的大量建设，能够通过储存而改变市场的供给，这是农产品资本化一个特征。那么，能否由此得出如下结论呢：中国农产品资本化，必然带来价格的持续高昂。

我认为，答案是否定的。农产品从小农商品经济，向资本主义商品经济的发展，必然伴随着商品价值构成的变化，但并不意味着价格的持续高昂。因为，农产品资本化的结果，必然伴随着农业科技的进步和储存条件的建立，在提高农产品产量的同时，减少农产品的浪费并确保供需的均衡，这些因素，会平抑价格的高昂。也就是说，农产品的资本化，会使农产品的价格，均衡在合乎社会一般利润率、工资率及地租率确定的水平上，即不会持续高涨，也不会持续大跌。中国农产品的资本化暨中国农业的资本主义化对中国农民及中国农村，将带来革命性的影响。它既可能带来繁荣及稳定，也可能带来萧条和动乱。政府应该引导中国农产品和农业资本化，走一条趋向发展前者，避开导致后者的路子。

十，智商怀疑论

问：

> 为什么前面那么多经济学家（包括马克思）没有去进行折算？这个折算，究竟是怎么进行的？不能把这个搞成玄而玄之。关键是这个折算，能推出什么？能突破效用论吗？

回答：你为啥如此迷信马克思和前人呢？难道现代人不能比马克思更聪明些吗？马克思那时候还没有计算机，你现在不在用吗？我的折算劳动，也有从马克思的劳动价值理论尤其是从"社会必要劳动"取来的部分。事实上，在资本主义商品经济中，我们根本分不出哪些是资本的贡献，我们更不知道资本家的贡献有多大，而只知道资本家分到的部分有多少。你看我的折算理论，是靠市场得出的吗？

我是在解释市场如何"折算"的。商品价格，就是市场决定的。但是市场是如何决定价格的，这就是价值理论要研究的内容。我提出了折算劳动价值理论，并自认为它是科学的价值理论。

至于初始的劳资双方的分配率，是当时的生产力和历史的产物。生产要素价值论的实质，是贡献决定收入；折算劳动价值论的实质，是收入决定所谓的贡献。我们只知道财富是如何在各个阶级之间分配的，但无法知道这各个阶级在财富形成中的贡献及其大小。影响初始的分配率的东西，也很容易找到：1，工人不能饿死；2，资本家也得活着（包括再生产和积累）；3，习俗、法律等规定。在我这儿，没有各种要素"贡献"比例的事情，只有因为他多分了，被你们认定他贡献大的事情。我并不是在修补马克思的劳动价值论。马克思的劳动价值论，的确有合理的内核。如果让我用一句话解释我的折算劳动价值理论，那我可以解释如下：斯密的"看不见的手"，是由许多因素构成的，但我认为，最重要的因素，是所有权。如何认识所有权的作用，就用得上折算劳动价值理论。在经济理论史上，所有权理论，不是新理论，但所有权如何决定商品交换比例并进一步如何决定商品经济运行机制的理论，的确是新理论。如果说，生产要素价值论是说贡献决定分配，那么折算劳动价值论则只提分配不提贡献。所有权是如何决定交换比例的呢：我不是通过等量折算劳动进行交换，计算出它的交换比例吗？你们想从要素投入比例中寻找分配比例，那是不可能的。分配是历史的产物。财富的形成，和财富的分配，是完全不同的两个问题。马克思说的对，商品经济中的价值关系，是一种社会关系，它不包含一个自然的原子。这是我的折算劳动价值理论立论的前提。资本主义商品经济，就是所有权平等的经济。商品等价交换，本质是等量的所有权交换。所有权的等同性，决定他们分配收入权力的等同性。我的观点：劳动所有权的等同性，决定等量劳动获得等量工资；资本所有权的等同性，决定等量资本获得等量利润；土地所有权的等同性，决定等量土地获得等量地租。至于具体数量，那要看历史条件。

至于，劳动所有权和资本所有权及土地所有权如何等同，不是一个思辨问题。我提出一个由历史决定的"初始分配率"概念。我不能同意一些人搞的"初始分配率"技术决定论。否则，我就变成斯拉法了，但我是反对他的。英国的经济学家斯拉法，在《用商品生产商品》中，就提出了工资率是外生变量的观点，但他认定，工资率由技术决定。（斯拉法《用商品生产商品》，商务印书馆，1997 年版）我的分配率的决定，倒的确有求于曹国奇的多层次决定力量迭加论。

说历史决定初始分配率有如下含义：1，今天就是建立在昨天的基础上去建设明天；2，历史的起点是既予的、无法选择的，相当于西方经济学的沉没成本。3，形成历史的因素是一个综合体，我们对它进行经济分析，就是经济学。

此外，我提出折算劳动价值理论的副产品之一，是澄清了古典学派劳动价值理论的科学论述、道德偏见及由此引起的语言语意上的混乱。

有人认为我的观点，和现有的马经和西经的经济理论皆不一致，但那有啥关系？对我而言，纵使有人提出万有引力定律不存在亦或有人证明爱因斯坦的相对论是错误的，我也不会把它看成胡说八道，科学研究就是这样从否定之否定开始的。依照这种搞研究"不能越雷池一步"的观点，既然前人没研究过，那些大经济学家都是不顾现实而无事生非？这种观点的荒谬性等同于：飞机都上天了，已经证明自由落体规律是错误的，也不必再学习、研究自由落体规律了。

对这些网友，我的建议如下：首先，你们要分清"经济"和"经济学"。市场经济是一种客观存在，劳动价值论及要素价值论，是一种理论存在。它们之间，是完全不同的两种存在。

其次，不能泛泛地说，劳动价值论是一种对市场经济错误的认识，而要素价值论是一种对市场经济正确的认识。因为劳动价值论本身就是一种不断变化的理论，至少从配第到马克思，各个古典经济学家的劳动价值论，其内容有很大的不同。要素价值论本身也是一种内容众说纷纭而且正确性必须看讨论范围的一种价值理论。

再次，就马克思本人的劳动价值论而言，也不能一棍子打死，即认为他的劳动价值论就是完全错误的，应该抛弃。马克思的劳动价值论，并不是铁板一块。它的构成，有的正确的，有的是错误的，有的尽管是错误的却指引导向正确的方面及具有启示作用。

其实，马克思说斯密的商品价值决定存在二重性问题，马克思自己又何尝不是如此。他正是因为抽象掉了资本所有权对商品价值决定存在的经济形式(利润)，所以犯下了一系列错误。这些错误及由此导出的伦理观，至今还拘束着这个时代的人类行为。

离开所有权，就无法理解商品交换及其决定因素，这是从亚当•斯密以来就一直没有被人理清的问题。我是第一个从理论上证明所有权是影响商品交换比例关系的因素之一的人，这是正确理解劳动价值理论进而理解资本主义商品经济是如何运行的理论前提。因此，我的折算劳动价值理论，还是一种人类理性构建工具，可以用来理解上述关于资本主义商品经济及其运行机制。

许多教科书中，不时出现鲁滨逊条件下的商品价值决定论和没有任何社会生产关系内涵和外延情况下的渔夫和猎人之间的商品交换存在哪些决定因素的研究。这种没有商品经济前提条件下的价值决定分析，就是掉进了经济存在论陷阱。看来一些通常的商品经济理论常识，在经济学者中，也需要普及啊！

伊朗有句谚语：

> 真理是上帝打碎了的镜子，每个人都捡到了一小片。

现在的问题是，你们认为只有大经济学家捡到的才是上帝打碎的镜子碎片，而普通人捡到的却不是。

十一，修正发展论

我认真粗略看了一下李克洲兄的折算劳动价值理论，感觉是想在市场经济条件下来为马克思的价值劳动论做一合理解释，从事后折算的角度来克服劳动价值论在市场经济条件下无法实现等量劳动获取等量价值的矛盾。然而，由于马克思的劳动价值论本身就是建立在用手段代替目的的错误抽象的基础，所以，使得李克洲兄改进劳动价值论的努力在一开始就存在着其本身无法克服的固有矛盾；又因为其认同了市场行为的结果，其结论自然也无法得到原有劳动价值论者的认同。但李克洲兄的创新精神和在这方面所做的努力，是值得我们学习和钦佩，他不仅为价值劳动论的发展做了一种新的尝试，也为我们提供了一劳动价值论发展的可能范例。

这位网友认定我的折算劳动价值理论，是对马克思劳动价值理论的修正和解构，就此而言，他的判断和我的主观目的，的确是有一致的地方。但是，这位朋友没有理解的是，我是在扬弃马克思劳动价值理论的错误的基础上，提出我的折算劳动价值理论的。因此，他认定我在修正的过程中，存在着"无法克服的固有矛盾"，是根本不存在的。经济学家（包括马克思）提出劳动价值理论的学术目的，在于认识商品交换价值大小的确定因素的存在有哪些以及它们的影响机制。在它的首倡者--配第那儿，本来纯粹是一个科学认识理论。后来经过洛克、斯密、李嘉图到马克思，它被赋予了许多与科学认识毫不相干的宗教的、伦理的、情感的乃至语言语义上的内容。我把这些多余的所谓的价值理论，称为价值理论的"附着理论"。

比如说，所谓"价值转型"理论，就是这样一个"附着理论"的谬误延伸。没有理解能力，并不应该受到讥笑；自作聪明嘛，则当别论。价值转型为价格，本身就是个子虚乌有的问题。那些试图证明这个伪问题的人，就如同试图证明女人是由男人的肋骨做成的那样，既不可能，也没有任何学术价值。那些试图证明"以太"存在的人和反对这种证明的人傻吗？我认为他们都不傻，而且大都是很聪明的人，而嘲笑这些聪明人的人，现在看来也并不一定是傻子。所有的经济学家，都把"资本主义商品经济的价格中心是生产价格"，看做是一种对资本主义商品经济客观存在的科学认识；同样，他们也把北美殖民地时期的商品经济中，商品交换价值由其中耗费劳动决定，看做是一种科学认识。但他们都没有揭示出，"这种交换价值决定因素的差异，是因为它们所在社会的所有权不同"，这一具有重大认识价值的学术发现。

纵使"马克思耗费价值理论是错误的"成立，"效用价值论是正确的"也不一定能够成立。这两者之间，没有因果关系。学术探索，不能学马粉的逻辑：对他们来说，马克思是不会错的。更不能学老毛的逻辑：凡是敌人拥护的，我们都反对。从学术的角度看，马克思的劳动价值理论，并不是无稽之谈；而"劳动创造价值"的说法，其本质倒的确是不知所云的无稽之谈。

我同意马克思的如下观点：资本主义商品经济社会，是人类社会一个特殊阶段，它不是永恒的，它有自己与其它社会阶段不同的特质。当然，它也有其它社会都有的一般性质。如果我们用适用社会一般性质的例子，去证明在资本主义商品经济社会中才成立的理论，岂不南辕北辙？马克思没有分清，商品经济一般中存在的矛盾，和商品经济特殊（比如资本主义商品经济）中存在的矛盾，是两个不同层次的矛盾。

对于商品经济一般存在的矛盾而言，就是商品的价值和使用价值直接的矛盾运动，商品的价值不能实现，商品经济就会出现混乱和经济危机；对于资本主义商品经济而言，一旦利润为零，则资本主义商品经济就会出现混乱和经济危机。就此而言，我倒同意马克思的下述观点：资本主义商品经济比小商品所有者性质的商品经济，有更大的局限性。这也预示了在资本主义商品经济中，政府对经济的管理包括参与部分投资的必要性。

十二，为啥要区分基于劳动所有权的商品经济与基于资本所有权的商品经济？

问：

> 劳动所有权，到底是什么意思呢？是指劳动者对自
> 己的劳动力的所有权呢？还是劳动者对劳动产品的
> 所有权？有人把资本经营者也看成是一种劳动者，
> 因为他承担着资本保值增殖的切身责任。

我的回答：劳动所有权，首先意味着劳动者对他的劳动能力（生产要素）有所有权。其次，意味着，在不存在资本所有权和土地所有权及政府调控的条件下（如北美殖民地），劳动者对他的劳动产品有完全的所有权；在存在多种所有权及政府调控的条件下，劳动者凭借他的劳动能力，对于有其它生产要素参与的共同产品，有参与分配的权利。1，在资本主义商品经济中，劳动力的劳动，作为多种生产要素之一存在，劳动者的工资，就是劳动者凭借劳动，参与国民收入分配的形式。2，劳动者一直拥有对它的劳动能力（劳动力）的所有权。他出卖的，只是一定强度和形式的劳动时间，即一段时间劳动力的使用权。3，任何权力，都是相对于法律而言的。如果法律对所有权的界定因时而异，那样也是可以理解的。

马克思认为，商品经济，从以劳动所有权为基础的简单商品经济，发展到以资本所有权占支配地位的资本主义商品经济，是一个不以人的意志为转移的社会发展的客观规律。尽管在历史进程中，人类可以延缓和减轻一些痛苦（见《资本论》一卷马克思写的序言）。在《资本论》第一卷"现代殖民学说"章中，马克思对他的这个观点，又详尽论述了一遍，他认为，威克斯蒂德最大的贡献，就是在北美殖民地，发现了与英国不同的社会生产关系。在北美，是以劳动所有权为基础的简单商品经济，在英国，是以资本所有权占支配地位的资本主义商品经济。而且，在

北美殖民地，也开始发展出资本主义商品经济的萌芽。

《资本论》序言里讲得很明白，《资本论》通篇研究的是纯粹的资本主义生产方式下的生产关系以及交换关系，那么说明马克思是明白自己的研究对象的。1，只有商品才具有价值。2，只有资本主义生产关系下的商品才具有资本主义生产关系下的价值。理解了这两个句子，才具备理解《资本论》的前提条件。马克思没有理解这两个句子后面表述的经济存在的的差异，所以在《资本论》中犯了严重的错误。马克思的确犯了我首先指出而且已经被许多网友理解了的错误。试比较一下《资本论》第一卷第一篇和其后各篇中商品性质的不同界定。

马克思在《资本论》中，的确存在关于"商品一般"和"资本主义商品"两种概念的之间"跳跃"（混用）。不仅如此，他还存在关于"商品一般"和"以劳动所有权为基础的商品"两种概念之间的"跳跃"（混用）。 资本主义商品经济的一个特点，是劳动和生产资料的分离。比如说，北美殖民地早期，劳动者和生产资料还没有分离，它就不是通常意义上的资本主义商品经济。

但是，值得指出的是，要警惕过犹不及，所有权及其制度问题，尽管是一个社会的经济制度的中心问题，但它毕竟只是经济问题的一个方面。我不认同马克思的关于经济基础与上层建筑（包括政治制度）之间存在决定论的观点。确切的说，我认为，经济基础与上层建筑（包括政治制度）之间，有可能存在互相决定的关系或互为因果关系。

马克思的简单商品经济，来源于以北美殖民地为摹本的基于个人所有制的商品经济。马克思把以北美殖民地为摹本的基于个人所有制的商品经济，混同于商品经济一般，是犯了最基本的哲学分析方法上的错误。纵然我们同意，以北美殖民地为摹本的基于个人所有制的商品经济经过发展，也变成了资本主义商品经济。但是，这两种商品经济的性质，是截然不同的，它们有不同的价值规律。

正如我从前举的一个例子所说的那样：猴子是动物，人也是动物，猴子有猴子的生存规律，人有人的生存规律。我们不能因为人是猴子发展、进化而来的，就直接把适应于猴子的生存规律，直接套用到人的生存研究上，并没有根据地认定它同样成立一样。西方经济学，主要研究资本主义商品经济制度下的经济规律。这种研究，以既予的客观存在作为前提，是完全合乎科学研究的规定的。此外，也的确有一些西方的经济学家，在研究资本主义商品经济的来源及其演化方面，取得了重要的学术成就。

我这儿所说的"小商品经济"，就是马克思所说的"简单商品经济"或斯密所说的"原始商品经济"，其本质是以劳动所有权作为基础的商品经济。它的商品交换，也绝不是偶然的，而是经常的。马克思时常分不清"商品经济一般"和"小商品经济"，误把它们看成是一个东西。

商品经济一般，是一种理论抽象，正如水果是一种理性抽象一样。马克思，把小商品经济，错误当成了商品经济一般。我的观点是，小商品经济，就是主要以劳动所有权为基础的商品经济，它和资本主义商品经济一样，是一种商品经济存在形式。如同苹果是水果的一种，梨子也是水果的一种一样。

十三，马迎夫与我的分歧

李克洲的理论是，要素都折算为同质的劳动，然后不同的商品按折算劳动之比，计算理论价格。这个理论价格决定市场经济的实际价格。资本和劳动的

> 折算比例由历史形成。我比李克洲还理解李克洲的
> 理论走向。折算只是你的工具，不是思想。所有权
> 平等，才是你论证的要点。

马迎夫还提出关于行业内"分配率"如何决定的问题，但他的关于行业内"分配率"如何决定的观点的基础是平均主义，这是我所不能同意的。

　　关于各阶级（阶层）之间的分配率的决定问题，这是一个我以前考虑不多的问题。我以往论证大体顺序是，先从行业内假定分配率已知，然后研究不同行业间的商品交换比例的决定。实际上，行业内劳资分配率，也反过来受商品交换比例的决定。这初看上去，好象是循环论证，实际上，这就是关于资本主义商品经济的科学认识。也就是说，资本主义商品经济，就是如此运行的。

　　如果我们在研究过程中，引入历史的决定这一因素（找一个历史起点，即应用我的"时序"理论），这个问题就迎刃而解了：正如是鸡先生蛋还是蛋先生鸡，本来只是一个没有历史时间的逻辑问题（伪问题），而不是一个真实的问题。在引入具体的历史时间因素后，这种看上去似乎是循环论证的外观，就不存在了：因为某个具体的蛋（或鸡），在此之前总是某个鸡（或蛋）生的，而且又是在此之后某个鸡（或蛋）的母亲，如果它有生育能力的话。单向的因果关系往往是没有历史性质的逻辑构造，不允许循环论证的出现；如果插入历史的时间因素，那么，先因后果、由果转因以及互为因果的理论存在，就不但是可能的，而且就是对客观经济存在的真实反映。

十四，基于折算劳动价值理论的企业价值确定

陈志武《金融的逻辑》存在如下的观点：

> 公司的市场价值大小，取决于这些公司能带来的效用，或者说收益，而不取决于其建设成本，跟建设所需的劳动时间关系不大；换言之，价值由未来的收益而定，不是由过去的成本决定。

我的评论：陈志武这种非此即彼的思维方式，和客观存在的经济关系，是不一致的。这种思维方式，因为抽象掉了历史的存在，所以成为谬误之源。下面是我关于这个问题的观点。

就一个企业的市场价值，大致有如下几种概念：

1. 原始建设价值（以下用 P0 表示）；

2. 市场拍卖价值（以下用 P1 表示）；

3. 市场重置价值（以下用 P2 表示）；

4. 股票市场价值（以下用 P3 表示）。

假设我们设定在某一时点这个企业的市场价值为 P，在通货膨胀率>0 时候，通常有如下现象：

1. P>P0>P1；

2. P<P2<P3。

西方制度经济学认为：企业是市场经济中的运行着的机构，它的价值就是它在运行中的机构价值，这一价值大于企业各个部分的总和。

西方现代经济学认为：企业是一个盈利机构，它的市场价值是它盈利的资本化。举个例子，如果一个企业，在

利率 10% 时，年利润 100 万元，则其市场价值为 1000 万元。

马克思经济学认为：企业是资本主义商品经济的基本组织。它的市场价值构成为不变资本（包括固定资本和部分流动资本）加可变资本，生产目的是为了剩余价值。

那么，一个企业的市场价值，到底有哪些决定因素，显然上述三家的观点，是很不相同的。那么，上述三种观点，到底那种观点正确呢？或者说，谁的观点更正确呢？那我们首先要定义什么是"正确"。在资本主义商品经济中，企业是一个客观存在的经济组织，它的市场价值的决定因素，是明明白白摆在我们面前的，而且不会因为我们个人的好恶而不存在。基于这种基础，我们定义，凡是和客观存在相一致的观点，就是正确的，反之就是错误的（包括基于片面性的错误认识）。

十五，价值的测量和财富的测量

我认为，价值的测量和财富的测量，的确是两回事。但是，如果经济结构没有很大的变化（差别）或世界经济一体化，我们也能大致用价值量来比较和计量财富的量。西方国家就是用 GDP 来计量价值量和国民财富的量的。商品经济，就是一种通过交换（在特定所有权下）进行资源分配和财富分配的特殊经济存在形式。它是通过用价值量来大体衡量财富在社会意义上的大小，和物理意义上的财富大小（类似于马克思的使用价值），有很大区别。

商品经济中的财富，有多种计量方式：物理的、化学的、生物的、心理的、价值的等。价值的计量方式是商品经济中财富特有的计量方式，但它并不否定其它的计量方式。一吨大米交换一吨黄金，你目前觉得划算，在特殊灾难时期，估计你还不一定愿意换呢。

十六，评 clm0600 的两个观点

观点一：

> 劳动价值论，决不是简单地等劳动时间交换。等劳
> 动时间交换，是有前提的，就是要把复杂劳动都先
> 折算为简单劳动时间。

折算，只是一种认识方法，不是客观存在。你把客观存在，和人的认识方法及理性工具等，混为一谈了；折算，只是人类的一种理性构建物，我们只知道，一种劳动单位时间的报酬，和另一种劳动单位时间的报酬，从而在观念上，我们可以把一种劳动，折算成另一种劳动的 N 倍；而在客观存在中，根本不存在一种劳动是另一种劳动的 N 倍的问题。许多人（包括经济学者）都错误地把折算过程，和如下的物理过程相等同：他们认为，劳动折算，如同一桶 100% 的硫酸可以稀释成 100 桶 1% 的硫酸那样，是客观存在的。而且，周而复始的市场交换，固化了这种错误观点：因为劳动者以及劳动的雇佣者（尤其是资本家），都是按照这种思维进行出让自己的劳动或投资决策的。比如说，T1 时，一小时体力劳动者劳动报酬为 a 元 一小时脑力劳动者劳动报酬为 b 元，则在 T2 时，从事某项投资的资本家，就会依据 T1 时的劳动者的劳动种类及劳动报酬，进行折算和计算他在 T2 时投入劳动时间及工资方面支出的数额，评估它是否合适，是否值得。我们只知道，10 年前，一个瓦工 1 小时的工资，是一个计算机打字员一小时工资的 1/3；10 年后的今天，一个计算机打字员一小时的工资还不到一个瓦工一小时工资的 1/3。难道，我们能够说，10 年前，计算机打字员是复杂劳动，瓦工是简单劳动；而 10 年后的今天，瓦工是复杂劳动，打字员是简单劳动？由此也可以得出如下

结论：市场的交换比例，受许多因素的决定（包括交易者的主观心理），因此，折算比例也不能只有劳动（乃至工资水平）一个决定因素。马克思（包括古典学派）的劳动价值论，作为对商品经济的一种认识方法，是有学术价值的；但如果把它当成是一种对客观存在的表述，或者说，把它当成是适用于一切商品经济的科学理论和指导思想，那就是极为错误的。

观点二：

> 马克思清晰地表达了：到了资本主义社会，商品不是按价值量（不是交换价值）交换，而是按照生产价格交换！

马克思在《资本论》第一卷中这样写道：

> 使用价值或者财物具有价值，只是因为有抽象人类劳动对象化或者物质化在里面。现在，我们就把生产过程作为价值形成过程来考察。我们知道，每个商品的价值都是由物化在它的使用价值中的劳动量决定的，是由生产该商品的社会必要劳动时间决定的。这一点也适用于作为劳动过程的结果而归我们的资本家所有的产品。因此，首先必须计算物化在这个产品中的劳动。（马克思《资本论》，第 1 卷，转引自《马克思恩格斯全集》第 23 卷，人民出版社，1995 年版，第 212 页）

但他在《资本论》第三卷中的确又论述到，决定商品交换价格的是生产价格。问题就是由此产生的：许多学者（包括庞巴维克）指出，《资本论》第一卷的劳动价值论和《资本论》第三卷的生产价格论，存在着不可调和的矛盾。

其实，这个矛盾，从李嘉图开始，就已经存在了，李嘉图就是因为解决不了他的两个主要矛盾，而理论破产的。马克思也解决不了这两个矛盾，但他想完成李嘉图这一未竟的事业。为此，他煞费苦心的生造一个劳动力商品概念，并利用这一概念，象变戏法一样，把这个不可能解决的问题解决了。马克思是咋样解决的呢？他是这样解决的：马克思赋予劳动力商品具有这样特殊的功能，它的劳动可以不断地创造价值（或形成价值），大家可以把劳动力商品想象成蜘蛛，它不断地排出物质、并形成丝线。不仅如此，马克思还确定，劳动力创造的价值，还远远超过需要生产和再生产劳动力这种特殊商品的价值，即能够生产出剩余价值。有许多学者认为马克思劳动力商品的这一特殊功能只是假设，但马克思及其信徒，不同意这种看法。他们认为，马克思已经证明了这一切。至于如何证明的，他们认定就在《资本论》第一卷第一篇和第二篇。

马克思在《资本论》第一卷第一篇和第二篇中，真地证明了劳动力商品具有能够产生剩余价值的特殊功能吗？答案是否定的。其一，在《资本论》第一卷第一篇中，马克思试图通过排除法，确认在资本主义商品经济中，商品的价值由耗费在其中的劳动量决定。但是，我已经指出，这是源于马克思所犯的一个抽象错误。其二，纵使在资本主义商品经济中，商品的价值由耗费在其中的劳动量决定，我们也无法得出，劳动力商品具有产生剩余价值这一特异功能。事实上，劳动力商品具有产生剩余价值这一特异功能，完全是马克思想象出来的，他没有证明也无法证明这是一种客观存在。所以，许多学者说马克思这样论证，是一种"形而上学的诡辩"，一点也没有冤枉他。

十七，关于消费品和资本品之间的价格决定关系

Lwzxy 网友提出：

> 消费品的价格与生产其的资本品的价格存在着关系，但却不能说消费品的价格是由生成其的资本品（指一切生产要素）的价格所决定。而资本品的价格，本身就是一个需要解释的问题。如果你愿意，你可以从消费品，第一级生产财货，第二级生产财货，直至最高级生产财货来往前追溯。然而，最高级的财货——例如自然的土地，其价格是由什么决定？？对于自然存在的未经开发的土地，其成本或代价何在？？我想主要意思已经清楚了。不是你说"根本不存在循环"就不存在循环。对于价格决定这一问题，各个版本的成本价值论都是死路一条——用价格去解释价格。

古典学派（包括马克思）及其生产成本论者，皆认定，只有资本品的价格，决定消费品的价格，不存在消费品的价格反过来决定资本品的价格的问题；效用学派（尤其是庞巴维克）及其资本迂回论者，皆认定，资本品的价格，由其下游的消费品的价格决定，而不存在资本品价格决定消费品价格的问题。其实，这两种论调，都是片面的。我认为，消费品的价格和其资本品的价格，具有互相决定的关系。这种关系，是一个客观存在，没有啥自相矛盾的，如果说有啥自相矛盾的，那也只是存在于上述那些人的观念中。鉴于此，我对瓦尔拉斯的一般均衡理论的批判，倒是一个更加全面和相对正确的认识。

十八，林汉扬的疑问

> 马克思在其建立的经济学之中所描述的社会分配，
> 的确倾向于把资本家看作为一个不劳而获的群体，
> 同时也把资本看作为资本家剥削的媒介。你不能因
> 为总体上看到社会趋势倾向于帕累托改进，就因此
> 否定社会分配与生产存在不公平的现象吧？

我这里讲的或强调的是，马克思在《资本论》第一卷第一篇所犯的抽象错误。马克思在对"资本主义商品经济"这个既予的客观存在，运用他的抽象方法（简化方法）进行研究时，犯了一个错误，即把"资本所有权"在资本主义商品经济中的经济存在形式（表现形式）利润，给抽象掉了。一个没有资本所有权及其经济存在形式（利润）的商品经济，就不是资本主义商品经济。这样，研究的前提，就改变了。更准确地说，马克思因为犯了这个抽象错误，就把他原来进行的对资本主义商品经济中商品价值的研究，在不知不觉中，转变成了对基于个人私有制的小业主性质的商品经济中的商品价值的研究。马克思的"剥削理论"，和马克思的这个抽象错误，是有关系的。马克思的这个抽象错误，是"剥削理论"的第一根理论支柱，而"劳动力商品具有创造价值乃至创造剩余价值的特异功能"这一设定，是"剥削理论"的另一根理论支柱。这两根理论支柱，一根源于抽象错误，一根是脱离客观存在的胡思乱想。因此，一些学者，说马克思这种论述，是"基于形而上学的诡辩"，是顺理成章的。这和社会分配不公，毫不相干。社会分配不公，属于分配伦理。

第三节 折算劳动价值理论是循环论证吗？

whm303 说：

> 你假设行业内分配率已知，是否把应该解决的问题，已经设定为已知了。这不是循环论证吗？请问你的折算价值论，是先有价值后再折算为劳动呀？还是以折算的劳动来确定价值？如果是前者，价值已确定，你再折算为劳动还有何意义？如果是后者，你认为你折算出的劳动能确定价值吗？

whm303 网友没有理解，经济学范畴是历史性的范畴，而不是纯粹的逻辑范畴；我的折算理论，是一种理性建构工具，我用它去理解（解构）资本主义商品经济；有了 T0 时工人和资本家之间的分配比例，在假设其它条件不变的情况下，我们可以理解 T1 时的商品价值大小；但是，我们纵使知道 T1 时的的商品价值大小，并不一定能够知道 T2 时的工人和资本家之间的分配比例。这就是商品经济财富分配和商品价值决定的复杂性。"时序"和"所有权"，是我首次揭示出来的。它们是理解资本主义商品经济的两个科学认识范畴。

折算劳动价值理论，的确能够帮助我们去理解商品经济中的价值决定及其运行机制。对此，龙之珠网友替我做出了正确的回答：

> 李克洲的学术观点是跳出了劳动的价值或价格、收益论，而提出了除了劳动之外对价值或收益的综合决定因素。对于理论的进步和发展来看，是一个提高。至于李克洲提出的价格决定论，还有待于李克洲进行详细的论证和说明。折算是成立的，而且是

具有量化分析的进步意义的。李克洲折算的意思，依据我的理解，是将价格的构成要素用统一的价格或价值（价格水平）进行量化，得出土地、资金或劳动力等不同性质的价值或价格构成因素，通过同一性质（比如价格，货币表示等）的量化，进行直接比较，从而得出土地、资金或劳动力等不同性质的商品构成因素的投入和产出比。便于进行量化的投入、风险和产出分配的计算。如果通过市场折算，就是以事实和客观为依据，跳出了主观的价值或分配论。通过市场折算倒推土地、资本或劳动力的价值或价格，应该说是找到了价值或分配的源头和依据。不知你是如何详细阐述的？它们的分配会偏离它们的投入吗？问题：1、如何确定分配率？2、折算劳动和价格的关系。

依据此，为了帮助 whm303 及其他网友更方便的理解我的折算劳动价值理论，我先解释一下我的折算劳动价值论以及它和耗费价值论的区别：

1. 折算劳动价值论是理解商品经济（所有权经济）的一把钥匙。对于计划经济，因为不存在商品价值，也就不需要用"折算劳动"去理解它。计划经济的运行机制，马克思在《哥达纲领批判》中已经讲的很清楚；曾几何时毛泽东时代的计划经济，和我同时代的人，都亲身经历过，并非常清楚它是如何运行的。

2. 折算劳动价值论和耗费劳动价值论，都是试图理解商品经济是如何运行的价值理论。它们的核心区别在于：决定商品之间交换比例的因素，是只有耗费劳动一种因素，还是有多种因素即包括供求两方面而且由这两方面的多个因素共同决定。肯定前者的就是耗费劳动价值论，肯定后者的就是折算劳动价值论。

3. 所有相信耗费劳动价值理论的学者，都比较严密：他们都不提耗费劳动为 0 的商品的价值决定。事实是：任何商品经济中的全体商品（含纯粹人类及非人类服务），其中耗费的劳动，是一个从 0% 到 100% 的序列。正如其中耗费（占用）的土地和资本是一个从 0% 到 100% 的序列一样。当一种商品耗费的劳动为 0 时，它的折算劳动并不为 0。纵使得到它不需付出任何经济耗费（如劳动、土地等），它的折算劳动亦不为 0。折算劳动价值理论只是以一维的方式（从劳动的角度）去认识市场经济的思维工具，如斯拉发的"一般商品"。其实，自系统论在经济学得到应用以来，用系统的思维方式去认识市场经济，包括认识商品之间的交换比例由哪些因素决定，已经取得了很大的进步。事实上，即使是一个国家的政府所信奉的分配伦理观，都会影响一些商品的交换比例的改变乃至整个市场经济的运行。

4. 折算劳动价值理论重点，在于揭示所有权对商品价值决定的意义。纵使全部经济要素耗费为 0 的商品的价值决定，如爱琴海岛上出土的维纳斯雕塑，也存在所有权对她的价值决定的影响，当她被所有并被投入市场之后。

5. 折算劳动价值理论并不否定消费偏好和社会购买力分配和再分配（有效需求）对商品价值决定的意义，相反，它把这两个基本要素看成相对独立的价值决定要素。

6. 我的折算劳动价值论揭示出：马克思《资本论》的逻辑前提，应该是资本主义性质的商品经济。但他在第一篇进行抽象时，犯了一个致命的错误，那就是他把资本主义商品经济的存在前提--资本的所有权及其在商品中的经济体现（利润），抽象掉了。

7. 折算劳动价值理论，还揭示了这样一个真理：在商品经济社会里，不完全是你的贡献（或你的要素贡献，假设这种贡献存在的话）决定你的收入分配；而且，在很大程度上，是你的收入分配决定你的贡献份额（或你的要素贡献，假设这种贡献存在的话）。它把一个目前被西方经济学教科书中看成常识性的论断，拨乱反正过来了。它所依据的是这一经济制度运行法则："在资本主义商品经济中，所有权平等是交换的前提"。有人问：所有权在交换中起什么作用呢？我这样回答他：所有权决定商品的供给量，决定商品的库存量，还决定商品的再生产即生产资源的重新配置，并通过这些，参与决定商品的交换价值。

8. 因此，对那些认为我的折算劳动价值理论也是要素价值论之一的人，我的答复是：生产要素价值论的实质，是认为生产要素的贡献大小决定要素所有者的收入分配；折算劳动价值理论的实质，是认为收入分配大小决定贡献大小（如果真有贡献的话）。我们只知道财富是如何在阶级之间分配的，但无法知道这某个阶级的贡献的大小。同时，我也认为，翼图从生产要素的贡献中，找出分配依据，注定是死路一条，那才真正会导致循环论证。

9. 所以，从统一经济理论上讲，根本没有纯粹的"劳动生产率增长"这回事。社会财富的增长，是多种因素作用的结果。我们可以从单位财富所耗费的劳动量的减少或单位劳动时间所形成财富的增加，来衡量财富的增长，但我们不能把这种衡量当成原因；也不能通过增量，来确定各个要素的贡献。

10. 此外，我认为，通过劳动生产率增量寻找财富分配的依据，也是一条走不通的路。西方的边际生产力决定分配理论的提出者--克拉克，就是这种观点的始作俑者。

11. 由折算劳动价值理论我们还会发现：宏观国民收入比例会决定微观商品价格，同样，微观商品交换比例也会决定宏观国民收入分配比例。这一发现，是一个具有非常重大社会应用价值的理论成就。由此，我得到了新的启迪：折算劳动价值理论，和瓦尔拉斯一般均衡理论和凯恩斯国民收入决定理论，就因此挂起勾来了，它成了联系宏观经济理论和微观经济理论的中间环节。我命名这种具有中间环节特征的经济理论为中观经济理论（它可以具体细化为包括地区、行业和阶层的经济理论）。

如果我们扬弃马克思关于资本主义商品经济存在"剥削"的假设，我们就会发现，实际上，马克思已经揭示出了一个真理：不管资本主义商品经济有多么错综复杂的外观，国民收入分配还是这个社会最重要的问题；也不管个人收入如何千差万别，他们个人的收入，还是主要受所有权的决定（尽管所有权不是唯一的决定因素）。当然，在这儿，我们暂且把国民收入再分配，放在一边，没有考虑。如果把所有权的再积累功能考虑在内，资本主义社会中收入分配的不平均，就显得不那么难以令人接受。

第四节　折算劳动价值理论中的货币理论

同样是 100 元纸币，印刷成本一样。今天能买 100 斤大米，明天只能买 20 斤大米。假定大米和其它商品之间的交换比例不变，说是货币价值变小了，其实就是说 100 元货币的购买力比昨天变小了。确切地讲，仅仅是物价水平提高了。这时候，价值和价格有很大区别。我指的价值，就是说的商品的购买力，和价格没有必然联系。只有在存在货币的情况下，我才提价格。价格就是商品价值的货币表现，它可以也常常和商品的价值变动不一致，尤其在通货膨胀和通货紧缩的时期，非常明显。

如果中国政府多发行 100 亿货币收购东部因自然丰收的多余农产品，把它无偿的转移补助西北部的农民植树造林，货币根本不会贬值，而且货币还起了凯恩斯提到的刺激财富增长和转移及储藏的作用。增发货币会带来等比例的通货膨胀，只有在现有资源完全达到生产定额极限，且现有资源不能增加的条件下才会出现。但现实问题是：中国经济除存在结构性有效需求不足外，还存在总量性的有效需求不足，而且后者还起决定作用。因此，那种关于中国因刺激有效需求而存在凯恩斯怪胎的观点，我不能赞同。

关于增发货币会稀释现有货币购买力的观点，也必须在一定的前提下，才能成立。只要增发货币的结果，可以带来一定等额程度的国民收入，货币的购买力就不会降低，与此相反的是，如果增发货币能带来更多的国民收入，则货币的购买力还可能提高。注意，在此，我并没有说增发货币就一定会增加国民收入，更没有说，增加一元国民收入就必须增加一元货币供应量。货币供应量，除应和国民收入的增加有关系外，还和货币金融业的供应形式及社会风俗习惯等许多因素相关。

有些人想通过改造当事人的观念，就把通货膨胀给消灭了。不过，这些人没有告诉我们：能否用和去年一样数额的人民币，给我们买到等额的商品和服务呢。如果做不到，那就说明通货膨胀，作为一种客观存在，不是通过改变观念就可以改变和抹杀的。经济学一直在用价格指数来衡量通货膨胀，尽管不是那么精确，毕竟还能大概反映通货膨胀的严重程度。

我同意这种观点：价格是商品可以交换到的社会购买力（货币）的量。衡量财富的第二种方法应该是价格指数，它是商品经济特有的评价和核算体系。

有人问，如果一种商品，用马克思劳动价值理论确定为 8 元，用成本价值论确定为 9 元，而市场价格却总在 10 元左右波动，那么，哪种理论正确呢？毫无疑问，和客观存在一致的程度，就是它的正确程度。

我认为，这个问题很好，值得注意和探讨，以下是我补充的意见：

1. 所谓价值创造和价值分配，是一种语义谬误。价值，是商品经济特有的经济范畴，离开商品经济，谈论它就没有意义。当价值用货币表示，就是价格。因此，价值和价格并没有本质的区别。

2. 只要商品经济存在，即只要一个社会，采取商品经济的制度，对经济资源进行配置并相应地对社会财富进行分配，价值的决定因素及其机制，就是一个客观存在。它存在于所有的商品和商品交换中，它的最社会化的形式，就是货币。价值既不是物质，也不是意识，它是介于物质和意识中间的东西。

举个例子，我手中的 100 元人民币，它的物质形态是纸张，但它的价值和物质形态的（纸张）的价值，可以毫无关系。它的价值，相对于个人，是完全客观的，它的购买力也是客观的，不以某个人的主观意识而转移。但是，货币本质是一种市场经济中的制度，它离开了商品经济，就没有意义，也就是说，它以社会的经济制度为前提，是起源于人类社会的东西，它离不开商品经济社会的制度设定。

在民族國家作為國際政治主體的今天，那些想在超越民族國家的政治主體出現之前，運行世界貨幣的設想，都是不着邊際的空想。歐元的基礎在於歐共體。商品經濟的基礎在於所有權，貨幣制度論的基礎在於發達的商品經濟。貨幣制度運行的強制性，需要一個強制性的來源和支撐。這種強制性要麼來源於暴力，要麼來源於民主決策。中國，經濟上是西方國家的伙伴，政治上和意識形態上是西方國家的異己分子，想在如此條件下搞世界貨幣，的確有點異想天開，這無異於在緣木求魚。

> **問題分析舉例：巨額外匯儲備能分 50%嗎？**

解放思想，也要建立在正確的經濟理論之上。中國巨額外匯儲備能分 50%給中國的國民嗎？我看這個問題非常有學術價值和經濟實踐的指導價值。人，容易陷入理論謬誤。一旦理論說，外匯儲備不能分也不能動用來進口國內消費品和投資品，官員們就多了一個為自己辯護的理由，不管他實際真正相信這個理論與否。中國中央銀行採取和外匯儲備掛鈎的發行機制，這屬於經濟實踐，它沒有真假之分，只有是否有效、合理的問題。我們討論的問題是：這筆外匯儲備，除了維持正常的國際貿易之外的部分，能否被分配給國人或者被政府用來進口國外的商品或勞務分給國人。我們分一半外匯儲備的目的是增加對外國商品和服務的有效需求。

比如說，微軟投資 100 萬美元在中國，它拿 100 萬美元換了 700 萬人民幣。100 萬美元的所有權轉移給中國政府（中央銀行），700 萬元人民幣的所有權歸微軟。微軟用 500 萬人民幣購買廠房，用 200 萬人民幣雇工人。

我們來看一下結果：首先，中國政府，有 100 萬美元外汇储备。如果中国政府想挣点小钱，它可以买点美国国债，也可以买到其它公司的股票。不管采取啥形式持有，都不改变中国政府对这些所有权凭证具有完全所有权的性质。而获得这笔资产，中国政府虽然没有付出等值的商品和劳务，但支付了等额的所有权凭证，它不是靠形成负债取得的资产。

其次，看一下微软，它到中国来，拿着在美国用商品和服务换来的美国的所有权官方凭证（美元），换取了中国的所有权官方凭证（人民币），它用中国的所有权官方凭证，交换了中国的实际财富--商品和劳务。它在交换后，因为增加了对现存的商品和劳务的有效需求，在资源充分就业的条件下，会引起资源的价格上涨，进而减少其它企业的资源使用，表现为通货膨胀，单位人民币货币的购买力被稀释；在资源没有充分就业的条件下，会增加资源的利用率，这时候并不一定会引起通货膨胀，但它会造成现有资源的资本化。假设微软生产产品，出口回美国。微软出口会换来美元，会形成新的循环。如果微软投资失败，那么支付的工资部分是无法收回了，买的房产再卖掉，那么会要求兑换美元，只有这个时候，才会对外汇储备中的美元提出要求。

再次，看一下中国的百姓。假设资源已经充分就业，则会发生通货膨胀，进而发生资源利用方向的转移，比如说，原来用来开幼儿园的房子，被微软买走了，幼儿园的老师被微软高薪聘用了，那么幼儿园的孩子就无法享受受教育的福利了。假设资源没有充分就业，微软买的是闲置房，雇佣的是未就业人员，那么，微软的购买，就不会引起通货膨胀。通常情况下大概是，二者兼而有之。

现在，我们明白了：美国政府和中国政府在它们发行货币的时候，都没有提供等价值的商品和服务。它们就是提供了一种所有权凭证，这种凭证，方便市场经济的商品交换和财产所有权的转移。相对于两国的国民来说，通过两国的所有权交换，中国的国民财富的所有权进行了转移。

如果中国政府，拿着 100 万美元，购买了美国的商品和劳务，并把它分给中国人民，或者换种方法，把这 100 万美元分给全体国民，而全体国民拿着这 100 万美元去国外消费或进口商品和劳务，这都会提高中国国民的福利。如果中央银行把美元卖给其它需要美元进口国外商品和劳务的人或企业，结果也一样。因为这笔外汇已经被使用了，它吸收了等价的人民币，进口了等价的商品和劳务。

对于中国政府说来，它本来就只是在发行一种所有权凭证，并没有形成负债。它把美元换成财富分给国人，只是把中国全体国民的财富交换形成的债权，转化成中国国民可以实际利用的国民财富而已。

第五节 折算劳动价值论导出的社会哲学

➢ 第一部分

1. 按劳分配只不过是一种分配伦理观念，和财富的创造（生产）没有任何关系。在商品经济中，因为多种所有权形式并存，作为劳动者，为了在社会总财富中，分到更大的比例，才借学者之口，以各种不同类型的论据（从上帝到上当），表达自己应该多得的分配意愿。作为一个经济学者，我同情中国劳动者，在中国现阶段因各种不同因素，所造成的谈判地位的弱势。我同时认为，目前还是有史以来，劳动者谈判地位最好的时期，尽管还远远不够好和不够强。相对于毛泽东时代，他们毕竟有了对"老板"说不的权利，而不必去承受那些承受不了的代价（如失去生命和尊严）。

2. 有的读者说，因所有权而得到收益，应该是不被社会道德接受，从而应该不受法律保护的。但在商品经济中，这是做不到的，因为所有权的界定及合法性是商品交换的前提条件。中国目前的市场经济，主要问题在于私有制所有权保护的不够，公有制（国有制）所有权监管的虚置。而从公有制向私有制转换过程中，市场化透明度低，而全民所有制所有权又得不到正常的保护，从而引发了大量的腐败现象。其实，从经济学的角度看，把所有需要私有化的原国有企业，全部股份制化再均分给全体国民，也比目前的转换方式经济成本低，且更易被现在的社会道德伦理观念接受。但是，经济学家不是政治家，后者要看到各种方式的可行性，尤其是看当时的政治制度及其执行机构，得到实施尤其是得到抵制的限度，以及能否对此进行改革的成本等等。从这方面讲，说"腐败是进步的润滑剂"，不过是说了一句人所共知的真理。可以说，任何方式的制度转换都需要付出代价，只要采取和平形式，腐败现象就只是程度不同而已。这时候，度的问题及社会的承受能力是一条红线。

3. 制度经济学告诉我们：在一个完善的市场经济中，你能获得财富的途径主要有两条，一是直接增加总财富从而得到一块；二是间接参与增加总财富从中分到一块。黄焕金的意见是支持前者反对后者。比如说，一个人租赁另一个人的房子搞企业，后者的房子，应否收租呢？他收租的依据，就是对房子的所有权，而不是劳动，无论这所房子是否为他的劳动所得，是否需要折旧。其实，经济学家反对和要求控制的，主要不是由所有权获得的财富，而是因排斥竞争而获得的财富，这种方式根本不增加总财富，只从特定的社会财富中夺走一份。

关于对源于所有权所获收益的限制，在现代西方国家主要是通过征收赋税的方式来完成的。这儿我要强调指出的是：首先是所有权的合理性及合法性，主要依据特定社会的经济道德伦理观；其次是通过赋税的方式对所有权进行限制，除主要依据特定社会的经济伦理外，还须考虑这一社会所处的特定发展阶段即这一社会的财富丰裕程度。这时候，出台特定的税种，不仅可促进生产，还可促进这一社会的经济道德伦理观的统一。

➢ **第二部分**

1. 一个社会的财富总量与这个社会全体成员有关，具体地说和全体成员的劳动、科学技术水准、经济制度乃至社会风俗习惯有关。这就是说，马克思主义的剥削理论，不过是马克思在对资本主义商品经济进行抽象分析时所犯的一个错误所衍生出的一种分配伦理。它的结论是社会对抗而不是社会和谐。其实，只要它的经济制度在正常运行，一个社会的主流及主旋律就是和谐的，否则则相反。要特别注意并时刻警惕，一个社会主流分配伦理（政府所倡导的）与经济制度中所隐含的分配规则不一致，会对这一经济制度造成破坏，并且可能引起这一社会阶级或阶层的分裂。

2. 劳动者（指以体力和脑力为生存手段的人）在资本主义商品经济中，其收入以工资的形式出现。作为单独的个人，他的收入水平及能否实现具有不确定性，这就是所谓的劳动的"异化"。但作为一个集体（如工会）和阶级，他们完全可以控制他们在国民收入的相对比例。当然，这里有一个历史的基础，还有其它阶级的谈判能量及其在社会中的相互地位决定。

3. 从人权上讲，每个人都应该生而平等（这是一种伦理）。但是，有史以来，每一个个体，都出生在由不同阶层的家庭组成的社会中，而这些家庭往往决定了这个个体的一生生活。而个体在阶层之间的流动，如果和他自己的努力相关，那这个社会将是进步和繁荣的，这是标志。在资本主义商品经济中，个体的收益，一部分是生而有之的，一部分是社会赋予的，一部分是个体自己努力奋斗得到的。黄焕金讲的那部分，属于最后的那部分。至于他说的那种性质的社会组织，未改革开放前就是中国的干部阶层，纵使现在，它仍起着举重轻重的分配作用。即使在高度文明的商品经济（如美国）中，各种不同类型的阶层，在对国民收入的分配和再分配中，同样存在着谈判、折衷、妥协和博弈，而这些共同决定着相互的收入水平。因此，在资本主义商品经济中，个体所生存的经济前提是先于他的存在的，个体的努力的条件大部分是社会性的，社会的分配原则及评价体系当然是可变的，但速度也许很慢，而且不是普通的个体可以决定的。

4. 当我说商品经济中的分配制度，主要由所有权决定时，我实际上是揭示了，在商品经济社会中，社会的分配伦理的主要实现形式，是通过所有权即对生产要素的控制，来实现国民收入的分配的。这种经济制度，和计划经济下分配伦理的主要实现形式是完全不同的。

　　有极少数人，走向另外一个极端：他们不仅全盘否定马克思的经济学，而且否定经济学中存在科学。经济学中如果没有真理，那经济学家在社会中靠啥吃饭！现在网上流行一种时髦的疾病：那就是许多对马克思经济理论近乎一无所知和一知半解的人（包括一些知名人物），在那儿起劲的批判马克思的经济理论。俗语说，无知者无畏，这话用在张五常的一篇文章（指他的《最蠢不过马克思》）上，真是恰到好处。对于张五常来说，对马克思经济理论的无知，就是他胡言乱语的理由。在我看来，那些无条件反对马克思经济学的人及无条件支持马克思经济学的人，都要好好反思一下：你为什么要这样做，你这样做，对马克思及你自己有啥价值。我认为，那些原教旨性质的马克思主义经济学的传播者，也应该对马克思经济理论在中国的困境，承担一定的责任。如果我们把马克思经济理论中正确的部分和谬误的部分分清，宣传正确的部分，扬弃谬误的部分，那些批判马克思经济理论的人，就会无话可说。其实，坚持马克思经济理论中谬误的方面，无论对马克思，还是对我们今天这个商品经济社会，都是有百害而无一利的。这次修改政治经济学教材，建议把马克思劳动价值理论中的谬误部分列出，对于某些中国人来说，毛泽东就是神，他有错误都可以纠正，马克思犯错误，我们有啥理由不敢纠正呢。此外，错误思想，会象马克思说的那样，死人抓住活人，阻碍我们的进步的速度。

经本书作者及广大网友的宣传，现在知道和承认马克思劳动价值理论存在真理和错误的经济学者队伍，是越来越大了。是修补、全盘否定还是扬弃，这既取决于这些经济学者的态度（受其社会价值观影响），也取决于这些经济学者的学识。我这儿所指的经济学者，是指年轻一代的马克思主义经济学者。这些人，比他们的老师（如孟氧老师），已进步了许多。但要达到对马克思经济学可以进行客观学术研究的水平，还有很长一段路要走。

第二篇

马克思

第一章　马克思劳动价值理论研究

马克思在《资本论》中写道：

> 我要在本书研究的，是资本主义生产方式以及和它相适应的生产关系和交换关系。到现在为止，这种生产方式的典型地点是英国。资本主义生产方式占统治地位的社会的财富，表现为"庞大的商品堆积"，单个的商品表现为这种财富的元素形式。因此，我们的研究就从分析商品开始。（马克思《资本论》，第 1 卷，转引自《马克思恩格斯全集》第 23 卷，人民出版社，1995 年版，第 8 页）

本章摘要和核心论点

本章摘要：

马克思劳动价值理论的哲学基础，是一维的黑格尔哲学；他把科学分析与伦理判断混淆在一起铸成大错；商品经济中的所有权关系是决定商品之间交换比例的基本要素；折算劳动价值理论是人类正确认识商品经济的工具。

核心论点：

马克思《资本论》的中心，是论证资本主义商品经济中的剩余价值是如何生产和分配的。这就要求，《资本论》中的主题--剩余价值理论（俗称"剥削理论"），必须建立在资本主义商品经济价值理论基础上。

马克思必须具有正确的关于资本主义商品经济的价值理论，才能建立起他的正确的关于资本主义商品经济的剩余价值理论。所以，他在《资本论》第一卷第一篇，首先开始建立（论证）他的价值理论（也就是他的劳动价值理论）。

马克思在《资本论》第一卷第一篇中，应该也必须研究的是，在资本主义性质的商品经济中，商品的价值是如何决定的。即研究在资本主义性质的商品经济（指存在资本所有权，劳动所有权，土地所有权及政府调控的市场经济）中，决定商品之间的交换比例的因素是什么，有哪些。

但马克思在《资本论》第一卷第一篇中，因为错误的抽象掉了资本主义商品经济的社会性质，造成他实际研究的和论证出的却是，只存在劳动所有权条件下的商品经济中的价值决定理论。

也就是说，马克思在《资本论》第一卷第一篇并没有正确地论证资本主义商品经济的价值理论。或者更确切地说，马克思认为他是在论证资本主义商品经济中的价值理论，而实际上，他论证的是只存在劳动所有权条件下的商品经济中的价值决定理论。

而从《资本论》第一卷第二篇以后，马克思将他在《资本论》第一卷第一篇中研究的只存在劳动所有权条件下的商品经济中的价值决定理论（即劳动价值理论，它也只在存在劳动所有权条件下的商品经济才成立），不加论证地（在没有研究是否适用的情况下）直接套用到资本主义商品经济分析中去，并因此推导出了一系列的错误的结论（剩余价值理论）。

确切地说，马克思不理解，这两种不同所有权性质的社会的商品经济，其价值决定因素是不同的。用经济学语言讲，马克思《资本论》的逻辑前提，是资本主义性质的商品经济，但他在研究的过程中，因为不理解"不同所有权性质的社会的商品经济，其价值决定因素是不相同的"这一点，因此，他在《资本论》第一卷第一篇对资本主义商品经济中的商品进行抽象时，就无意识地犯了一个致命的错误，那就是他把资本主义商品经济的存在前提--资本所有权（及土地所有权）及其在商品价值中的经济体现形式（利润和地租），抽象掉了，进而他又用这种错误抽象的结果(劳动价值理论)为基础，建立起了他的整个《资本论》理论体系。在他的《资本论》这一经济理论体系中，存在一系列错误（如在资本有机构成理论中和资本主义灭亡理论中），就在所难免了。

引言

如果说一个学者的理论，无论是他的支持者还是他的反对者，都没有真正理解过，这种情况的存在，还有少数人相信的话，那么，说连这位学者自己也不理解他自己阐述的理论及其学术价值. 就有点耸人听闻、让人难以置信了。但是. 本文的结论之一，就是这样一个"耸人听闻"的观点：无论是马克思的信徒，马克思的反对者，还是马克思本人自己，都不理解马克思劳动价值理论的学术价值。只有本人，才有能力揭示和评价他的这一理论的学术意义。

在转入这篇论文的正文之前，请允许我打个比喻：我手中有一只苹果，面对它，我有一系列问题和选择产生：(1)这个苹果是完好的?还是腐烂的?亦或既有完好的部分又有腐烂的部分?依据什么做出这三个方面的判断呢，显然我有两种方法：一种是主观判断，一种是实践判断，前者意指完全非经验的主观想象及猜测，后者指通过观察及应用其它工具进行具体操作，加以经验性地肯定和否定。(2)如果这个苹果是完好的话，我们吃掉它，成为我们自己身体的一部分，就完了；如果这个苹果是全腐烂的话，我们把它仍进垃圾堆，成为大地的一部分，也了了事。这两种情形都很简单。如果这个苹果是一部分好一部分坏的话，那问题就来了：(1)我们能否将腐烂的方面削去而将完好的部分保存下来?(2)我们应否将这个苹果加以这种处理，也就是说值不值得这样去做?对于(1)，存在着一个工具问题，不管是手指甲、牙齿还是刀子，都需要有一种手段。有了工具，我们才能回答"能否"问题；对于(2)，存在着一个价值判断问题，它依各人的偏好而异。如果将（1)和(2)两个问题混为一团，那就犯了摩尔所批判的"自然主义的谬误"。本论文的题目，已披露了它的结论：马克思劳动价值理论是个一部分是真理，一部分是谬误的"半烂苹果"；而本论文的存在，也证明了我的态度和行动：我有能力和工具把马克思劳动价值理论中真理的东西拯救出来，而将谬误的方面加以扬弃，当然我也认为值得这样去做。在此，我请求读者将我的上述阐述看作是未经证实的假设，放进大脑，并充分调动自己的逻辑思维能力，以批判性的态度对待我下面的每一个论点的前提、论据及论证过程。

第一节 马克思劳动价值理论的哲学基础

英国一位在研究马克思劳动价值理论方面非常著名也非常没有成就的经济学教授--斯蒂德曼，曾写下如下这段歪打半着的话：

> 无需说，历史唯物主义是至关重要的，但是以价值量为基础分析资本主义社会的理论与真正的历史唯物主义的分析是不一致的。相反，由于这种以价值量为基础的理论的缺陷和它所造成的各种混乱，如果继续将注意力集中在价值分析上，就会严重阻碍正确理解资本主义经济的历史唯物主义理论的发展。（斯蒂德曼《按照斯拉法思想研究马克思》，商务印书馆，1991年版，第51页）

他对，就对在他指出了马克思的劳动价值理论哲学基础与其唯物主义哲学的不一致性，这是"半着"的地方；但他认为坚持后者对于展开前者是主要的障碍，却是错误的。与此正相反的观点倒是正确的，即坚持马克思劳动价值理论正确的方面及启示的方面，对于对资本主义社会进行唯物主义分析，是非常有帮助的。西方有句名言叫做："条条道路通罗马"，我理解它就是：方法的不同，并不会影响所应取得结果的同一性，如果方法的应用不出错误的话。

一个人嘴上讲的，和他实际上做的，可以完全不同，对此，大概人所共知。对于马克思劳动价值理论的哲学基础，我也不是看马克思自己在《资本论》第一卷前言中的表白，而是看他在《资本论》整个理论体系实际应用的到底是什么。马克思认为，他在《资本论》中从而也就是在价值理论中应用的是唯物主义和辩证法，但我却认为，在他的劳动价值理论方面表现出来的哲学基础，却是和唯物主义完全不同的东西。

我把哲学定义为存在论与认识论的统一。在分析哲学和现象学已横扫一切的时代，讲什么存在论，似乎是很荒谬的。但是，有一点却是一点也不荒谬的，即我们现在认为荒谬的东西，我们的前人并不认为荒谬，而认为是真理的一部分，而且他们从这些荒谬的东西中，给我们创造出了(或者说在这些谬误的营养基上生长出了)巨大的文明(包括文化和科学)，纵使很有名的分析哲学家--波普，也承认存在论的启示价值及其对于建立人类认识体系统一性的历史意义。

有一定哲学史常识的人都知道，在古希腊哲学中有一棵非常美丽且生命力旺盛的理论之树，那就是柏拉图哲学。柏拉图哲学的存在论是理念论，即认为在变幻不定的现实世界(表象)后面，存在着一个完全确定的统一的实体世界--理念世界。在现实世界和理念世界之间，存在着许多阶梯，从世界上各种具体事物及人类思维中存在着的各种意识，到完全的理念世界之间，是一个参差不齐的序列，其真实性也高低不等，这些处在不同阶梯上的事物及意识，由于

分有理念的多少不同而具有不等的真实性，这就是著名的
"阶梯说"和"分有说"。以上通常被认为是成熟的柏拉图
存在论哲学的主要内容。

不管这种存在论被现代人看作是多么荒谬，柏拉图正
是在这种存在论的基础上建立起了古希腊哲学中著名的认
识论，由此认识论，取得了巨大的学术（精神文明）成就。
这种认识论有两方面的内容：一方面是范畴论(即概念论)，
另一方面是方法论。柏拉图哲学，给予范畴以最高的接近
理念的地位，这样，范畴的严格性和统一性，就超越了现
实世界中同类事物和现象的纷杂，从而使被认识的对象具
有了人为的稳定性和可认识性，后者是科学产生的基础。
柏拉图哲学派生出的方法论，给人类认识事物建立了统一
的方法指南，那就是从理念论中派生出的"现象--实体"的
认识方法，由于现象到实体之间有一系列的阶梯存在，从
而各阶梯上的事物有不同真实性，这就允许认识的重复性
及渐近性的存在。这种认识方法有一个最重要的特征，那
就是它的一维性，即现象和实体之间，只有一种联系,这种
一维性和人类当时的大脑思维能力是一致的，确切地说，
是和人类早期思维能力一致的。要知道，从一维认识(也就
是线思维)，经二维认识(面思维)，三维认识(立体思维)，到
多维和系统认识(复杂思维)，有一个发展的过程。人的大脑，
只提供运用多维和系统认识的可能性，绝不是天生就有这
些能力，这些能力是历史的产物！

柏拉图哲学在德国古典哲学中，得到了发展，尤其是
在德国古典哲学的黑格尔哲学中，其渊源及发展的痕迹都
极为明显。黑格尔的存在论、范畴论、方法论都可看作是
动态的发展了的柏拉图哲学。这里没有必要详加举例分析，
我们只要看一下黑格尔关于"现象--本质"关系的研究与柏

拉图关于"现象--实体"关系的研究就可确证。尽管如此，我也并不妄定只有说马克思劳动价值理论的哲学基础是柏拉图哲学和黑格尔哲学才是正确的，我只是说，这是我在研究之后得出的假设。但有一点是可以肯定的，马克思的劳动价值理论的哲学基础，受柏拉图哲学和黑格尔哲学的影响，比受唯物主义、实证主义、经验主义的总和还要大。

对于上面的论点和假设，除了马克思口头承认的以外（他在前言中讲，他在《资本论》中玩弄起了黑格尔哲学，并自认为是黑格尔的学生），我们还有这样两个体现在整个《资本论》体系（含劳动价值理论分支）的证据：（一）从范畴(概念)应用上看：马克思认定商品交换背后有价值，价值的实体是劳动。从而说明马克思是受到黑格尔哲学进而受到柏拉图哲学的存在论的影响的。黑格尔有"本质"而没有"实体"这样的概念，只有拍拉图哲学才有"实体"、"本体"这样的范畴。（二）马克思从《资本论》第一卷到第三卷对他的价值理论的阐述，明显存在这样一个序列："价值实体--各种阶梯--市场价格"。马克思认定(他自己认为是他证明了)价值实体是抽象劳动的凝结，而各种阶梯是从商品平均价值经生产价格到市场平均价格之间各种价值、价格形式，它们越来越"表面化"，和劳动（即价值实体）的关系越来越远，从而反映价值的真实性也越来越差，到了市场价格，则几乎看不到"价值关系或价值规律"了，似乎市场价格只受供求的调节，又反过来调节供求。这一序列和柏拉图哲学中的序列，何其相似。此外，马克思提出劳动价值理论而没有提出象斯密的三种收入决定价值论，这种认识的一维性也是极其明显的。对于这一方面，让我们和边际效用学派的一维认识方法及马歇尔的供求决定价值论的二维认识方法比较一下，也许有益于对这一假设进行论证(下面单线表示决定和被决定因素，两线表示双向决定和被决定关系)：

(1) 马歇尔二维方法：　　　　　　　　　　供给＝价格＝需求
(2) 边际学派一维方法：　　　　　　　　　边际效用—价值—价格
(3) 古典学派（马克思）一维方法：　　　　劳动—价值—价格

　　当然，当代的经济学者会以多维和系统的方法来认识市场价格决定的复杂性，对此，我们没有必要详加叙述，这和本文的主题关系不大。这儿只想强调这样两点：（一）我们的假定是有根据的；（二）由此假定得出的结论是有启发性的。不管用什么认识方法，对市场价值决定因素及形成过程的分析结果，应该是一致的，否则就是错误的。即是说结果不应因方法异而不同，只要方法应用正确的话。

第二节，马克思劳动价值理论的内容：科学分析和伦理判断

　　在评述马克思的劳动价值理论的内容之前，让我们先对价值理论下一个定义，如果我们连"价值理论"定义是什么及其研究对象是什么都不清楚的话；那么又如何谈得上评价某人的价值理论是正确还是错误的呢?我想这样一个定义是可以被大家接受的：从狭义上讲，价值理论是研究商品之间进行交换时其交换比例受何因素决定的理论；从广义上讲，价值理论是研究市场经济如何运行的理论。本文下面及上面所用的"价值理论"一词的含义，主要是狭义的定义。定义清楚了，其研究对象是什么也就明白了。

一，科学分析部分

我们将这样的部分称为科学分析部分：凡是对客观存在的事物进行描述、分析而不加以主观偏好评价的知识。由此标准我们可以得出下面的结论：马克思的劳动价值理论认为，决定商品之间交换比例的因素是劳动时间，一种商品生产需要的时间越长，则价值越大。这种观点不管是否正确，我们都把它归入具有纯粹科学性质的研究工作部分。有了这种科学性质的认识基础，马克思提出了用"社会必要劳动时间"作为工具，来衡量不同商品的价值大小。

二，伦理判断部分

但是，马克思的劳动价值理论还有第二个部分，即伦理判断部分，或者说它是被人为地由劳动价值论推断出来的，即众所周知的剩余价值理论，俗名为"剥削理论"。

马克思认为：价值，是抽象劳动的物化，是由劳动创造的。但在资本主义社会中，劳动者就成为工人阶级，只能得到劳动力价值即劳动成果的一部分，这种收入叫做工资，而其余的部分即超过劳动力价值的价值(剩余价值)，构成利润和地租的源泉，从而被资本家阶级和地主阶级剥削去了。

这个部分，我们不管"价值是由劳动创造的"这个论断是否正确，都可以提出这样一个问题：谁创造了价值就应该归谁所有吗?只有对这个问题作肯定的答复，才能得出下面的"剥削理论"，而这个问题的伦理判断性质，是昭然若揭的。

在此，我请本文的读者认真比较一下马克思劳动价值理论这两个部分的性质，它们是如何地不同！只有彻底分清了它们，才能对我下面的分析有一个理解的基础，对此，在下面还要谈到。

第三节，马克思劳动价值理论中的真知灼见

在这儿，我们要给出一个重要的区别：即折算劳动价值理论与耗费劳动价值理论的不同。凡认为商品之间的交换比例，受各自投入的即耗费的劳动唯一决定的理论，我们称之为耗费劳动价值理论，不管这种耗费劳动是活劳动还是"物化劳动"。凡认为商品之间的交换比例与各自商品中折算的劳动成比例的理论，我称之为折算劳动价值理论。对于几乎所有的经济学家来说，只存在耗费劳动价值理论，而不存在折算劳动价值理论。

为了找出马克思劳动价值理论的合理内核，我先介绍我的折算劳动价值理论，它分为三个部分（层次），按目前经济学界流行的做法，我命名它为三个经济学定理（以下讨论，都只假定政府的作用仅限于"看夜人"角色）。

第一定理。在资本所有权和土地所有权不占支配地位，以劳动所有权为基础的小商品经济中，商品交换比例与生产所需的折算劳动量（也等于耗费劳动量）成比例。

这是合乎马克思的"简单商品经济"的理论前提，也是古典学派提出的劳动价值理论的真实社会背景中的理论抽象物。在这个商品社会中，不同劳动者的等量劳动时间的折算，是这样进行的。假定生产的技术水平一定，生产某种商品，甲需要 n 小时，乙需要 m 小时，那么我们就可以进行折算，甲一小时的劳动等于乙 m／n 小时的劳动。这种折算的基础是这样的：劳动所有权的等同性，要求其对劳动产品占有权也具有等同性，即要求工资收入的等同性。

但这是以劳动者的能力无差异为前提的，而对于不同的劳动能力，其等量劳动时间的产品是不同的，从而其各自的收入(和工资的含义不同)也是不同的，对于他们来说. 他们的产品收入比率与其各自耗费的劳动成反比。为了说明得更清晰。让我们作如下假设：甲、乙两个人组成一个社会：甲无论是在织布方面还是打猎方面都比乙强，在一个时间单位内，甲的产品都是乙的产品两倍，假如实行社会分工进行商品交换，又假设他们都有相同的欲望曲线，虽然无论是甲织布还是乙织布，都只有在这样的交换比例下，商品生产和交换才会达到稳定均衡状态，即甲的一小时劳动产品必须同乙的二小时劳动产品进行交换，否则，要么甲因比例小于二而退出，或者乙因比例大于二而退出，这是由他们的经济利益决定的，因为这时他们各自认为也的确是独自生产供给自己更为有利，即独自供应自己的产品较通过生产分工并交换满足自己的机会收益为正数。

刚才我们是研究劳动者的劳动能力方面有差别时，同一劳动时间如何折算。现在让我们来看一下当劳动者劳动能力相同，而技术水平和组织水平不同，也就是说劳动者劳动能力与社会的生产方式相结合体现出不同的生产成果时，劳动时间如何折算。显然，如果生产成果全部归劳动者所有的话，则情况和上述的折算方式是相同的。这一点，在对国家间进行商品交换时，劳动的折算具有重要价值。这时，生产力较大的劳动，折算成含劳动时问较多的生产力较低的劳动。

第二定理。在存在劳动所有权、资本所有权和土地所有权的资本主义商品经济中，商品交换，不再与生产中的耗费劳动成比例，而与生产中的折算劳动量成比例。

这儿要提示读者的是，此处经济理论研究的前提，是资本主义社会中的商品经济。假定存在如下两个生产集体，劳动者的劳动能力和欲望无差异，资本家的欲望和土地质量无差异，在开始的初年，各自依靠其积蓄生活，第二年则靠其各自收入生存:

(1)甲资本家:土地 100 公顷，劳动者:20 人。合作生产大米，年终生产出 20 吨大米，分配比率 1: 9，甲资本家分得 20*(1／10)=2 吨，劳动者分得 20*(9／10)=18 吨，100 公顷土地折合劳动 2／0.9=20／9 年，20 吨大米折合劳动 20+(20／9)=200／9 年劳动。

(2)乙资本家：土地 100 公顷，劳动者：20 人。合作生产衣服，年终生产出 40 套，分配比率 1: 9，乙资本家分得 40*(1／10)=4 套，劳动者分得 40*(9／10)=36 套，100 公顷土地折合 2／0.9=20／9 年劳动，40 套衣服折合 20+(20／9)=200／9 年劳动。

在衣服和大米组成的商品市场上，则交换比例必然稳定在一吨大米换二套衣服的水平上，否则，就会因收益不均(甲、乙资本家的收益不均,和(1)情况下的工人收益和(2)情况下的工人收益不均)而引起生产要素(劳动力和土地)在两种生产部门的流动。

这种交换比例是这样折算出来的：20 吨大米=200／9 年的劳动收入，40 套衣服=200／9 年的劳动收入，则 1 吨大米=2 套衣服。其论证根据是这样的：劳动所有权的等同性及劳动能力的等同性+资本所有权的等同性及土地质的等同性--劳动对产品所有权的等同性+资本对产品所有权的等同性--工资率的等同性十利润率的等同性--表现为商品交换与折算劳动成比例。

　　思维敏锐的读者也许会提出，在这种情况下，依据耗费劳动价值理论得出的交换比例，也是一吨大米换二套衣服。不错，这是由我们选择的投入产出比及分配比相同而造成的。只要情况略有改变，耗费劳动价值理论和折算劳动价值理论之间的区别，就出来了：假定上面的生产和交换，我们命名为 T0 时的经济状况，在 T1 时，有一位丙资本家要生产一种新商品，比如说是烟草，一个单位的烟草要投入一个劳动者一年的时间且占用土地 18 公顷一年，预期其市场价格为 m 吨大米，那么这位丙资本家应否生产烟草呢?如果依据耗费劳动价值理论，则烟草的生产价格=1 个劳动年的工资即 0.9 吨大米；如果依据折算劳动价值理论，则烟草的生产价格=1 个劳动年的工资+18 公顷土地的利润=[1+(18／100)*(20／9)]*0.9=1.4*0.9=1.26 吨大米。显然，这位资本家要比较一下，生产烟草和生产大米及衣服的机会收益和机会成本。当他用在 18 公顷土地上种植水稻时，他可取得 0.36 吨的大米收入，作为利润。显然预期市场价格 m，只有在大于 1.26 吨大米时，生产烟草的机会收益才是正的，当 m 小于 1.26 吨时,机会收益为负(机会成本为正);当 m 等于 1.26 吨时，机会收益等于机会成本，即生产啥利润都一样。

　　毫无疑问，只有折算劳动价值理论是正确的，而耗费劳动价值理论是错误的。如上例，依据后者，则当 m 大于 0.9 吨大米时，生产烟草的机会收益大于零，这显然与现实不符，因为此时资本家的利润小于平均利润。

　　无论是耗费劳动价值理论，还是折算劳动价值理论，都必须有一个起点，即 T0 时的经济状态存在，作为依据，这是时序对价格决定的意义之所在，也是西方经济学者称市场经济为 "试错" (trial and err)经济的原因。请那些认为折算劳动价值理论为"循环论证"的学者明白，市场经济中就是依据 T0 时的结构，决定 T1 时的经济决策；当 T0 和 T1 结构相同时，经济就表现为带有"循环"特征；此外，试图从价值理论推出一种社会的分配依据，这是混淆了因果关系。相反，价值理论是以一定的社会分配结构作为前提的。

第三定理。有效需求决定的社会总折算劳动量及其在各部门的分配比例，与商品价值决定的社会总折算劳动量及由其决定的各商品之间的交换比例，在供需均衡状态下，是相一致的。

在此，我们暂不考虑所有权因素，而只研究需求因素在折算劳动价值理论中的作用。假设在上述社会中，对于大米的需求是这样的：当每吨大米其价格为 10／9 个年劳动收入时，需求为 20 吨；则当生产大米量超过 20 吨时，这个社会所投入生产大米部分的各生产要素的折算劳动量，就会大于社会应投入该部门的折算劳动量，这时，有效需求对折算劳动有决定性的影响。

我在上述相关章节中讲，马克思劳动价值理论存在真理的部分，就是指，在他的劳动价值理论中，存在折算劳动价值理论的萌芽及片段。我是有根据的，这些根据，就是存在于《资本论》中的下列阐述：（一）马克思关于不同能力的劳动者等量劳动时间，形成不同价值量的阐述。（二）马克思关于商品国际价值与劳动之间关系的论述。他明确地说，具有较高生产力的国民劳动应折算成较大的劳动，从而有较大价值。（三）马克思关于对外贸易可以提高一国利润率水平的阐述。如果依据耗费劳动价值理论(如李嘉图的)，这是不可能的，也是错误的。（四）两种社会必要劳动时间共同决定价值的论述;（五）固定资本折旧，尤其是无形折旧理论的论述。

让我们将马克思关于资本主义商品经济中的劳动价值理论与我的关于资本主义商品经济中的折算劳动价值理论作一番比较:

显然，马克思的劳动价值理论有第一部分和第三部分的片段，但没有第二部分，而第二层次却是最精华的部分。

第四节，马克思劳动价值理论中的值得商榷的方面

通过对马克思劳动价值理论的详尽研究，我认为马克思劳动价值理论至少存在着如下四方面的缺陷。

(一)语言学和语义学上的:

让我们来分析一下马克思劳动价值理论中的前提"劳动创造价值"这个句子的话言结构及语义问题。

很显然，如果说"价值是抽象劳动的凝结"，那么说"劳动创造价值"，一方面有同义反复之嫌，另一方面用"创造"也不合适。这就需要对"创造"和"价值"也加以研究。大家都知道，对于古典学派和效用学派来说，他们都相信商品之间交换的背后，有唯一的因素存在，这一因素决定商品交换及商品的价值。区别不过是: 前者认为是劳动，后者认为是效用。这种现象是和其存在论及认识论一致的，尤其是和一维认识方法一致的。

再让我们看一下现代的观点，大家都认为商品的价值，就是商品具有的社会购买力，说"劳动创造社会购买力"这种讲法的荒谬性是极其明显的。但是这种讲法却和如下的观点联系在一起：由于商品生产中需要劳动这个生产要素，则由于对劳动要支付工资，从而耗费劳动较大的商品，因需支付工资较多，而对其它商品具有较大的购买力；以及劳动者在劳动过程中对商品的形成有重要作用，人们习惯于(实际上是由于根深蒂固人类自我本位主义的表现)说，商品是人生产的和创造的，而不提土地和资本对商品形成的作用。把这两个完全不同的方面合在一起就容易产生"劳动创造价值"的谬误。因此，我们讲，从一维的认识方法是得不出"劳动创造价值"这一论断的，这一论点是一种合成谬误，是典型的语言学和语义学上的错误。尽管我说这是马克思劳动价值理论的谬误之一，我却不说它是马克思创造的，从而应归咎于他，我在"马克思劳动价值理论的经济学渊源"节中将具体讲这方面的衍化。

琼•罗宾逊把"劳动创造价值"看作是一种形而上学，我觉得这似乎是一种没有什么意义的解释（类似于贴标签），她本人也没多少语言学和语义学的素养，从而也发现不了这种合成谬误，更不知道这一说法的学术渊源了。

科恩讲：

> "认定价值必须被创造出来，本身就是一种先入为主的偏见"。

这种说法完全正确，但还只是知其然而未知其所以然。

（二）"自然主义"的：

在本论文第二节中，我们已经讲到马克思劳动价值理论一个方面是属于伦理性质的。马克思从"劳动创造了价值"这个前提开始，得出了"劳动者只得到了劳动力价值(表现为工资)，而剩余价值却被资本家和地主剥削去了"的结论，他丝毫没有意识到，在这前提和结论之间，还需有一个中间环节，即还需有这样一个小前提"劳动者创造出的价值应该归劳动者所有"，才能构成一个完整的三段论。事实上，马克思是把这个小前提看成是自明之理，是大前提"劳动创造价值"的属性。很显然，大前提和小前提之间具有巨大的区别，纵使大前提成立，小前提也不一定成立，把小前提和大前提混为一谈，视后者和前者具有统一性，是犯了摩尔所批判的"自然主义的谬误"。

至于这种"自然主义谬误"的学术渊源，也请读者参看本章"马克思劳动价值理论的经济学渊源"节。

（三）混同了测量理论和价值理论：

首先，让我先向读者介绍一下测量理论的内容，假定存在如下生产和分配状态：

资本家：100 公顷土地，劳动者：20 人，共同合作生产大米，年终产品 20 吨大米；分配比率 1: 9，资本家收入 20*(1 / 10)=2 吨，劳动者收入 20*(9 / 10)=18 吨。

如果我们以劳动人•年作为测量单位，则资本家收入=(2 / 20)*20=2 个人•年，而劳动者收入=(18 / 20)*20=18 个人•年；如果我们以土地公顷•年作为测量标准，则资本家收入=(100 / 20)*2=10 公顷•年，而劳动者收入=(100 / 20)*18=90 公顷•年。前者 20 吨大米=20 人•年劳动，后者 20 吨大米=100 公顷•年土地。

我相信,读者看到 20 吨大米=100 公顷•年，资本家收入=10 公顷•年，劳动者收入=90 公顷•年，一定会感到荒谬，感到不可思议；但是读者却视 20 吨大米=20 人·年劳动，从而资本家收入=2 个人·年劳动，劳动者收入=18 个人·年劳动，为正常之极，请思考一下，如果认为前者荒谬的话. 那么后者不和前者性质相同，而一样荒谬吗?

很显然，测量理论是以一定的生产和分配状态为前提条件的，它既不意味着 20 吨大米全是由劳动者创造的，也不意味着 20 吨大米中有 18 吨是由劳动者生产出来的，更不意味着是劳动者被剥削了，亦或资本家被劳动者剥削了(和马克思相同，一些学者因混淆了分配顺序和分配伦理，而提出劳动者剥削了资本家的理论)。它仅仅是一种测量工具和认识观念，如同用米来测量身高，既不意味着米创造了身高，亦不意味着米剥削身高一样。这里举例是存在于分配中的测量理论，还有存在于生产(即资源分配)中的测量理论。

如果有这样的观点存在，我们就可以断定作者混淆了价值理论和测量理论：（1）商品总价值量等于社会总劳动量，又等于社会总价格量。（2）以及说什么总劳动时间在不同部门配置决定不同部门商品的价值。上文中所用社会总劳动量就是社会总耗费劳动量。

凡读过《资本论》第一、三卷的人，都可清楚地看到，马克思在那儿混淆了测量理论和价值理论，与此相对应，他在第一卷中本是以劳动时间作为测量标准，却大讲工人阶级受到了剥削，从而还陷入了我们在上两小节谈到的"自然主义谬误"和语义、语言上的谬误。

（四）混淆了耗费劳动价值理论和折算劳动价值理论

我们已经分析过耗费劳动价值理论和折算劳动价值理论之间的差异，并确证前者是错误的，后者是正确的。在这一小节中，我们将重点放在寻找马克思在哪儿完成了这种混淆，即指出这种混淆的地方。

(1) 在《资本论》第一卷第一篇第一章中，马克思进行了这样的著名论证，第一，同一种商品的各种有效的交换价值表示一个等同的东西。第二，交换价值只能是可以与它相区别的某种内容的表现方式，这种共同东西不可能是商品的几何的物理的、化学的或者其它天然属性。商品的物理属性只是就它们使商品有用，从而使商品成为使用价值来说，才加以考虑。另一方面，商品交换关系的明显特点正在于抽象商品的使用价值。如果把商品的使用价值抽去，商品体就只剩下一种属性，即劳动产品这个属性。

    对此，庞巴维克正确地加以了否定，但他的论证还有不完全的地方，我想再加以补充：第一，抽去了商品的具体的使用价值，不等于抽去了抽象的使用价值，例如，我可以抽去苹果、桔子、桃子等产品的特殊性质，我还剩下抽象的"水果"所具有的共性。抽象的使用价值就是商品的效用，它是由人与商品之间的关系决定的，并对商品之间的交换比例有影响，至于如何影响，这儿不谈。如果说"抽象的使用价值"是一个荒谬的概念，那么"抽象的劳动"也具有同样的性质。第二，抽去商品的使用价值，商品体也不就只剩下一个属性，即它可能有劳动产品的属性，也可能有资本产品及土地产品的属性，更有可能有劳动、土地、资本共同产品这样的属性。只有在不存在资本所有权和土地所有权的情况下，资本产品的性质和土地产品的性质，才在生产功能和分配功能两方面转入劳动产品中去。

庞巴维克对马克思的劳动价值理论的否定，尽管是正确的，但却是不彻底的，他是只知其然，而未知其所以然。（庞巴维克的"四大论证"，参考《马克思主义体系之崩溃》，商务印书馆，1935 年版，第 34-80 页）庞巴维克不知道马克思之所以做出上面的论证，得出那样的结论，其根本原因是不了解所有权关系的不同，对商品之间交换关系的影响，从而混淆了耗费劳动价值理论和折算劳动价值理论。

几乎所有的对马克思《资本论》第一卷第一篇进行研究的学者，都困惑他在该篇研究的是简单商品呢？还是资本主义性质的商品呢？这绝不是偶然的。尽管这些学者也并不理解，所有权关系不同，对商品之间的交换会有不同的影响，他们更没有折算劳动价值理论的素养，但他们都直觉地认识到，这里面存在着矛盾。其实这种直觉是对的，商品经济本身就是一种所有权经济，只存在劳动所有权下的商品经济，和资本所有权下的商品经济，和社会及国家所有权下的商品经济，绝对不存在没有所有权的商品经济。象马克思及其支持者所想象的，所谓的不存在所有权的"简单商品经济"，是不存在的。

如果是只存在劳动所有权的商品经济，很显然存在如下的因果关系：劳动要素的同质性+劳动所有权的等同性--对劳动产品占有权的等同性--劳动者的工资(收入)的等同性--表现为等量劳动时间的产品等价交换，好象耗费劳动价值理论成立,这时由于产品全归劳动者，所以分配比率为 1,折算劳动量和耗费(投入)劳动量相同。至于资本主义商品经济，我们在第三节已经研究过了,在此条件下，折算劳动价值量和耗费劳动价值量是不同的。

(2) 马克思在《资本论》第三卷第二篇第十章中有这样的论述：既然商品总价值调节总剩余价值，总剩余价值又调节平均利润率,则价值规律调节价格。在这儿，马克思的总价值等于社会总劳动。对这个论点，庞巴维克也进行了正确的分析，并得出否定的结论，但他并不知道马克思之所以会犯此错误的原因，仍如上述：马克思不知道所有权关系的不同及其对商品价值的影响。

很显然，如果只存在劳动所有权的话，则商品的总价值及商品之间的交换比例的确与耗费劳动(折算劳动量和耗费劳动量相同)有直接关系，并与劳动量(还有工资)有关系，表现为商品价值与劳动成比例。注意，我们在此研究的商品是投放资源可增加的产品。但在存在劳动所有权、土地所有权、资本所有权的资本主义商品经济中，商品之间的交换，只与其各自投入的折算劳动成比例。这时生产价格，不仅与工资相关，而且与地租、利润相关，从而这时劳动耗费只是决定商品生产价格的因素之一，只是通过工资才间接影响生产价格的。除劳动耗费外，还有工资率水平，利润率水平以及地租率水平及资本、土地的各自投入量，从而还有五个决定因素，他们和劳动量一样是决定生产价格的因素。

马克思解决不了劳动价值理论和生产价格理论之间的矛盾，因为马克思没有折算劳动价值理论的最中心的环节，而这又是因为他不理解所有权关系对商品交换比例的决定作用，当然也就不知如何进行劳动折算了。如果依据我们的折算劳动价值理论，显然不存在由劳动价值理论得出的商品价值与现实中得出的生产价格不一致的问题。只是对于耗费劳动价值理论来说，才会存在商品价值与生产价格不一致的问题。

所以，确切地说这一小节是名不符实了：因为马克思并没有本节严格意义上的折算劳动价值理论，当然也就不存在混淆了折算劳动价值理论和耗费劳动价值理论的问题了。正确的说法应是：马克思因对所有权关系不同如何对商品交换比例有巨大影响这一点不理解，所以没有能力运用分配关系，折算不同经济分配形式及其投入量，进而构成折算劳动价值理论，而因此犯了一系列错误。

(3) 劳动创造的价值和劳动力的价值之分的问题。

对于折算劳动价值理论来说，劳动力的价值就是工资，也就是总产品中分配给劳动者的部分，根本不存在劳动创造的新价值，及分为劳动力价值和剩余价值的问题。只有耗费劳动价值理论，因为解决不了商品价值由耗费劳动决定，及商品价值不仅与劳动耗费成比例，而且受工资率、利润率、地租率及投入的资本量、土地量影响之间的矛盾，才不得不提出这两个概念，是企图运用语言和语义上的歧义，解决这种矛盾的努力和尝试。实际上，使李嘉图劳动价值理论破产的两大问题，马克思一个也解决不了，因为马克思并不知道所有权关系对商品价值决定的意义及由此意义构建成的折算劳动价值理论。

(4) 商品价值构成分析。

马克思认为商品价值等于 c+v+m，其中 c 等于不变资本，v 为可变资本，m 为剩余价值。其实这个价值构成式本身正是耗费劳动价值理论和折算劳动价值理论的合成（马克思并不知道这种合成带来的结果）。其中 v 和 m 按马克思的说法是由劳动创造的新价值，也就是由耗费劳动决定的，但是 c 却不同，因为 c 有两部分来源，一部分是流动资本价值的转移，一部分是固定资本价值的折旧补偿，无论是前者还是后者，我们都只能看成是对资本所有权要求的满足，因为它们显然不能只与其生产时耗费的劳动成比例，而且还要受其它要素和收益率的影响，纵使假定固定资本只是由活劳动生产的，折旧也不能只和活劳动成比例，至少还要和一般利润成比例，如果这种商品是在资本主义社会中生产出来的话。

因此，凡是进行下列推理的，都是犯了前提设定不清的错误：假如产品(A)由固定资本(B)和劳动力生产，而固定资本(B)仅由活劳动生产，则产品(A)的价值等于耗费在(B)上的劳动的转移(假定一年折完)加上活劳动的投入或耗费。

原因很简单，在资本主义商品经济这个大前提下，固定资本(B)不仅与活劳动成比例，而且至少与一般利润有关系。略去了一般利润，就等于否定了资本所有权的存在，即改变了研究的大前提。这是古典学派中常见的错误，马克思亦不例外。

(5) "虚拟社会价值"的阐述。

这种说法对于折算劳动价值理论是不存在的，只对于耗费劳动价值理论才存在。地租，无论是绝对地租还是相对地租即级差地租，都和利润、工资一样，决定商品之间的交换比例，从这种意义上讲，它一点也不比后者虚拟。

(6) 关于"三位一体"的批判。

马克思在《资本论》第三卷最后一篇和第四卷第三册中，皆详尽地批判了斯密的工资、地租、利润构成价值理论，这一批判本身就充分证明了马克思只知道耗费劳动价值理论，而根本没有折算劳动价值理论。

第五节，马克思劳动价值理论的经济学渊源

我们可以这样说，马克思的劳动价值理论的几乎所有主要构成部分，都是他从他的前辈经济学家著作中找来的，没有任何独创性。如果说有的话，那就是将这些部分搞的浑然一体，在马克思的劳动价值理论中，这些碎片已经成为总体的一部分，看不出其来源和创造者了，它们似乎全部变成马克思自己的东西了。

经过潜心研究，我们可以找出马克思劳动价值理论的经济学渊源，这是一条清晰的思想形成线，从配第、洛克、斯密、李嘉图，到西斯蒙第，马克思继承了这些经济学家的劳动价值理论中的真理的部分和谬误的部分。

（一）配第

配第是劳动价值理论科学分析部分的创始人，他最早试图对市场中变换不居的交换关系加以理性思考，由于他不理解"劳动所有权下商品经济,和劳动所有权与土地所有权并存下的商品经济，其价值决定因素是不同的"这一点，因此他一会儿说商品交换与耗费的劳动成比例，一会儿又说商品交换比例不仅与耗费劳动，而且与使用的土地有关系。不仅如此，配第还试图寻找土地和劳动之间的"自然等同关系"，以求达到使土地折算成劳动或把劳动折算成土

地。尽管由于历史局限性，他没有完成这一任务，但作为耗费劳动价值理论和折算劳动价值理论的创始人，其地位是无人企及的。

马克思继承了配第的耗费劳动价值理论,否定了配第在折算劳动价值理论方面的努力，认为后者是"误入歧途"，是"天才的谬误"。

（二）洛克

洛克是劳动价值理论中伦理部分的创始人，他最早提出了"劳动创造价值"的说法，并援用上帝来为劳动所有权辩护。他的"产品 99%应归功于劳动创造"的说法，是"劳动创造价值"这一语句形成的最早起点。尽管前者只是一种比喻的形象化的方法，以强调劳动在生产中的重要意义及劳动所有权的正当性质（他本意为新生的资本主义辩护），但却引起了一系列的语言谬误，尤其是和对劳动所有权的辩护混在一起，就更是如此。

马克思继承了洛克的劳动价值理论的这一伦理方面，却将洛克援用上帝来为劳动所有权辩护这一点抹去了，使人们看不到这一方面的伦理观念性质，似乎这一方面和配第的科学描述及分析方面性质是一致的。

（三）斯密

斯密在劳动价值理论方面有如下几方面的贡献和损害。在贡献方面有：(1)对不同质的劳动的折算，这是第一层次折算劳动价值理论的来源；(2)对耗费劳动价值理论成立的条件进行了著名的分析，指出在资本主义商品经济中，耗费劳动价值理论不成立。商品在"早期社会"中按等量劳动交换，是由于产品归劳动者所有的缘故，这是第二层次折算劳动价值理论的萌芽；(3)斯密看到商品在资本主义经济中，其价值由工资、利润、地租决定。如果从劳动角度看，似乎不与耗费劳动成比例，而与可交换到的劳动成比例，这说明他还没有科学的价值理论即作为科学分析工具的折算劳动价值理论。在损害方面有：(1)通过"加上"、"不劳而获"及"扣除"三个概念，发展了语言和语义上的谬误。斯密讲商品价值是由劳动"加上"的，但在资本主义经济中，工人只得到了一部分，其余部分都被地主和资本家"扣除"去了，并说地租是"不劳而获"；（2）将测量理论和价值理论混为一谈的始作俑者。斯密在《国富论》第四篇第一章中，就明确地说社会总价值和社会总劳动及社会总财富是同一的。(3)把耗费的劳动决定价值与可交换劳动决定价值视为同一，是错误的。这是因为他也并不完全理解所有权关系对于商品交换的重要意义，也没有三种所有权并存的商品经济中的折算劳动价值理论的缘故。(4)把价值理论和与其含义完全不同的人类伦理观念中的"牺牲"、"安逸"和"辛劳"混为一谈，说什么商品之所以有价值,是固为生产它而牺牲了等值的人类福利；(5)说生产商品所耗费的劳动是社会三大收入(工资、利润、地租)的源泉，同时又说三大收入构成商品价值；在此，他不仅犯了上已讲过的(2)的谬误，而且犯了同时运用两种方法来研究价值理论的错误。

马克思继承(照抄了)斯密贡献中的(1)部分和损害中的(1)、(2)部分，而抛弃了他的其余部分。

（四）李嘉图

李嘉图在劳动价值理论方面被公认是大家，其实他几乎对劳动价值理论没有任何正面的贡献，而是增加了一系列的损害：(1)李嘉图发展了斯密损害中的(1)部分，他明确地说"劳动是价值唯一源泉"，"地租是价值的创造，而不是财富的创造"；(2)李嘉图发展了斯密损害中的(5)部分，他在其所著的《原理》第一章中既有使用一维认识方法形成的劳动价值理论，又有使用二维认识方法形成的生产成本理论，从而使该章充满歧义和前后矛盾；(3)李嘉图在运用耗费劳动价值理论时，偷换了大前提条件(见上面与此有关的分析)，想逃脱、最终也没有逃脱使他理论体系垮台的两大问题，即解决不了在资本主义商品经济中劳动产品价值和劳动力工资价值不等以及商品价值和商品生产价格不符的矛盾。李嘉图能说得上对劳动价值理论的贡献只有一个，那就是提出了"物化劳动"的概念，尽管这一概念和定义是属于耗费劳动价值理论范畴的。"能否把非劳动性的资本和土地折算成劳动"？他留给我的这一启示，富有创造性。

马克思全部继承了李嘉图的损害方面(1)和(3)，同时发展了李嘉图"物化劳动"错误的方面，而没有发展出正确的折算劳动价值理论。

到此为止，在劳动价值理论方面，斯密和李嘉图的错误，还非常隐晦，不容易发现他们的错误及其根源。马克思把它发展到极端，因此他犯的错误，非常明显，易于被发掘出来。

曹国奇说：

> 马克思的市场价值的确等于价值。因为：A 价值是抽象人类劳动；B 价值（量）由社会必要劳动时间决定；C 社会必要劳动时间为平均支出劳动力的劳动中的劳动时间；D 平均就是中等。

我的回复：

曹国奇这个观点是错误的，这个"因为--所以"不成立：在此场合，马克思的市场价值就是中等生产条件下的生产价格。和抽象人类劳动、社会必要劳动时间、平均支出劳动力的劳动中的劳动时间等概念毫不相干。如果认为相干的话，那也是非常遥远的相干。

（五）西斯蒙第

西斯蒙第只在劳动价值理论一个方面有所贡献，即强调社会需求对价值理论的意义，这一点被马克思继承并发展了，却是向着错误方向。

如果我们去掉马克思从其前辈经济学家继承来的劳动价值理论方面的贡献和谬误(损害)，则我们可以这样讲，马克思对于折算劳动价值理论的贡献的部分为(1)关于国家间劳动如何折算从而对外贸易为何造成一般利润率提高的理论；(2)两种社会必要时间共同决定价值的理论；(3)无形折旧的理论。

最近，又翻了遍马克思的《剩余价值理论》，并对照了熊彼特的《经济分析史》。我觉得，布阿吉尔贝尔关于劳动在不同行业的配置决定商品价值的观点，对马克思第二种社会必要劳动时间的概念的形成，也有一定的影响。但是，与西斯蒙第相比，布阿吉尔贝尔的影响，要小的多。因为，马克思在此的侧重点，在于强调社会需求对商品价值的决定作用。

我的依据是，马克思在《资本论》第三卷第十章（一般利润率通过竞争而平均化。市场价格和市场价值。超额利润）这样写道：

"要使一个商品按照它的市场价值来出售，也就是说，按照它包含的社会必要劳动来出售，耗费在这种商品总量上的社会劳动的总量，就必须同这种商品的社会需要的量相适应，即同有支付能力的社会需要的量相适应。竞争，同供求关系的变动相适应的市场价格的波动，总是力图把耗费在每一种商品上的劳动的总量化为这个标准"（马克思《资本论》，第 3 卷，转引自《马克思恩格斯全集》第 25 卷，人民出版社，1995 年版，第 212 页）

第六节，马克思劳动价值理论被研究的学术史

马克思提出劳动价值理论至今，已有一百多年的历史了，在这一百多年中，数以万计的经济学者曾对他的这一理论进行过研究，但在此之前，没有一位经济学者真正完全地揭示这一理论的正确的方面和错误的方面，并指出其之所以正确和错误的原因。尽管如此，我们也不能说在这一理论研究方面没有人取得过重大的进展，与此正相反的是，我认为一些经济学者的努力，还是富有成果和启发性的；这儿我简要阐述一下关于这一理论研究的学术史。

(一)庞巴维克 《马克思主义体系之崩溃》

庞巴维克和威克斯蒂德在《资本论》理论部分出版齐之后，对它的劳动价值理论进行了批判，尤其是庞巴维克《马克思主义体系之崩溃》一书，是研究马克思劳动价值理论的经典性著作，在本文发表之前，其学术地位可说是无书可以企及。在这本书中，庞巴维克论证了马克思劳动价值理论的两大基础性错误(见本文第四节第（四）小节)，

这种分析的正确性无可辩驳。但是，由于庞巴维克和马克思的认识方法一样，都是一维性的"实体—现象"认识方法，且他并没有科学的价值理论(包括折算劳动价值理论)，所以他知其然(两大错误)，而不知其所以然(为什么错)。我在本书"瓦尔拉斯一般均衡理论研究"一章中，论证说，边际效用价值理论只是对于"有闲商品"才成立，而对于可以通过供给及存量改变影响生产价格的商品，则不成立。庞巴维克正是由于忘掉了边际效用理论的成立前提而阻碍了他对劳动价值理论中科学和伦理的部分的认识，从而也阻碍了他对马克思劳动价值理论中真理和谬误形成原因的认识，结果他在近百年前就宣布过的已终结的理论，至今没有"终结"的迹象，相反还时常卓有生机。它现在仍占据着西方许多名牌大学激进派经济学者头脑和中国等许多社会主义国家经济学教科书，就是一个充分的证据。

(二)"转形理论"

俄国经济学家德米特里耶夫在 1898 年，波兰经济学家、统计学家鲍特基维茨在 1906 至 1907 年间所做的研究工作，一方面证明了马克思劳动价值理论在对价格形成和决定分析方面存在的缺陷，另一方面又试图在保持马克思耗费劳动价值理论的基础上对其作一点修正，这就是后来广为流传的"转形理论"，即价值如何转化为生产价格，又进而转化为市场价格的问题。这两位学者的研究成果，经斯威齐《资本主义发展理论》一书宣传而广为人知，成为近于半正统的"阐释"和"贡献"。但是我们的研究成果已充分证实，不管这些学者曾因此耗费了多少精力，并由此得到了多少名望，"转形理论"都是错误的，是一种维护耗费劳动价值理论，试图用数学方法解决劳动价值理论决定的商品价值和现实中商品的生产价格不一致的努力。这种努力注定要失败，因为这些学者也不理解所有权关系不同对商品交换比例的影响。这种方法提醒我们，要警惕利用数学进行辩护的欺骗性。

（三）斯拉法《用商品生产商品》

斯拉法自称他在《用商品生产商品》一书中发展了李嘉图--马克思的耗费劳动价值理论，这种说法只在如下意义上才是正确的：(1)斯拉法设计的模型证实了分配比率是既定的、历史的产物，而商品交换比例关系与分配比率有关；(2)斯拉法的"标准商品"体系，提供了一个"试错"的核算依据，在此体系上可以产生这种启示：时序对商品价值及商品生产决策有重要意义，而时序是我的折算劳动价值理论的基础之一。

但是，斯拉法并没有折算劳动的概念，他也不理解所有权关系对商品交换的意义及时序对商品价值的意义，由于他在论文中假定了一个完全不变的经济状态，就排除他对上述两大问题的理解的可能性。

可以讲，斯拉法使人们否定马克思的劳动价值理论有了一点抽象理论基础。这可从两方面加以理解：一方面，斯拉法文稿出版后，他的崇拜者几乎都是否定马克思劳动价值理论的人；另一方面，斯拉法严密的形式逻辑再现了资本主义分配关系，这种关系与基于此的价格关系一起阻止了许多靠耗费劳动价值理论解释价格及货币现象的可能性。这本书的确有纯粹理论的意义。

尽管斯拉法的著作以严密的逻辑揭开商品关系与价格关系的神秘面纱，从而对经济学做出了很大贡献，但却并没有完成他自己认为的那种工作，他对李嘉图--马克思的耗费劳动价值理论，并没有根本性的贡献，他没有也不可能指出李嘉图--马克思耗费劳动价值理论错误及原因所在。

斯拉法之后的这段时间，对马克思劳动价值理论研究几乎没有什么值得一提的较大的进展：在劳动价值理论的科学方面几乎没有什么进展，在伦理判断方面也只有科恩的《劳动价值理论和剥削的概念》一文，有一点进步。该文试图对剥削这一方面进行语言和语义分析，但这一工作也做得很粗糙，既没有原因形成分析，也不知道为何马克思试图从劳动价值理推出剥削理论，而不是如他那样彻底抛开劳动价值理论，直接求助于"更简单得多的真正基础"的理由。

（四）我的研究基础及研究过程

我的研究基础有两方面：其一，是经济学方面的知识，包括经济理论及其历史和经济发展史；其二是非经济方面的知识，包括许多学术理论及其历史和社会发展史。学术理论中的哲学、法学、伦理学、语义学对我的研究影响很大，凡读过本章上述论述的的人都可看出这一点。但是最重要的还是必须具有一定的经济理论和经济学说史的知识。只有具备这一系列的条件，才能游刃有余地完成对马克思劳动价值理论的研究，不仅知共然，而且知其所以然。

我研究马克思劳动价值理论，是在通读马克思及其前辈经济学者著作的前提下，开始进行的，研究这一理论对我最有启发的著作是庞巴维克的《马克思主义体系之崩溃》和康芒斯《制度经济学》。前者使我对马克思劳动价值理论的研究发生了质的飞跃，即从盲目信仰到科学理解的转变；后者使我认识到法律及所有权关系对商品价值决定乃至商品经济的重要性。此外，康芒斯对"价值"概念演化的分析，使我对"合成概念"和多重语义有了全新的认识，这些认识经摩尔的《伦理学原理》和其它的分析哲学家的著作的影响，铸成了我的分析工具中非常锋利的一件武器--元经济学。从摩尔那儿，我还学会了分清伦理范畴和科学范畴。

我的上述研究，是在严酷的生活条件和孤寂的心理状态下完成的，这也证实了学术史上的一条真理：理论和思想是贫困和寂寞的女儿。在劳动价值理论的科学分析方面，研究的突破口，来自对配第"自然等同关系"和李嘉图利润率下降原因分析及思考，从而开始形成与耗费劳动不同的折算劳动的概念；而对斯密《国富论》第一篇五、六、七三章诸句反复分析，又形成了我的测量劳动范畴；对于以上几方面科学内容的反复思考，使我产生了时序对价值决定机制的理论；使建立在时序和所有权关系(分配比率)基础上的折算劳动价值理论，能经得起善意的分析研究甚至恶意批判。至于对马克思劳动价值理论伦理方面的研究，我则主要靠康芒斯《制度经济学》书中对洛克劳动价值论的分析和启示，有了这种启示和分析哲学的工具，我就可以解开一系列将伦理含义和科学含义缠绕在一起后已经合成一体的那些理论构件的死结，使人们能够看出并分清这同一概念所具有的完全不同性质的二重及多重含义。

有了上述研究成果，我就可以顺利地完成对马克思劳动价值理论的分析，这些分析成果不仅证实了庞巴维克的一些研究成果是正确的，而且指出了马克思劳动价值理论正确和错误的原因及学术渊源，这一工作应该有巨大的学术价值。

我将马克思劳动价值理论中真理的方面和谬误的方面区别开来，不仅指出了其真理方面，而且指出了他为什么对；不仅指出其谬误的方面，而且指出了他为什么错。我的这些工作可说是为继承马克思劳动价值理论中的精华，而扬弃其中的谬误，提供了完全科学的基础。从这个意义上讲，这是在拯救马克思的劳动价值理论。人们利用这一理论去正确地认识资本主义商品经济，也会少走弯路。

（五）额外补充

关于马克思劳动价值理论，除了以上比较重要学术史外，还有几位经济学者的努力，因其个人声望也值得额外补充进来，这些名人的研究谈不上很有成果：

马歇尔在《经济学原理》第五篇第六章第三节中写道：

> 但此刻我们只是讨论威廉·汤姆逊，洛贝尔图斯和马克思等人在捍卫这个结论时所用的学说。他们认为，劳动总能创造一种"剩余"，即除了工资和用于辅助劳动的资本的耗损以外的剩余；工人所受的迫害，在于这种剩余为他人所剥削。但是，全部剩余是劳动产品这一假设，已经假定了他们最后要证明的东西，可是他们并没有证明；同时这个假设也是错误的。洛贝尔图斯和马克思勇于承认他们的前提来自李嘉图，但是它实际上违背李嘉图价值理论的精髓，如同违背常识一样。……洛贝尔图斯和马克思对苦难者的深切同情，永远会博得我们的敬意，但他们认为是他们的实际倡议的科学根据的那些东西，其实只不过是一系列的循环论点而已，大意是说利息在经济上没有存在的理由，殊不知这个结论早已暗含在他们的前提之中；虽然在马克思方面，它是披着黑格尔神秘词句的外衣，像他在《资本论》

> 第一卷的序言中所告诉我们的那样，他用这些词句
> 来"卖俏"。（马歇尔《经济学原理》，商务印书馆，
> 1981 年版，第 455 页）

凯恩斯曾宣称他的理论可以推翻李嘉图--马克思的价值理论，我以为凯恩斯的这种说法几乎接近于没有根据。因为凯恩斯使用多维认识方法得出的一些宏观经济问题的结论及其解决方法，可以从李嘉图--马克思一维认识方法应用中得出，只要方法应用正确的话。与劳动测量和劳动价值理论有关的部分，我们也可以在他的《就业、利息和货币通论》中找到，凯恩斯至少觉得"劳动创造价值"可以接受，不仅如此，凯恩斯还在《通论》中应用了劳动量作为测量不同部门生产力的中心尺度，而且应用了折算的工资单位，作为衡量分配、消费、投资、储蓄、国民生产总值的标准和依据。所以，凯恩斯应感激李嘉图--马克思的理论，至少是马克思的测量理论和宏观经济理论。但凯恩斯不是真正的劳动价值理论赞同者，因为他说，除了人的劳动外，还有三部分资源在协助劳动工作。他说，捍卫劳动价值理论的人，所无法驳倒的事实是：劳动只是取得财富的手段之一。我的折算劳动价值理论是维护马克思劳动价值论真理部分的唯一方法，也只有通过我的折算劳动价值理论，才能把他的真理内核揭示出来，同时，也让马克思耗费劳动价值理论的错误清晰地暴露在大家的面前。

琼•罗宾逊提过这样一个问题：

> 为什么不能通过建设性的批评去掉马克思体系中的
> 不一致和矛盾之处，并且清楚地来表明尽管它带有
> 这样那样的瑕疵，却毕竟是创造性的极富洞察力的

分析体系呢？（《现代经济学导论》，与伊特韦尔合著，商务印书馆，第 55 页）

是啊，为什么不能呢?显然，能不能不仅是一个愿望问题，更是一个能力问题。琼•罗宾逊以半信徒的热忱传播、研究马克思经济理论，包括劳动价值理论，却几乎没有取得任何值得一提的贡献。

至于象熊彼特这样的著名经济学家，在马克思劳动价值理论方面没有取得任何进展，我一点也不感到意外。尽管他写了大部头的《经济分析史》，并在其中表现出了百科全书般的素养，但是深度还不够。熊彼特在《从马克思到凯恩斯十大经济学家》一书中的"卡尔•马克思"篇"作为经济学家的马克思"小节内，尽管不相信耗费劳动价值理论是正确的，却讲什么剩余价值在一卷生产和三卷分配中，并没有什么矛盾之处。这充分证明了熊彼特对劳动价值理论的理解，是多么肤浅和错误。

还有如勒克西斯这样的不那么著名的经济学家，以及其现代的翻版--非常著名的经济学家萨谬尔逊。这两人都持有这样的观点：马克思在《资本论》第一卷坚持的是耗费劳动价值理论，在第二卷把这一点淡化，在第三卷则坚持的是生产成本论及供求决定论。这种观点是基于对马克思劳动价值理论的肤浅了解为基础的，离真正的学术研究还很遥远。也许是这位著名的经济学者，接受了本文作者的批评，在他自认为会使他"不朽"的《经济学》教科书的最新版本中，删除了曾有的对马克思经济学的评论。

在此，我们不对那些马克思主义经济学家对马克思劳动价值理论的研究加以评介，由于这些学者中的浓厚的原教旨主义的倾向，他们很难有客观态度分析研究这一理论，而后者是进行学术研究的基本前提。

我之所以将这一小节学者的研究作为额外补充，是因为这些人的研究成果都还没有达到庞巴维克在马克思劳动价值理论研究方面创造的科学分析高度。

第七节，马克思劳动价值理论的巨大意义

在此，我们不研究马克思劳动价值理论对社会实践及社会意识形态的巨大影响，这可以从马克思《资本论》出版后至今一百多年血与火的历史中清晰地看到，而是只指出这一理论所具有的科学认识价值即学术意义。

琼•罗宾逊认为："马克思比任何别的经济学家都更深刻地揭示出资本主义制度是如何实际运行的……从来还没有一个人所提出的有关这个制度的看法，能够象马克思所给予我们的观念那样有力，那样给人以启发"。(《现代经济学导论》，与伊特韦尔合著，商务印书馆，第 88 页)我认为这一观点极为正确，以马克思的劳动价值理论为例，就非常有说服力。尽管这一理论谬误的成分比真理成分多，且真理和谬误成分混杂在一起，但这一理论为认识资本主义商品经济提供了一个强有力的理论体系基础，有助于人们对资本主义生产方式的实际进程及其内部相互联系，作深刻地理解。

我们在前面曾定义价值理论为：狭义上讲是研究市场中商品之间交换比例的决定因素的科学；广义上讲是研究市场经济如何运行的科学。马克思的劳动价值理论，从狭义上讲尽管有一系列谬误，或者说其核心是谬误，但却对建立正确的价值理论即折算劳动价值理论，有一定的直接贡献和启示意义，从而有助于人们对市场中商品价值决定

的理解。从这个意义上讲，它不仅比同为一维认识方法结果的边际效用价值理论对这一理解更有帮助，而且比二维及多维的认识方法结果的生产成本论及供求决定论等价值理论对这一理解也更有帮助。从广义上讲，劳动价值理论作为贯穿《资本论》体系始终的一个主干理论分支，确实有助于人们对"资本主义市场经济是如何运行的"这一点作深刻的理解。这一理论可看作是资本主义市场经济的解剖刀，尽管不锋利且用的不正确。但木制的刀，也可以剥开动物的内部，从而使我们对其有一定的能动认识。马克思用他的耗费劳动价值理论及基于上的《资本论》，虽不是完全合乎社会生理状况和规律的加以解剖，甚至于部分地歪曲了原样，它也仍有助于人们对资本主义内部机制的理解。当然，这种比喻不完全妥当，因为正确的价值理论不仅是认识"资本主义商品经济是如何运行的"的工具，而且是对资本主义经济运行的科学认识，即客观存在在人类意识中反映及总结。正确的价值理论，所揭示和反映的规律和关系，是客观存在的一部分，即运行着的市场经济的一部分。

因此，可以利用我的折算劳动价值理论来整理马克思的《资本论》理论体系，只需要在第一卷第一篇第一章中将关于劳动是商品的唯一属性论证，改编变成，折算劳动是人类认识商品之间交换要素决定的理性建构属性（为人类认识范畴），在第三卷第二篇第十章中消除掉由耗费劳动价值理论带来的矛盾，分清测量理论和价值理论的不同，认清科学和伦理的差异，用语义和语言清晰的概念表达原书中的理论体系中的范畴，那么，一个正确的前后逻辑一贯的，由抽象上升到具体的（由抽象的价值决定发展到资本主义市场经济运行的画面）理论体系会重新再现在我们面前。所以，我认为马克思的劳动价值理论有巨大的认识价值，它的学术生命力一定会因折算劳动价值理论的提出而得到全新的公正评价。因此，正统的马克思主义学者尽可以不必替马克思的劳动价值理论和基于其上的《资本论》理论体系担心，马克思的这些学术成就，作为经济理论史上的不朽贡献，将有永恒的学术生命力。对客观存在的资本主义市场经济及其它社会性质的市场经济，它也有巨大的现实指导意义。

➤ 《资本论》中的斯芬克斯

值得一再强调的是：马克思《资本论）的主旨，在于研究资本主义商品经济中的剩余价值是如何生产和分配的，但他给他的剩余价值理论所提供的价值理论基础，却不是资本主义商品经济的，而是基于劳动所有权的商品经济的。

或者形象化点说，马克思的剩余价值理论的头，是资本主义商品经济的，但他的价值理论的身体，却不是资本主义商品经济的，而是基于劳动所有权的商品经济，看上去，像是狮身人面像（斯芬克斯）。狮身应该长在狮子的身上，人面应该长在人的身上，这才是正确地反映客观存在，而狮身人面像，属于人类的艺术加工产物，如果离开了艺术性，看成是科学表述，就是对客观存在的歪曲，从而是错误的认识。

网友冷眼老克反驳我说：

> 你是说，马克思的价值理论是基于劳动所有权的商品经济，而马克思的剩余价值理论是基于他那个以劳动所有权为基础的商品经济的而不是以资本所有权为基础的商品经济的么？你这可是误解了马克思

> 哦！马克思在《资本论》第一卷中可是详细地论述了以个体的自主劳动为基础的商品经济怎样转变成以雇佣劳动为基础的资本主义的商品经济的。因此，当着经济的条件发生改变后，作为现实事物在人脑中的观念产物--经济范畴--如劳动、价值的内涵也随之发生了改变。这正是马克思的经济理论的科学性所在。

网友冷眼老克的第一段话，正确地理解了我的观点。关于他的第二段话，为了浅显易懂，我还是打比方吧，假设"人类是从猴子进化来的"这一理论，是正确的，那么，我们能够把人头猴身或猴头人身，当做对人或猴的正确认识吗？显然不能，因为客观存在不是这样的，从而这两种认识，因为和客观存在不一致，因此就是科学性质意义上的错误的观念。

bangfu999 网友说：

> 无论是苏联、中国还是北高丽，马经就是"挂羊头卖狗肉"的那个羊头。

我不同意他的这一观点：他对马经进行全盘否定的观点，我不认同。诚然，马克思经济学是存在他指出的那些问题，但它并不只有骗人来买狗肉的"羊头"，它还有"羊肉"（科学）、"羊骨"（方法）和"羊皮"（伦理）。垄断利益集团不需要后者，他们是有目的性地只悬挂前者。如果马经真如他判定的那样，我情愿毕生心血付与流水。最多哈哈一笑：谬误害我。但是，我的判断不是基于"我相信"，而是基于我对马克思《资本论》的研究和对资本主义商品经济客观存在的比较所得出的结论，或者说，经过对比、研究，我觉得马克思经济学，具有部分真理性质。此外，需要一再强调的是，马克思的《资本论》，是一本客观存在的学术名著。就语言学和语义学的意义讲，它的字、词、句、章表达出来的思想，不会因我们理解的不同而不同，更不会因为我们解读的不同而改变。

第二章 其它专题研究

第一节 马克思剩余价值理论研究

➤ 剥削论

我们在上一章研究了马克思的劳动价值理论。有了这个理论基础，再研究马克思的剩余价值理论，就非常容易了，也比较有助于理解和评价一些经济思想史学者在这个领域里的探索。

熊彼特认为，配第的"劳动是财富之父，土地是财富之母"的观点，被魁奈和马克思发展到了两个极端：魁奈认为，只有土地才创造剩余价值；马克思则认为，只有劳动才创造剩余价值。（熊彼特《经济分析史》，第 1 卷，商务印书馆，1994 年版，第 359 页）我认为，魁奈的经济思想，来源于他所处的时代。为此，我提出一个假设，供大家思考：魁奈时代的法国，农业中已经产生资本主义生产关系，而在工业中，资本主义生产关系还没有发展起来，还是由小业主性质的生产经营占据主导地位。因此，在农业中，存在"纯产品"（利润），而在工业中，就不存在"纯产品"（利润）。但魁奈由于没有所有权决定价值的经济思想，他认为，"纯产品"来自自然的恩惠。同样，马克思也没有所有权决定价值的经济思想，他认为只有劳动才能创造剩余价值。而这是熊彼特所不理解的。其实，魁奈和马克思的这些武断地论断，除了为他们二人各自的财富分配伦理提供基础外，并没有科学认识价值。因此，在本节，我们只研究马克思剩余价值理论的通俗化观念，即马克思的"剥削论"。

提到剩余价值理论，就会联想到剥削论。其实"剥削"和"闹鬼"，本质是一样的，它们都没有客观存在的内涵和外延，只是表示一种社会的伦理判断和情绪表达。

有的人说：马克思用了几百万字吧，包装了"剩余价值"4个字，为地主和资本家"剥削"无产阶级提供证据，为无产阶级"革"地主的土地和资本家的资本，提供了合理的理论依据。

我认为：马克思的劳动价值理论，只有当且仅当它反映资本主义商品经济客观存在，并且和资本主义商品经济客观存在相一致时，才具有科学性的认识价值，才是正确的经济学理论。但是，我们不可能从科学的劳动价值理论，推导出剩余价值理论（俗称"剥削理论"），因为依据摩尔的教诲，我们不能从科学分析推导出伦理判断。

在此我们对工资和利润进行一下科学分析：既然资本主义商品经济是既予的客观存在，工人的工资和资本家的利润，就是工人阶级和资本家阶级存在的物质基础。证明利润是国民收入中对工资的扣除，或工资是国民收入中对利润的扣除，都属于不知所云。

有人反驳我说："马克思比谁都坚持资本主义的商品生产的前提"。但这并不能否定我的观点：马克思的剩余价值理论是建立在错误的资本主义商品经济价值理论基础上的，而不是建立在正确的资本主义商品经济价值理论之上的；他把以劳动所有权作为所有制基础的小商品经济中的价值理论，直接应用到对资本主义商品经济的分析中去了，因此推导出许多错误结论。就经济学的观点来讲，利润、地租和工资，都属于资本主义商品经济理论中的收入分配范畴。工资，并不比利润和地租有更高的社会伦理基础。

有人仿照马克思的理论逻辑说，失业工人现在在剥削其它工人了。因为既然你下岗了，不创造任何价值，但你仍然从社会或政府领生活费，这些生活费是其它工人创造出来的，由政府强行征收后，转移给你的。不过，这种观点，并不真正是来自于马克思的，它对马克思的剥削论，也不具有否定价值。因为，马克思是把工人阶级和资本家阶级，作为整体来加以考察的。尽管如此，马克思主义经济学在中国的确有很大的影响力，政府的意识形态教育应该因此自我批评和反省一番：披着科学外衣的官方支持的经济伦理观点，对社会经济的和谐运行，更有破坏性。如果走不出马克思劳动价值理论的误区，什么荒唐的事，都会发生。错误的经济理论将带来灾难性的经济实践后果。这不是耸人听闻，历史已多次证明了这一点。

如果不以马克思的劳动价值理论为基础，而去找出其它的"剥削"根据，这也是可能的，我并无异议。如同许多迷信的人，同样可以找出许多理由，证明"鬼使神差"的存在一样。只是这种证明，和科学研究毫不相干。人们这么做，并不是没有社会意义，它至少显示存在这样一种社会心理和伦理价值观，也是人们试图以合乎理性的方式表达一种他们的价值趋向。作为经济学者，要对学术和社会负责。和谐的社会需要正确的经济理论来指导，社会出现矛盾时，应该想法去解决问题而不是激化矛盾。作为一种中国经济中的客观存在，我从不否定阶级的存在，相反，我对中国的弱势群体深表同情。我希望他们的政治经济及社会地位能得到更大程度上的改善。经济改革中的阵痛有时是不可避免的，我们要做的只是减轻阵痛。如果需要开刀，我想休克一下也是必要的，总比等死强。问题是，做改革决策的人不应该以牺牲弱势群体的利益为代价，因为他们最没有承受能力和话语权。

本书作者看了左大培研究马克思《资本论》的相关文章，特提出如下问题以供读者思考：1，左大培认为马克思的经济理论（含劳动价值理论）是非科学的（个人对社会的）纯粹伦理评价观念体系。我认为，他的这种观点，完全抹杀了作为大经济学家的马克思在经济理论上做出的主要的学术贡献，亦与《资本论》的主旨不符；同时，这样评判作为大经济学家的马克思在经济科学方面的贡献，也是非常不公正的。2，经济理论中的科学部分和伦理部分决不是性质相同的东西，认为从前者可以推导出后者的观点，是完全错误的；也不能用一个范畴体系（表述和评价）涵盖上述两个性质不同的部分。3，只有马克思劳动价值理论中具备科学性的那部分范畴，才有真理和谬误之分，才是要进行科学研究的对象，但这同样不能混淆和抹杀马克思劳动价值理论的伦理部分。毫无疑问的是，那些形式逻辑上和历史逻辑上基于古典劳动价值理论的马克思的人本主义经济伦理思想，也是人类跨向更高级经济伦理阶段难得的理论财富源泉。

➤ 原罪论

首先要搞清楚啥是"原罪"，再讲对待"原罪"的态度。比如说，中国人的"鬼"，对于基督教徒来说，本身就是不存在的，让基督徒"敬鬼神而远之"，他们就会感到莫名其妙。再比如说，自由恋爱，对于从前的人来说，是一种罪过，但对于现代中国人来说，就是一种正当权力。

有人是这样理解资本的"原罪"的：资本的产生带有非法的性质，资本最初是通过掠夺产生的。这对于中国资本而言，是同样适应的，资本原始积累就是犯下原罪的积累过程，这在根子上制约着它的所有利润都摆脱不了这种性质。

所谓"原罪"的理论根源，始于英国古典学派，成型于马克思，学名就叫"剩余价值理论"。

我在本书中，已经证明，马克思的剩余价值理论是一种源于语言和语义学上的错误凝结成的理论谬误。资本家剥削工人阶级的剩余价值，本质上和"鬼使神差"一样，没有客观经济存在作为内涵和外延，因而"原罪"是一个非科学性质的范畴。

尽管我说"原罪说"起源于理论谬误，但中国社会目前搞的沸沸扬扬的"原罪说"，和马克思经济学上的"原罪说"，还稍有不同。它有特定涵义，它是专指在改革过程中使用非法手段窃取国有资产所形成的私有资本的性质。对此，我和大家的观点，是一致的，那就是坚决反对权贵资本主义对本属于全体国民的财富的剥夺。

关于国有企业的改革，我同意周其仁教授的分析。我的观点是：1，与其让国营企业烂掉，不如把它卖掉、分掉；从经济效率和经济伦理的角度看，凡中国公民（港澳台除外）每人一份最合理。2，如中、小国营企业因公司经营的运行成本高，则通过市场公开拍卖，卖的资金作为全国人民的养老基金和教育经费。

对于国有企业的改革，我奉行的哲学是实用主义，也就是邓小平所说的"黑猫白猫论"。简明扼要地说就是：一部分，按左大培那帮人建议的方法搞；一部分按周其仁那帮人建议的方法搞；其它部分先练管理内功不搞所有权改革。哪种改革成功，再推广不迟。据我所知，国有中小企业已基本改造完毕，国有大型企业也在走股份制市场化的路。政治和经济的关系固然在大型国有企业的控制上表现的最明显，但两者的相对独立性还是不容置疑的。所以，对国有企业的改造最终必然归属于权贵的观点，是毫无根据的，也是不利于改革探索的。

公有制的伦理基础和私有制的伦理基础一样，是靠不住的：要证明私有制为"盗"，必须先证明公有制的正当性，公有制有啥"天赋神授"的理由吗？显然没有。所以，那种试图证明公有制比私有制有更高的道德基础的观点，是荒谬可笑的。我很少同意左大培的极左观点，但我的确同意他的下述观点：无论是私有财产还是国有财产，都不应该是、也的确不是神圣不可侵犯的，纵使写在宪法中也是白写，反而显得法律不严肃。

但我们可以比较私有制和公有制在不同经济领域的作用。这时候，我们就抛开了它们的伦理基础，来比较它们的经济职能和效率。我一再说，看看中国的公有制是如何形成的，你就会明白，它和"血与火"的东西一直相伴，就是剥夺来的呀。相反，私有制，大部分和"勤劳致富"这个词相关联，和"吃苦耐劳"相一致。尤其是小私有制，就更是如此。所谓"半夜鸡叫"，只是一种艺术夸张，我们经常看到的是，农工休息了，农场主为了自己的庄稼而彻夜劳作；小工厂里的工人放假了，而老板还在没日没夜的继续赶活。说所有资本原始积累都带有"原罪"性质，那是没有成为资本家的人，出于嫉妒和仇富的心理编造出的谎言。我并不否定个别资本积累带有"血和火"的痕迹，但大多数资本的原始积累起源于勤奋和机遇，如果说有"血与火"，那也是包括资本家本人及其家庭的"血与火"。比如说，福特和他的汽车公司，大家看看他的起步史就可以知道，他为了研究及开发汽车，把钱都投进工厂，全家节衣缩食，他的夫人因贫穷而早逝。为什么是资本家而不是你，受到大家的尊重，是因为他们是为社会作出贡献的阶层。

我和马克思，在下面的观点上是完全一致的：在资本主义商品经济中，资本家个人只是资本的人格化，所有制决定人的经济行为，也直接或间接决定资本家的行为。如果说我和马克思有啥区别，那只是在于我没有他那么机械。

➤ **和谐论**

中国提出了建设"有中国特色的社会主义的和谐社会"，要求提供一套新的经济理论，为之提供思想上、伦理道德上和经济实践上的依据。就建立新的经济理论而言，需要对以前的马克思主义经济学进行扬弃。

以前中国的政治经济学教材的资本主义部分，一直照搬马克思的《资本论》，从劳动价值理论开始，中经剩余价值理论，到资本主义必然灭亡理论结束。所有读过这种教材的人，都能看出，在马克思的这种经济理论的分析下，资本主义商品经济社会是一个存在剥削制度，是一个分裂的、互相仇视的和充满着"血和肮脏的东西的"的社会，它的结局是被革命以及必然走向灭亡。

经济理论的逻辑和资本主义商品经济发展的客观存在告诉我们，马克思的上述分析及预测是错误的，应该加以扬弃。马克思没有认识到，所有权对商品经济的重要意义：所有权就是生产要素的所有者，参与对由生产要素共同创造（如果是创造的话）的财富，进行分配的权利；而商品经济的价值决定过程，同时就是这一财富的分配过程。"剥削理论"不过是从错误的语言和语义中推衍出的一种社会分配伦理，和具有认识作用的价值理论没有任何关系，其性质也完全不同。

马克思是一个伟大的经济学家，尽管犯了上述错误，但他对资本主义商品经济的分析，仍能给我们以巨大的认识论上的指导价值，这一点是毋庸置疑的。同样，我们也不能因为马克思主义经济学，是指导思想，就一直坚持马克思经济学中的这些具体错误，更不能让这些经济理论中的错误，指导我们进行社会主义商品经济实践，否则，要么会在经济实践中犯错误，要么建立起来的经济制度，制定的经济法律法规，所倡导的社会经济伦理，乃至整个社会价值观，都会阻碍着经济实践，尤其会阻碍建立一个和谐的文明的现代社会的努力。

第二节 马克思社会必要劳动时间理论研究

"社会必要劳动时间"必要吗？

首先来回答一个问题："社会必要劳动时间"这个概念，在马克思经济学上有存在的必要吗？我认为，"社会必要劳动时间"这个概念，对于中国那些马克思主义经济学理论研究者说来，也许是多余的，但对于马克思经济学来说，却是非常必要的。马克思通过这一概念，想完成如下几方面工作：1，把不同层次的劳动者的劳动折算成同等的劳动；2，把不同社会生产技术水平的劳动折算成同等的劳动；3，把有效需求因素引进价值决定；4，把他的道德偏见，加进他的经济理论体系；5，还有个马克思没有意识到的问题，即资本主义社会性质对商品价值的影响和决定作用。通过以上五个方面的修正后，马克思试图使他的经济理论能够和资本主义的客观经济存在现实，保持一致。

按照我的统一经济理论的逻辑，马克思的"社会必要劳动时间"，应该而且必须包含社会生产关系（即包含所有权关系）的制约，我这儿说的所有权不同，是指私有制下不同的所有权形式，不是指公有制和私有制之间的不同。但是，马克思在《资本论》中，的确没有清晰地认识到"所有权关系不同的商品经济中的价值确定因素是不同的"这一问题，否则，他就不会在此基础上推导出他的剩余价值理论（剥削理论）。

由此，我想起斯拉法及斯蒂德曼对马克思的一个指责：他们说，"转型"问题没有重要性，而且，马克思的"解"，纵使转型了投入的价格，在逻辑上也是不一致的。（斯蒂德曼《按照斯拉法思想研究马克思》，商务印书馆，1991年版，第23页）其实，他们的理解，还是认同并顺沿着马克思的思路。但他们的"泼洗澡水连孩子一起泼掉"的观点，我是不同意的。因为，他们由此认定，马克思的价值分析，对于理解资本主义商品经济的运行，是一个主要的障碍。而我则认为，如果我们扬弃马克思的价值分析中的谬误和伦理偏见，它还是我们从马克思那儿得到的用来理解资本主义商品经济运行的一个非常重要的也是非常有价值的科学分析工具。

如果马克思的社会必要劳动时间只有第一种含义，那么，在交换之前，就可以确定它的量；如果马克思的社会必要劳动时间还包含第二种含义（受需求的影响），那么，在交换之前，它的量就无法确定；但交换后，倒可以计算出来或者说推算出来。在《资本论》全部四卷中（包括《剩余价值史》），马克思的社会必要劳动时间，是包含第二种含义的，所以，马克思说，商品的价值确定，是通过市场进行的，也必须通过市场才能完成。尽管我们不能通过马克思的第二种社会必要劳动时间概念，去直接计算商品的价值，但我们可以通过它认识商品价值决定的因素和决定的过程。

但仅仅依据这两种含义，如果不把商品经济中的所有权和时序这两个因素考虑进去，那我们还是不能确定这种特殊社会性质的商品经济的价值决定。

马克思的价值决定为啥要有两种社会必要劳动时间？

原因一

> 问：我理解，"社会必要劳动时间"只能意会，而无法进行计算，就和效用一样。马克思本人也不可能计算出具体商品的"社会必要劳动时间"，它只是一种理想状态下的劳动时间，是一个理论上存在但实际上并不能确定的时间。

我的回复：确切地说，"社会必要劳动时间"，应该和"边际效用"的性质一样。尽管马克思计算不出，但他可以告诉你，市场会让大家知道，它的存在以及它到底是如何折算的。

原因二

> 问：假设世界上只有甲和乙两个人，假设甲的大米的生产率为 10 斤每天，葡萄酒 2 瓶每天，乙的大米的生产率为 30 斤每天，葡萄酒 4 瓶每天。请问：大米的社会必要劳动时间（即价值）是多少？酒的社会必要劳动时间（即价值）是多少？交换比例是多少？

我的回复：这个"假设"对商品经济成立的条件是不充分的。

1. 因为这儿没有提供所有权的性质。比如说酒的社会必要劳动时间，在假设只存在劳动所有权的条件下，和存在资本主义私有制的条件下，那是不会一样的。
2. 还要假设这两个人的收入和需求函数，比如是否存在边际效用递减。

原因三

> 问：马克思这样解释，就和边际效用理论一样，社会必要劳动时间，也只能在市场交换中才能反映出来，而无法从生产和劳动现场的测算中计算出来。

我的回复：马克思用另一个"必要"，就把需求引了进来。这样，两个"社会必要劳动时间"决定价值，和供求决定价值论就完全一体了。边际效用论也是一样，它是通过"边际"，把供给方因素引进论证的。就此而言，它们倒有相通之处，那就是，它们都含有语言和语义的"腾挪"之术。在资本主义商品经济中，商品的价值决定因素和价值决定过程，就是一种不依赖任何个人意志而转移的社会性的客观存在。不管哪种价值理论，它的分析及其结论，都必须和这种社会性的客观存在相一致。纵使再天才的（最大胆的）经济学家，也不可能睁着眼睛说瞎话。这是所有的价值理论派别，最终都必须把这几个决定因素都引进它们的理论构造中的原因之所在。

如何把简单劳动与复杂劳动统一起来的？

其问一：

> 有个问题我一直很困惑。马克思在《资本论》中说，复杂劳动折算成简单劳动，是通过市场完成的。而且市场每天都做着这样的工作。这样的说法，不是对马克思价值逻辑体系的致命的无情打击么？这将会让必要劳动时间的问题处于尴尬境地。

我的答复是：其实，也不尽然。马克思这样做，一是强调复杂劳动折算成简单劳动的经验性来源；二是提出用社会必要劳动时间去解释它。

对此，我曾和 grantli 网友进行了探讨，并同意他总结出来的下列观点。尽管如此，我认为，他还只是对这一理论，进行了浅层次的科学解读，还停留在"知其然不知其所以然"境界。应该"百尺竿头更进一步"。如果他这里的探讨，能够增加"所有权"和"时序"这两个基本元素，那么对于说明他对这个问题的深刻理解和最终解决，应该是更有帮助的。

以下是 grantli 网友的观点：

> 复杂劳动与简单劳动的换算问题这并不是马克思劳动价值论的缺陷，这是任何理论、公式或者工具所无法直接确定的。这涉及到国家之间、地区之间、

产业之间、以及人与人之间的竞争问题，在当今的世界上，除了市场很难找到其它更好的解决办法。这就如同个别劳动时间还原为社会必要劳动时间一样，除了市场竞争任何人任何政府或组织都不能简单的规定每个人的个别劳动时间究竟能折合多少社会必要劳动时间的系数一样。简单劳动和复杂劳动作为劳动的付出者，都要求得到劳动的报酬，报酬的不同必然引起相互之间的比较和竞争。所以二者之间的折算虽然复杂难度也大，但它不是要否和能否的问题，而是必须的问题。正因为如此，复杂劳动与简单劳动的折算问题，不仅不是马克思劳动价值论的缺陷，反而是他的高明之处。他不仅指出了问题的实质（人们之间存在着不同的物质利益）和根源（私人劳动与社会劳动的矛盾）所在，而且指出了问题解决的科学方法即复杂劳动形成的价值是同一时间简单劳动价值的倍加，至于某一具体的复杂劳动究竟能折合多少简单劳动，一般情况下最好交给市场来解决，当市场竞争过程中存在问题时政府再加以调整，也就是在市场竞争的基础上必要时加以社会的或者说政府的宏观调控（当市场竞争的结果严重违背了公平和正义之时，政府必须加以调控，否则将出现动乱或者战争的局面）。

其问二：

劳动价值论是无法通过逻辑思维自己加以证明的，逻辑上的悖论也好、社会必要劳动时间的形成也好、不同种类劳动的折算也好，只是你们自己虚构的矛盾；就像你无法证明光速为什么是不变的一样，你

> 们无法证明社会必要劳动时间是如何形成的；我们
> 不知道，市场上猪肉为什么是 10 块一斤，而计算机
> 却是 5000 块一台；我们只知道生产一台计算机所凝
> 结的劳动是一斤猪肉的 500 倍，仅此而已。

我的回答是这样的：我们在现实生活中真正能够知道的是，
在市场上，猪肉是 10 块一斤，计算机却是 5000 块一台，
因此一台计算机的交换价格是一斤猪肉的 500 倍。至于为
什么交换比例不是 100 倍，也不是 1000 倍，那是价值理论
应该而且能够给出答案的。这种关于决定交换比例因素及
其工作机制的研究，没有任何玄妙的形而上学的东西在作
祟。至于说，劳动价值论是无法通过逻辑思维自己加以证
明的，这倒的确是一个非常奇怪的观点，它比一些经济学
教授的"范式"说，还奇怪。也许可以这样形象地说：如
果说，商品的价值决定理论，属于经济学大学阶段的 ABC；
"马克思如何把简单劳动与复杂劳动统一起来"，则属于经
济学研究生阶段以上的课程。不理解前者，根本不可能理
解后者。

我时常和网上的网友交流：就资本主义商品经济而言，
商品交换后面的决定因素，会因为我们个人的偏见，而不
同吗？或者说，会因为马克思等大经济学家的偏见，而不
同吗？就是说，对经济学家而言，商品的价值决定，是一
种客观存在，还是主观臆想？事实上，把复杂劳动看成简
单劳动的倍数，是基于价值的可通约性。简单劳动与复杂
劳动的折算，是在商品交换过程中进行的，不是一两个简
单公式就能解决的。因为社会有效需求，也是决定商品价
值的因素，所以，简单劳动与复杂劳动如何折算也必须把
这个因素考虑在内。

我认为，复杂劳动在商品经济中，会因为不同的所有制形式，交换到不同的简单劳动；而且，复杂劳动之所以可以看成（折算成）多倍的简单劳动，是因为复杂劳动可以在市场中交换到更多的商品，也就是说，是因为可以在社会中分得更多的财富（比例）的结果；这种折算结果，又会成为下一时序决定商品交换价值大小的原因。

马克思在谈到复杂劳动折算成简单劳动的时候认为，它是在社会背后完成的；至于如何完成，则不得而知了，不过他告诉我们，大概是社会约定俗成的；马克思说：少量的复杂劳动可以等于自乘或多倍的简单劳动，少量的复杂劳动的产品可以和多量的简单劳动的产品相交换。在商品经济条件下，这种交换比例的折合，是在生产者背后，在无数次的竞争和交换活动过程中自发确定的，因而在他们看来，似乎是由习惯确定的。

熊彼特认为，在阐述劳动数量法则时，竟然乞灵于市场价值，市场价值显然不是由任何劳动数量决定的。按严格的逻辑来说，就意味着放弃劳动数量法则，不管你承认这一点还是不承认这一点。(熊彼特《经济分析史》，第 2 卷，商务印书馆，1994 年版,第 332 页)

我提出的"折算劳动价值理论"，是基于"所有权"和"时序"两个概念，意图对商品价值的确定和社会生产要素的配置，进行科学分析。这种努力也是"不彻底的"，它不能穷尽对要参加"折算"的因素的列举，因此只是对商品经济的概略认识。

马克思社会必要劳动概念的三重限制

马克思曾告诉我们，在资本主义商品经济中，只有能够带来剩余价值的劳动，才是这个社会的"必要劳动"。 如果依据马克思的逻辑推理下去，在资本主义商品经济中，生产剩余价值的劳动，和满足社会有效需求的劳动，以及在特定生产成本下的劳动，就有也必须有交集，而且只有在这个交集内的劳动，才是马克思意义上的社会必要劳动。

马克思在《资本论》第三卷第四十九章"关于生产过程的分析"中说："无论如何，利润加上地租等于全部已实现的剩余价值。"（马克思《资本论》，第 3 卷，转引自《马克思恩格斯全集》第 25 卷，人民出版社，1995 年版，第 942 页）很显然，马克思意义上的由工人阶级创造的剩余价值总和，和资本家阶级（包括地主阶级）分到的利润总额，是同一财富（实体）的价值的两种定义。如果我们剥离开附加在马克思剩余价值概念上的语意和语言谬误，撇开人为赋予在剩余价值概念上的道德方面的是非曲直，而回归到它的经济分配形式--利润，我们就可以清晰地发现，工人阶级的工资和资本家阶级的利润，不过是资本主义社会的国民收入的两种经济分配形式，是在资本主义社会中，依据他们的各自所有权，参与国民收入初次分配的结果。

马克思的确没有一贯地坚持他的耗费劳动价值理论。一旦他发行他的这个理论和现实要碰壁的时候，他就开始王顾左右而言他。但是，如果把马克思的社会必要劳动价值论中的社会性质，和有效需求，以及特定的技术水平（会导致成本变化）割裂开，那也会歪曲马克思的经济理论。

值得指出的是，马克思没有意识到，从他的"社会必要劳动中必须存在剩余价值这一限制条件"，能够导出"社会所有权性质是商品价值的一个决定因素"这样一个科学认识。事实上，纵使"社会必要劳动中必须存在剩余价值这一限制因素"这个论断，马克思在《资本论》中，也没有清晰地认识到并贯彻始终。如果我们摒弃马克思剩余价值理论的伦理部分，只研究它在资本主义商品经济中的经济形式及其功能，那么，它和资本主义社会中的利润，就应该具有基本相同的性质。也就是说，它就是资本主义商品经济中，国民收入归入资产阶级那部分分配份额。马克思意图给它创造出一个来自工人阶级的劳动价值源泉的理论证明的逻辑构建，尽管他竭尽全力，他没有也不可能成功地做到这一点。马克思被他的阶级义愤冲昏了头脑，他不明白，商品的资本主义私有制的特殊性质（所有权），制约着商品的价值决定，或者说，商品的资本主义私有制的特殊性质（所有权），是决定商品价值大小或商品交换比例的主要因素之一。它和这个社会的有效需求以及这个社会的生产力水平，都是决定这个社会商品价值大小的主要因素。诚然，商品的资本主义私有制的特殊性质（所有权），与资本主义社会的有效需求，以及基于这个特定时间的社会生产力水平的商品成本（有效供给下的价格水平）之间，也并不是各自完全独立的价值决定变量，但它们的确具有相对独立的性质，也就是说，在我们研究某一特定时间、地点的商品的价值决定时，它们可以也应该看成是相对独立的、并且是社会既予的主要的决定因素。

陆国良说：

> 实际上，在马克思社会必要劳动价值论中所谓的劳动，是一种"虚拟"的、"想象中"的劳动。在重新评估了现实以后，马放下了二、三卷的出版，并有意重写。第一卷是马克思错误地估计了形势。二、三卷是恩格斯整理出版的马克思的草稿。这些草稿马放了十多年，是有意重写的。

　　我反问，这是你的表述，还是你的"解读"和"演义"呢？我觉得，这种理解有误，也不符合马克思的原意。

1. 和你的观点相反，马克思在《资本论》中不止一次的讲过，社会必要劳动时间，是如何决定的。它是对客观存在的描述和分析，而不是仅仅想象。

2. 马克思说："一吨铁所包含的价值，即人类劳动量，是在想象中由耗费等量劳动的货币商品量表现出来的"。(《资本论》第 1 卷，法文版中译本，中国社会科学出版社 1983 年版，第 76 页）这正是证明马克思的劳动价值理论是耗费劳动价值理论的最贴切的例子。马克思上述的"在想象中"，想象的应该是，铁之所以可以交换到货币（贵金属），是因为铁和贵金属商品二者耗费的劳动量，是相等的。

3. 关于你提出的马克思是因为错误地估计形势才写出活劳动价值论并想重写《资本论》而最终没有重写。我只能说，这只是你的猜测，而且是根据不足的猜测。

　　我也有一个猜测，比你的上述猜测，也许更有根据，它似乎更合乎作为一个大思想家的马克思的行为规范。我认为，马克思，是因为没有理清资本主义私有制，和资本主义社会中的商品的价值决定之间的关系，因而无法在生前完成重新书写、出版《资本论》的。纵使恩格斯和考茨基在马克思死后编辑、出版了《资本论》四卷，他们也只能在马克思生前所达到的理论高度上，把它完成。

　　我认为，对马克思说来，他的劳动价值理论，是一个失败的学术探索（主体趋向应该属于科学认识性质的）。而在没有找到一个坚实的理论基础之前，这种《资本论》大厦，就建立不起来。因此，重写出来的东西，也就失去了科学探索上的价值和指导社会实践的意义。这才应该是马克思生前没有重写《资本论》的最根本的原因。

关于圣经

我比较过马克思《资本论》第一卷的"资本的积累过程"篇和《圣经》的"创世纪"篇，曾有一个转瞬即逝的想法：它们有许多惊人之处，也许它们都主要是臆想的产物。马克思的工人阶级的"劳动"，和"创世纪"中的"神"一样，想创造啥，就能创造啥。既无须证明，也不必考虑和常识相悖。马克思依据它，创造出一个观念上的充满"血和火"的资本主义社会。（马克思《资本论》，第 1 卷，转引自《马克思恩格斯全集》第 23 卷，人民出版社，1995 年版，第 815 页）

我并不是指责马克思在胡思乱想，而是说他在有选择性地挑选史料，以论证自己的观点，同时，对历史的主体事实却视而不见。恩格斯说过，《资本论》是工人阶级的"圣经"。不过，我不完全同意恩格斯的意见：我认为，《资本论》首先是一本科学著作，其次才是一本为无产阶级利益辩护的伦理著作，最后才是一本宗教信仰教材。

第三节 马克思现代殖民理论研究

劳动和劳动所有权分离（包括劳动者人身的所有权），那是奴隶社会性质的商品经济，请看古希腊、古罗马的商品经济发展史。劳动和劳动所有权的统一，才是资本主义商品经济的制度构成要素，这是目前遍布全球的经济现实。那种认为，在资本主义萌芽时期，存在着劳动所有权，随着资本主义商品经济的发展，劳动所有权就转化成为资本所有权，而不再存在劳动所有权的观点，是一种睁眼说瞎话，也是一种没有分清客观经济存在及其变迁历史的语言和语义上的理性谬误的产物。

我们所说的"小商品经济"，就是马克思所说的"简单商品经济"和斯密所说的"原始商品经济"，其本质是以劳动所有权作为基础的商品经济。它的商品交换，也绝不是偶然的，而是经常的。马克思在《资本论》中，时常分不清"商品经济一般"和"小商品经济"，把它们看成是一个东西，也经常混用它们。

"商品经济一般"，是一种理论抽象的观念产物，正如"水果"，是一种理性抽象产物一样。而我们所说的"小商品经济"，马克思所说的"简单商品经济"，和斯密所说的"原始商品经济"，那是在历史上，甚至目前在一些地方还客观存在的商品经济形式。马克思，把小商品经济，错误当成了商品经济一般。我的观点是，小商品经济，就是主要以劳动所有权为基础的商品经济，它和资本主义商品经济一样，也是一种商品经济存在形式。如同苹果是水果的一种，梨子也是水果的一种一样。

马克思在《资本论》第一卷最后一章"现代殖民理论"中，非常清晰地分析了北美殖民地的生产关系和英国的生产关系的不同。那就是以劳动所有权为基础的商品经济实例。资本所有权和土地所有权，是机器和土地的物资属性吗？劳动之间的区别，许多时候比土地之间的区别，还要大。劳动之间的等同性，来自于它们的市场价值的等同性，而不是相反。

马克思是一个故书虫，他的简单商品经济，来源于斯密和富兰克林。后者是以北美殖民地为摹本的基于个人所有制的商品经济。马克思把以北美殖民地为摹本的基于个人所有制的商品经济，混同于商品经济一般，是犯了最基本的哲学分析方法错误。纵然我们同意，以北美殖民地为摹本的基于个人所有制的商品经济经过发展，也变成了资本主义商品经济。但是，这两种商品经济的性质，是截然不同的，它们有不同的价值决定因素和运行规律。

正如我从前举的一个例子所说的那样：猴子是动物，人也是动物，猴子有猴子的生存规律，人有人的生存规律。我们不能因为人是猴子发展、进化而来的，就直接把适应于猴子的生存规律，直接套用到人的生存研究上，并没有根据地认定它同样成立一样。西方经济学，主要研究资本主义商品经济制度下的经济规律。这种研究，以既予的客观存在作为前提，是完全合乎科学研究的规定的。此外，也有一些经济学家，研究资本主义商品经济的来源及其演化，并取得了重要的学术成就。

资本主义商品经济是商品经济的一种特殊社会形式，它是基于劳动所有权、资本所有权及土地所有权及其等同性之上，并受国家及其它机构制约的经济制度。在这种制度形式的约束下，交换价格，由原来在"简单商品经济"中以劳动量等价交换为基础，转变成了以按生产价格交换为基础，并且，也是在极限上的、中心概率分布意义上的，趋向于按生产价格交换。或者，按通常大家所理解的：在以个人私有制为基础的商品经济中，商品的交换价值大体上由其中耗费的劳动量决定；在以基于劳动所有权、资本所有权及土地所有权及其等同性之上，并受国家及其它机构制约的经济制度为基础的资本主义商品经济中，商品的交换价值，由该商品的生产价格决定。至于那些不知所云的"转型"观点，没有它不仅不影响我们理解资本主义商品经济，反而可以更清晰地认识它。

马克思看到了这两种私有制的不同，但他不明白这种不同对商品交换价值的决定作用。这就是我的折算劳动价值理论的学术价值所在：它指出了不同的私有制及其具体形式，是决定商品交换价值不同的一个主要因素。

用马迎夫网友的非常极端的话说：决定商品交换价值的，不是劳动，也不是效用，而是所有权。我不同意他的说法，也不认为价值决定是那样的绝对单一化。我认为，如果把决定价格的因素，套用斯密的"看不见的手"的说法，那么，它就不止是一只，而是像千手观音那样，有许多只。也许其中最长也最有力的那只，就是所有权。

有的读者也许会认为，我提出的"以劳动所有权为基础的商品经济"，只是一个理论上的虚构，是没有历史事实支持的观点。我不同意这种论调。我认为，斯密和富兰克林的劳动价值论的现实来源，就是早期北美殖民地的"简单商品经济"（马克思语境上的）。

对此，马克思在《资本论》第一卷第 25 章"现代殖民理论"中，是这样论述的：

> 政治经济学在原则上把两种不相同的私有制混同起来了，其中一种是以生产者自己的劳动为基础，另一种以剥削别人的劳动为基础。

> 自由殖民地的本质在于，大量土地仍然是人民的财产，因此每个移民都能够把一部分土地变为自己的私有财产和个人的生产资料，而又不妨碍后来的移民这样做。这就是殖民地繁荣的秘密，同时也是殖民地的痼疾--反抗资本迁入--的秘密。

> 因为殖民地的劳动者还没有和劳动条件以及他们的根基即土地分离，或者这种分离只是间或地或在极

有限的范围内存在，所以，农业还没有和工业分离，农村家庭工业也还没有消灭。

为了理解威克菲尔德下述的发现，要作两点说明。我们知道，生产资料和生活资料，作为直接生产者的财产，不是资本。它们只有在同时还充当剥削和统治工人的手段的条件下，才成为资本。但是，在政治经济学家的头脑中，它们的这个资本主义灵魂和它们的物质实体非常紧密地结合在一起，以致在任何情况下，甚至当它们正好是资本的对立面的时候，他也把它们称为资本。威克菲尔德就是这样。其次，他把生产资料为许多互不依赖而独立经营的劳动者个人所有这种分散的现象，称为资本的均分。政治经济学家的做法和封建法学家一样，后者在纯粹的货币关系上，也贴上自己封建法律的标签。(马克思《资本论》，第 1 卷，转引自《马克思恩格斯全集》第 23 卷，人民出版社，1995 年版，第 835 页)

马克思在致路·库格曼（1868 年 7 月 11 日）的信中，有如下这段话：

这种按一定比例分配社会劳动的必要性，决不可能被社会生产的一定形式所取消，而可能改变的只是它的表现方式，这是不言而喻的。自然规律是根本不能取消的。在不同的历史条件下能够发生变化的，只是这些规律借以实现的形式。而在社会劳动的联系体现为个人劳动产品的私人交换的社会制度下，这种按比例分配劳动所借以实现的形式，正是这些产品的交换价值。(马克思《马克思在致路·库格曼》，人民出版社，1957 年版，第 43 页)

从上面的引述中可以看出，马克思是一个思维多么清晰的思想家啊！他的观点完全正确。但是，马克思在《资本论》中，不但没有发现所有权构成不同对交换价值的决定作用及影响方法不同，而且还因此犯了那么多错误，真让人替他惋惜。

马克思曾经说过：劳动产品的价值形式，是资产阶级生产方式的最抽象的、但也是最一般的形式，这就使资产阶级生产方式成为一种特殊的社会生产类型，因而同时具有历史的特征。

但是，马克思把劳动产品的价值形式，和劳动产品的资本主义价值形式，看成了同义语，这就堵塞了马克思认识关于"商品经济一般"和"资本主义商品经济特殊"是完全不同的这一真理的道路。这也逼使他在《资本论》中，不得不借用语义不清的概念，自圆其说。在以劳动所有权为基础的小商品经济（马克思所说的"简单商品经济"）中，商品交换与其中耗费的劳动量成比例，还是大体成立的；在以劳动所有权、资本所有权和土地所有权为基础的资本主义商品经济中，商品交换尽管与生产该商品时耗费的劳动不成比例，但是，我们依据劳动者的收入，通过三个阶级收入分配比例，可以折算出生产某种商品所需要投入的折算劳动量。（值得强调的是：这种折算劳动量，是我的理性构建物，是用来理解资本主义商品经济的，它绝不是客观存在本身。）商品交换应该也必须和这种折算劳动量成比例，否则，资本主义商品经济就无法正常运行（这是满足简单再生产的条件）。许多人都犯了和马克思相同的错误，比如说：资本主义性质的价值生产和小商品性质的价值生产，都属于价值生产中的一个品种，从而是能够客观存在的价值生产个体；而他们所说的"价值生产"，作为理性构建物，或者按马克思的哲学观来说，属于"一般"，它是人类对客观存在进行抽象认识的观念产物，它本身不是客观存在。更明确地说，他们和马克思一样，都把价值生产一般，和小商品性质的价值生产特殊，混为一谈了。

　　"所有权"和"时序"，是我提出的用于理解资本主义商品经济中的价值决定的两个关键概念，它们来自于我对客观经济存在的认识，也成为我理解其他经济学家的价值理论的一把钥匙，也有助于对资本主义商品经济是如何运行的机制的科学理解，当然，对于理解其它社会性质的商品经济实体及其运行，也会有很大的帮助。确切地说，是理解各种社会性质的商品经济的制度构成及其运行机制的两个关键性概念。对于目前的中国经济现实来说，我所提出的折算劳动价值理论，也同样具有科学认识价值。首先，所有权制度，是一个历史的、可控的制度构件，这对于理解中国的劳动所有权、土地所有权和资本所有权的权力界定、制度构建和演化、以及对现实经济运行的影响，都有积极意义。也就是说，所有权是理解中国商品经济及其运行的一把钥匙。其次，要认识到，既然中国要搞商品经济，那么，所有权就会对生产资源分配和国民收入分配，起到决定性作用。再次，政府在调控经济制度的构成要素和调节经济运行的构成要素时，应该在考虑可能带来的短期和长期经济后果以后，再谨慎地有所选择。最后，就提高劳动者的经济收入水平而言，对劳动所有权的不同界定和加强保护，对工资收入的提高将具有决定性的影响。比如说，加强立法对劳动者及劳动所有权的保护，而不是削弱劳动者的自我组织、社会认同及控制劳动供给的权利。

孟氧：宽容和学术自由

孟氧教授是中国研究《资本论》领域的著名人物，也是我在中国人民大学读研时《资本论》专业课的授课老师。孟氧教授之所以赫赫有名，倒不是因为他在《资本论》研究领域有什么值得一提的独创见解或学术成就，而在于他的传奇的人生经历。据他的入门弟子杨志教授介绍，孟氧教授要构建广义政治经济学，要构建更符合毛泽东所说的新民主主义社会性质的劳动民主制的经济学。然而，正是这个理论创新，使他在"文革"中锒铛入狱并被先后三次判处死刑（缓期执行）。他在监狱 13 年，成为游走于生死界的"幽灵"！13 年的囹圄生活使他深感生命可贵、活着美好！然而，当他被问道如何看待自己人生之不幸的时候，他却说："一个真正的马克思主义者，肩负的任务就是推动历史车轮前进，在历史车轮歪歪扭扭前进的时候，总是不可避免的把推动它前进的人碾在轮子下，碾在泥里。当推动车轮的人浑身伤疤爬起来的时候，看着历史的车轮在自己的身上滚滚前进的时候，他是多么的欣慰啊，伤疤又算得了什么呢？"据他女儿孟小灯说，孟氧教授还要求他的研究生，节衣缩食也要买一套马恩全集。还要求学生读马克思读过的书，这样有助于弄清马克思主义的思想渊源，又可以知道马克思是如何学习、战斗的从而做马克思那样的思想家。

孟氧教授所在的学校说他，"铁肩担道义，妙手着文章"，"体现了中国知识分子的风骨"。我觉得有必要告诉大家孟氧教授的另一面：他对待那些对马克思的理论提出疑义、不同见解或异议的人，也是疾恶如仇的。就我作为孟氧教授《资本论》专业课学生的亲身经历而言，毫无疑问，孟氧教授本身应该算是一个学术专制制度的受害者，但这丝毫也不意味着他就不是一个学术专制制度的拥护者和执行者。这并不是因为我参加他主讲、主考的《资本论》，他给我不及格。而是因为，他对一切怀疑和否定马克思的观点，都持有极其不宽容的态度。我清晰地记得，他对于应该如何处理这一领域的学术争议时，曾说过如下这样一句话："如果说服教育是万能的，还要监狱等国家暴力机器何用？"由于他在马克思主义领域的原教旨的态度，不仅阻碍了他对马克思的经济理论（包括《资本论》）进行科学地理解，甚至也影响了他的许多学生的学术发展的宽度和广度。孟氧教授是那个专制时代的牺牲品，但他没有从命运多舛的坎坷经历中，认识到学术自由的意义及其重要性最终没有成为一个学术自由主义者，这是他的历史局限性造成的。中国人总喜欢宣传完人，但事实总是残酷的：孟氧教授至死也没有对他那个时代给他个人造成的悲剧，进行过一丝一毫的反思，他对黑暗和残酷，是加以浪漫化传播的，甚至对受苦受难也甘之若饴，让人哀其不幸怒其不争。比如说，他在给学生上课时，总忘不了讲他在监狱中，如何钻木取火，如何避开看守偷偷吸烟。他台上讲的眉飞色舞，台下听讲的学生则哈哈大笑，似乎他在讲旅游中闲情逸致，丝毫也没有一点红色恐怖的味道。这就给学生造成了错觉，好像坐牢服刑有如度假般浪漫和安逸。

孟氧教授出狱平反不久，就因晚期癌症倒下了，临终前，他含泪写下了这样的赠词："20 年前，那时我们伟大的祖国大约有 10 亿人口，可是仅有一个人爱我，人们还逼她和我划清界线，她顶住了，她就是我的灯孩子。"大家可以想象，这样冷酷的地方，实在如同地狱一般，孟氧教授还称之为"伟大"。在险恶的社会环境下苟且偷生也许可以原谅，但活下来后，不仅不对其形成的原因加以反思，不对其加以否定，反而对其粉饰、美化，那就有违乃至有辱学者的使命。与苏联的索尔仁尼琴相比，孟氧教授这类的人，不应该成为学者以及学生的榜样。

一个人即使受过迫害，但一旦得势，仍会迫害别人，甚至乐此不疲。这是中国的专制制度及其文化灌输使然，和个人的品德无关。从几千年专制文化这个酱缸中出来的人，都是这样的，这是中国特色。

在中国，学术自由，目前还只是一种思考的自由，这种思考的自由，也仅仅体现在个人可以沉思冥想上，还不被允许体现在言论、出版等更具有社会性的分享和表达形式上，尽管如此，这对于中国这个浸染了几千年专制文化的社会，也已经是一个很大的进步。

第三章　答网友

虽然我的这些非正统观点，二十几年来不能见容于国内学术界，但我还是象已故经济学者宋承先教授给我的第一封信里（见本书附录二）所讲的那样，对自己的脑力劳动取得的成果本身感到满意，也一直没有因得不到象他那类学术权威的承认而感到委屈。我一直认为，我的这本书，对解开"死人抓住活人"（套用马克思语）的那类工作，会有点帮助。本章为网上讨论时答网友的摘录。

第一节　答黄焕金

一，关于"心力劳动"

黄焕金说利润是"心力劳动"的报酬，无非是想替利润找个理由，证明它是正当的分配结果而已，但还是没有走出"按劳分配"的伦理价值观。其实，黄焕金否定利息而肯定利润，不是五十步笑百步吗？比如说利润，它本身的内涵也有发展和重新界定的过程，这和他的行业竞争决定收入理论也有着不可调和的矛盾。

黄焕金不过是和熊彼特那样，将利润又细分为利息范畴和经营者收入范畴，利润和利息确有不同之处。黄焕金的关于资本家的利润应二分的观点，熊彼特早已经强调过多次，不过熊彼特并不把利润看作资本家劳动的报酬，他把它看成企业家创新的结果。我们可以把后者看作完成了组织各种生产要素形成财富的任务后的报酬。纵使我认可了这一分类，还是证明了所有权的作用：如果后者对他的工作的结果没有所有权，也就是说，他是受雇于人，那他能得到的，不过是一个高级打工者的工资。

如果从促进生产及创业的角度看，黄焕金的观点和建议有一定的合理性，但这已从经济理论层次转到应用政策层次。从经济理论的角度看，他说的利润和利息，其本质是相同的：它们都是其所有者参与国民收入分配的形式，这些所有者可以而且通常是和国民收入的形成（所谓的价值创造或财富创造）可以没有任何关系。

关于黄焕金提出的商品经济下国民收入分配到底由什么因素决定的问题，我提出了有所有权，各生产要素所有者之间的力量对比，经济伦理和政府调控，甚至包括影响消费的法律风俗习惯等因素。我在下面这一点上和黄焕金观点完全一致：分配制度的制定及选择，要考虑它的后果，要让个体与社会需求一致的努力得到回报。比如政府在现阶段要引导投资，限制部分消费等等。但这一切的前提，是经济制度的可塑性，也就是说，经济伦理是目标，经济法规及政策是手段。经济学就是研究这一切的学问。不管黄焕金绕了多少圈子，他都改变不了这一现实：国民收入

（国民财富）的形成，绝不是只有劳动一个要素。在资本主义商品经济中，对不同生产要素的所有权，可以使其所有者参与对形成财富的分配。

马克思是这样解决资本主义商品经济中的财富分配问题的：劳动力的价值由生产和再生产劳动力的商品价值决定，但需加上历史和道德的因素；资本家和地主所分得的是商品价值减劳动力价值（假设固定资本折旧为零）；其中利润和地租为劳动者创造的剩余价值，他们之间如何分配，和强盗分赃的原则一样。我觉得马克思的观点，和斯密相比还倒退了许多。我常想，如果马克思的人口理论没有马尔萨斯那样的增长趋势，而是象现代人口那样呈递减趋势，马克思将如何决定劳动力的价值（工资）。

利息（黄焕金实际指的是股息）可以看作提供资本的收益，利润可以看作实际使用资本的收益，它们作为不同所有权的实现形式，本质完全相同。黄焕金的观点最合乎工业资本家的利益，正和马克思最合乎工人的利益一样，黄焕金不觉得应该对此反思吗；另外还有一个问题，黄焕金把一切个体的经济行为，都用"劳动"这个概念来定义，那其它经济名词还有啥存在意义。我认为，承担"心力劳动"的资本家，还是小资本家；资本大了，这份劳动就转给职业经理人了。至于承担投资的风险责任，这是资本家的责任，也是其在资本主义商品经济中存在的理由，如果黄焕金手里有一百万元存款，即使利息为零甚至为负数，你也会理解资本所有权的意义。这是和通常意义上的"劳动"，最应该区分开的地方。资本的保值增殖，需要一定程度的脑力劳动和体力劳动，但主要靠的还是对资本的所有权，承担风险无论如何也不能说成是一种劳动。如果把这定义成劳动，那已是一种与通常含义不同的劳动。因此，当把资本的保值增殖归结为资本家的劳动时，就犯了一个根本性的元经济学错误。

从此处着眼，经济学教科书中的定义，比黄焕金的定义，更有意义。至于劳动的感觉是幸福和痛苦，和经济理论中的科学部分关系不大；从对劳动成果的所有权（含使用和分配）的角度看，工资是国民收入的一部分，其高低，和劳动者的个人感觉，似乎也不正相关。从"体验"、"个人感情"及"强调资本家作用对中国商品经济发展的重要意义"这几方面来说，我都理解并应支持黄焕金的上述说法。但从"经济要素及其所有权在经济实践中的意义"及"经济学概念所要求的内涵和外延的一致性"这两方面考虑，我还是觉得我的经济学里面的说法更妥当一些。正如青蛙小时候长尾巴，我们不能把尾巴当作青蛙的定义特征一样。

"劳动"概念，要与经济存在的现实和经济学的定义一致，才方便使用。我们不能因为种种意识形态原因，改变经济范畴的内涵和外延。与其把劳动的定义扩大到大家不能接受的程度，不如还各用原意。那些想通过改变概念，来为马克思劳动价值理论辩护的学者，会很快发现这是一条死路。

二，关于"所有权"

黄焕金，虽没有受过系统的经济学教育，但他有一定的洞察力。象没带紧箍的孙悟空一样，思维没有限制，啥都敢想，啥都敢说。别人言多必失，他言多有得。他的关于价值的论文，尽管结论欠妥，但他发现马克思的价值概念是一个混乱体，却是正确的。

　　黄焕金不理解：在现代资本主义商品经济中，所有权在商品经济中的主要功能，就是生产要素的所有者在投入生产要素后，有权参与产品的分配，至于所有者自身参与生产与否，倒在其次（不能否定大多数所有者和他的生产要素一起，参与了生产）。从生产要素的作用，去确定分配伦理，不仅是不可能的，而且是和现实及历史中已存在的商品经济运行机制不符。至于那些想从价值确定去推出所有权的人，就更是因果关系倒置。举例说明：中国改革开放前的计划经济时期，工业品和农产品之间的交换，其价值和比例你如何确定，你如何从价值确定去推出所有权。事实上，只有在所有权确定的条件下，商品的价值确定才有意义。这样说，<u>丝毫也不否认个别商品的价值确定要素的变化（如偏好的改变），有可能引起某些资产的价值改变，</u>从而导致所有者的所有权大小的改变。如果黄焕金能对空气行使所有权，那就能交换到比盖茨更多的财富。商品经济从来没有依据生产要素的作用，去分配收益，而是各种生产要素的所有者（有时政府和一些非生产要素所有者也参与分配，但是分配依据和生产要素的所有者的，是不同的），依据对生产要素的所有权，去分配收益。

　　我觉得黄焕金反对所有权决定分配的观点，和他的行业理论有矛盾。改革前，中国电信是唯一的企业，因其行使对特定资源的所有权从而可以得到特别高的垄断收益；后来，原来独一家的电信企业，分拆成立为几个垄断竞争型的企业，单位服务的价格，就降低了许多。这就证明了在资本要素数量和质量变化不大的情况下，仅仅所有权持有者数量的改变，就能引起收益分配的改变。

三，关于"行业分工与阶级利益"

我想强调指出的是，因使用"抽象"这个人类的理性认识工具不当，许多大经济学家（包括马克思本人），在经济理论研究中，犯了许多连他们自己也已经意识到但却已经积重难返的错误，我们在学习及科研中，应引以为戒。

黄焕金的论文从行业--劳资的角度，索然的论文从英国劳资双方所处地位及作用的历史演变的角度，分别阐释了马克思所预言的资本主义经济，为啥没有象马克思推断的那样，会因生产力的发展，先形成自己的掘墓人，最终因阶级矛盾激化而崩溃的缘由。我认为这两方面的研究工作都有独立的学术价值。我完全同意黄焕金的下列关于行业--劳资关系的观点：马克思的理论存在着片面性，即它只一味地从劳资关系出发来看几乎一切问题，把一种只存在于各个企业内部的关系（劳资关系）无条件地推广出去，这是根本性错误。其实，在劳资关系上面，还存在着行业关系，它可称为"中观关系"，还有整体经济的关系，即宏观经济关系。一个企业里劳资关系再坏，也不等于经济的中观与宏观关系里很坏，同样，劳资关系再好，也不等于他们在中观与宏观关系好。比如，无论国有企业里的人收入多么好，都不等于全体国民的收入好，并且，国企里的人收入好，很有可能通过价格机制损害到其他人的利益。

对此，我要强调的是：1，马克思是一个"自然主义"的历史主义者，他认为人类社会从奴隶社会到共产主义社会是一个不依人的意志为转移的自然客观过程。2，马克思把政府看成是上层建筑，只为特定的经济基础服务，从而不可能是整个社会的利益代表和协调人。3，马克思把分配伦理看成是具有阶级对立性的，不能调和和折衷。

　　这些因素都促使马克思得出他的错误观点。也使许多马克思主义政党，在夺取政权后，犯了许多基础性的错误。至今，许多马克思主义政党，仍在抱着这些已被历史和现实证伪的观念，制定着错误的政策和法律。就此而论，我还是认为，黄焕金强调的行业分工观点比马克思的阶级斗争的观点，更接近现实，也更能帮助我们理解现实。

四，其它概念（范畴）

　　当黄焕金讲"合理利益"时，他实际上是提出他的分配伦理观，这不是认识范畴。当黄焕金把"有利于人类的发展"看成最高标准的善美时，还是在提出一种关于经济发展目的的价值判断，它也不属于认识范畴，从而不是经济科学中的"真"，否则，他就是对已定义的"真"又赋予了不同性质的内涵和外延。

　　我还要强调一下的是：伦理道德在经济存在中"固化的"及"非固化的"部分，可成为经济学中的分支--经济伦理学的研究对象。要区分清经济伦理和经济伦理学之间的不同，前者为后者的研究对象，而研究方法则既可以是描述性的，亦可以是分析性的；既可以是实证性的，当然也可以是规范性的。同样，由此得出的结论，也有两种性质，即科学性的结论和主观性的道德伦理判断，乃至个人偏好性质的主观评论。如果黄焕金，就经济目的论，下那样的定义，并因此感到满足，也未尝不可，但这不是在探讨学术问题及科学认识问题。

　　我认为，"稀缺"只是经济学存在的原因之一，并不是主要的。许多产品"稀缺"，是经济制度的结果，而不是原因，这就是为啥说好的制度可以让黄土变成黄金，差的制度可以让黄金变成黄土的原因。以中国农村经济改革为例，就非常清楚。否则，中国还要进行经济体制改革干啥。说什么"经济基础决定上层建筑"，不过是一句空洞的套话。以农产品价格"剪刀差"为例，如果不是以强制性的不准流动的城市农村户口体制作为前提，那就根本无法存在。而上述制度纯粹是人为的，而且是经过精心设计的。

第二节　答张挥和 sixiangzhe

一，答张挥

问一：

> 商品还有资本主义的吗？

答：听说过美国人不允许中国监狱的产品出口美国吗，为什么？他们给出 2 个理由：1，犯人可能被要求过度劳累为监狱创收；2，当劳动所有权不存在时，商品的价格中的工资成本为 0，对其他竞争对手形成不公平竞争。这只是一个简单的例子，用来证明如果某一所有权缺位时，其经济表现形式就不存在，从而会影响到与其它商品之间的交换比例。

问二：

> 《资本论》的逻辑错误尚无人指出，也许它根本就不存在。许多指出《资本论》所谓"错误"的，除了表明他们的"勇气"外，理论上是根本站不住脚的。

答：1，无知不是理由。你看过庞巴维克的《马克思主义体系之崩溃》吗？2，《资本论》的目的是多方面的，但是它首先必须建立在正确的劳动价值理论基础之上。3，经济学者都能理解这一点。资本家和地主，同样可用马克思的逻辑，证明工人阶级"剥削"他们。"剥削"和"鬼使神差"一样，只是一个概念，且是没有内涵和外延的概念，马克思和吴承恩一样，把虚幻的东西变成实在的东西。但后者是艺术家，前者是以发现科学的经济理论为历史使命的学者。4，庞巴维克已经从逻辑推理上证明了马克思劳动价值理论存在着不可调和的内在矛盾，受限于他的效用价值理论，他只知其然不知其所以然。如果你没有看过庞的文章，也不能全怪你，因为种种原因，他的那本书，1936 年商务印书馆有中译本，解放后，该书成为禁书，现新北图有。你不应该贸然断定没有人证明过马克思的逻辑错误。5，如果资本家利用马克思的逻辑推理，说价值全是资本创造的，资本家只得到了一小部分，即我们称为利润的部分，其余的被工人和地主剥削去了，你拿啥逻辑和"良知"去反驳他！6，亲爱的网友，要记住马克思的话，理论上的错误要用正确的理论去解决，你仅仅有义愤是不够的。7，再重申一遍，我比那些马克思主义者更敬重马克思。作为大经济学家，马克思对经济学的贡献，比所有马克思主义者所做的贡献的总和还要大，尽管他也犯了许多方面的错误。

问三：

> 《资本论》是工人阶级的圣经，但不是学术上的圣经，对马克思的批评或批判必须言之有理，有事实根据，必须准确理解其本意，任何强加给马克思的都是错误的！

答：如果说马克思为了对工人阶级表示支持，而故意编造了劳动价值理论和剩余价值理论，那才是冤枉了马克思。

马克思，首先是一个崇尚科学的学者，其次才是一个怀有人本主义崇高信仰的道德家。马克思的《资本论》，应该首先看成为对资本主义商品经济的理性认识，尽管其中有错误的部分；至于有的人要把它看成工人阶级的圣经，马克思也没有办法，这是他人出于他们的利益需要，强加于马克思和他的《资本论》的。

凯恩斯的《通论》，也被许多人当作"圣经"，但这一点也不能证明它不是一本学术著作。这只能说明，经济学术著作，科学性质的部分和道德伦理性质的部分，时常共生在一起，不易分辨。作为经济学者，如果分不清这些，那肯定会出大错误的，最易犯的也是最简单的错误是：把客观经济存在是这样，与客观经济存在应该这样，混淆在一起。社会公众的判断能力是更有限的，促使他们行动的，时常不是理性和科学，而是领袖人物的主观意志，包括领袖人物对一些经济学术著作的一知半解。我们应该把马克思的《资本论》，作为一个可以进行科学分析的对象，作为一本经济理论史上的学术著作来看待，决不能把它看成"圣经"。只有这样，我们才能把它按"前提--论证过程--结论"的程序加以研究。

二，答 sixiangzhe

问一：

> 李克洲，你好：你的观点非常的好，切中要害，看来你就《资本论》的研究的功底是非常到位的。劳动价值论引起的所有争论，都与马克思在《资本论》开始就犯下的这个错误有关系。因为马克思把只存在劳动所有权的商品经济当作了资本主义性质的商

品经济，所以在价值决定问题上，犯了和李嘉图等同样的错误。但我感觉，对于整个资本的批判逻辑有二：一，劳动价值论（错用的）；二，是生产力与生产关系的矛盾关系（生产的社会化同生产资料的私有制之间的矛盾）。前者得出了资本对劳动的剥削关系。这说到底还是异化劳动的批判逻辑，是人道主义的逻辑。 后者得出的是资本主义生产关系的必然灭亡，这说到底是历史唯物主义的批判逻辑。因此，人道主义和历史唯物主义才是《资本论》的逻辑前提。《资本论》既是规范经济学，又是实证经济学。阶级斗争只是从这些得出的结论而不是前提。这是我的看法，欢迎批评指正。

答：谢谢你的理解。我认为你的概括是正确的，但你偏重于从哲学的角度来研究马克思的《资本论》，我则主要是从经济学的角度来研究它。马克思所犯的这个逻辑错误，浪费了数以万计的经济学者的宝贵时间，也给人类社会带来了血和火的历史，凯恩斯大概也是由此引发"危险的东西不是既得利益而是思想"的缘由。二十几年前，我就研究出了这一成果，曾和北大的陈岱孙老师及复旦的宋承先老师交流过思想，但他们因为种种原因，都对我的研究不置可否。我的论文至今也不能在正规经济学科刊物上发表，我时常有怀揣和氏璧人的感慨。我不靠研究吃饭，说到底也没有义务，提醒我这个时代的人别掉进马克思的这一陷阱，但每当我看到那么多人，把自己宝贵的生命毫无意义地耗费在这上面，而不是投入到国家经济建设上去，我就按捺不住想把自己的研究成果公布于众，这是我的良知使然吧。

问二:

> 我想,引起劳动价值论争论的现实原因无非是按要
> 素分配的分配制度的出现。这种分配制度,符合萨
> 伊的经济学而在一定程度上不符合马克思的《资本
> 论》。《资本论》的一个默认就是价值创造决定价值
> 分配。既然价值由劳动创造,那就应当归劳动者所
> 有,这其实是建立在传统的"劳者得其食"的自然
> 法的立场之上的。但相对于现实来说,在历史上始
> 终是个"应然",从来没有实现过。相反,现实的分
> 配原则始终是由产权决定的,可产权又是由什么决
> 定的呢?马克思追溯到了生产力的发展,但只是一种
> 软约束,因为二者实际上不一定存在必然关系。这
> 点由哈贝马斯发现了,因此,到底分配是由什么决
> 定的,这其实是很难说明白的一个问题。但劳动价
> 值论的思路显然是没有很大的说服力的,因为,把
> 价值强行归结为劳动要素,是一种人为主观,它是
> 服从于作者阶级立场的,马克思讲的价值,实际是
> 从财富的起源的角度讲的,而财富的起源到底是什
> 么?在古典经济学家那里,主要认为是劳动,而马克
> 思在《哥达纲领批判》中还批判了这种片面认识,
> 认为除了劳动,还有其它要素。可他自己在《资本
> 论》中,却忘记了这一批判,他忘记的原因恐怕重
> 要的还是服从于革命论证的需要。这是我现在思考
> 的结果,希望批评指正。

答: 我想我们都希望能恢复马克思的经济学的本来面目,
使其回到它应有的位置上去,它既不是象马克思主义经济
学的信奉者所认为的那样完全正确, 也不是象西方主流庸

俗经济学的信奉者所认为的那么错误。如果你能从马克思思想形成史的角度，找出马克思在《资本论》中所犯错误，其形成的历史背景及主客观原因，那真是太有学术价值了：我们所做的工作合并在一起，可以在经济学纯粹学术方面，取得一个比那些拿到诺贝尔经济学奖的经济学家的贡献还大的成就。

我自认为是一个经济学家。我想我唯一已做到的是，从经济学的角度，证明马克思的《资本论》是建立在逻辑前提错误的基础上的。从减少这个世界上许多经济学者所做的重复的和无效的脑力劳动的意义看，这一工作，比某些已获得诺贝尔经济学奖（至少可比萨缪尔森）的人，在这分支的贡献还大些。但我对马克思的历史唯物主义研究的很少，我对他的这方面的研究成果很少作出评价。

第三节　答巫继学

巫继学在几个网站发表了他的论文："商品"不是资本主义经济的细胞形式吗？以反驳我的上述观点。我觉得，他还没有理解我的观点。匆忙出手，不但不能击倒我，反而证明他对《资本论》中这一问题理解的肤浅。以下就算是对他的论文的回复。

马克思在《资本论》第一卷序言中有如下一段话：

> 万事开头难，每门科学都是如此。所以本书第一章，特别是分析商品的部分，是最难理解的。……而对资产阶级社会说来，劳动产品的商品形式，或者商品的价值形式，就是经济的细胞形式（马克思《资

本论》，第 1 卷，转引自《马克思恩格斯全集》第 23
卷，人民出版社，1995 年版，第 7-8 页）

我觉得，马克思的这种认识是错误的，他就是从这儿开始
走进歧途的：理论中的商品经济，属于理性抽象出来的包
含生产、交换、分配及消费的经济一般，它和原始共产主
义社会经济形式，奴隶社会经济形式，封建社会经济形式，
资本主义经济形式乃至以"按劳分配"为主的社会主义的
初级阶段经济形式等等经济形式相结合后，才会形成一个
特殊的商品经济客观存在。也就是说，商品经济，和不同
的社会性质（所有制）相结合，就会形成不同性质的商品
经济。因此会有奴隶制性质的商品经济，有封建性土地所
有制的商品经济，以劳动所有权为主体的小商品经济，有
原始的资本主义商品经济，现代的资本主义商品经济，社
会主义商品经济等客观存在。

因此，我认为，对于资本主义商品经济来说，它的细
胞形式，应该是资本主义性质的商品，而不能泛泛的说，
就是商品。举个例子说，基于劳动所有权的小商品经济下
生产的商品，就不是资本主义商品经济的细胞形式。而基
于资本所有权下的商品经济生产的商品，才是资本主义商
品经济的细胞形式。同理，基于社会主义国有制下的商品
经济生产的商品，也不是资本主义商品经济的细胞形式；
基于民族国家所有制的商品经济下生产的商品，也和资本
主义商品经济的细胞形式不同。

说商品是商品经济的细胞形式，是正确的；说资本主
义商品经济的细胞形式，是资本主义经济制度下生产的商
品，那也是正确的；但是，如果泛泛地说商品是资本主义

商品经济的细胞形式，那就是错误的。至少是不确切的，很容易导向错误。

如果有的人不喜欢经济学语言，我就用生物学语言，把我和马克思的分歧重复一遍：植物和动物，都是由细胞构成的生命体。动物细胞是构成动物存在的基本形式，人的细胞和鱼的细胞，都属于动物细胞，它们和植物细胞之间相比，确有一定的相同之处；但是，人的细胞和鱼的细胞，还是有重大区别的，用人的细胞可以克隆人，用鱼的细胞可以克隆鱼，但不能用鱼的细胞克隆出人。

我把这种分歧的学术价值和社会指导价值，简要介绍如下：

1. 学术价值：商品经济，是基于所有制基础上的，商品价值，受到所有制的决定，它的大小，具有人文性和历史性。比如说，在只有劳动所有制的商品经济中，商品之间的交换比例，主要由其中耗费的劳动量决定，而在资本主义商品经济中，商品之间的交换比例，就因为存在劳动所有权、资本所有权和土地所有权，而不仅仅由耗费的劳动量决定，还有许多因素，比如单位劳动的工资，固定资本和流动资本比例，级差地租和绝对地租水平等等许多因素来决定它。从商品经济运行的角度讲，任何一种商品经济，都是一种价值经济，都是基于一种既予的价值空间基础上发展起来的，它是通过对有效需求信号的收集，来做出资源分配的决定的，而决定有效需求的一个最重要的因素，就是所有制。

2. 社会指导价值：商品经济一般，不能构成一种特殊的经济实体，它仅仅是一种理论抽象。现实存在的，都是具有特殊性质的商品经济，即具有所有制不同的商品经济。目前，一种特殊的商品经济已经形成，那就是基于民族国家所有制和国际资本集团所有制交融基础上的商品经济，这种商品经济，逐渐成为世界经济的主体。与这种商品经济主体共存的还有多种性质的商品经济实体。

也许有人会说：在资本主义商品经济中，是不存在劳动所有权的。存在与否，不是一个思辨问题，而是一个实证问题。如果利润是资本所有权的经济表现，地租是土地所有权的经济体现，那么，工资就是劳动所有权的经济体现。不存在劳动所有权，工人凭啥参与分配呢，工资是凭空从天上掉下来给工人的吗？持有这种观点的人，没有分清劳动者在奴隶制度下的商品经济中和在资本主义制度下的商品经济中的收入形式的区别。

第三篇

凱恩斯

第一章 凯恩斯《通论》的一般研究

第一节 凯恩斯《通论》中的经济伦理

凯恩斯的《通论》，作为一本经济思想史上非凡的作品，理所当然地存在许多不同的解读，但大家一致公认这是一部科学性很强的作品，对于揭示现代商品经济的运行，有着无可替代的地位，它指导我们认识商品经济运行的一般规律，教会我们如何控制商品经济中的一些变量乃至实施新的经济制度的变革。也正因为如此，许多学者尤其是初学者，看不到这本著作的伦理的方面，时常把凯恩斯的伦理观和他的科学认识混为一谈。在此，我简单的介绍一下，凯恩斯在《通论》中，是如何把他的对资本主义商品经济的伦理观表达在总量及结构的分析上的。

➤ 关于经济结构的经济伦理

关于经济结构，凯恩斯是基本肯定资本主义商品经济的资源分配功能的：凯恩斯认为，资本主义商品经济制度，在解决"生产什么"和"生产多少"方面，做的还不错。在这方面，凯恩斯只花了很少的笔墨，这也不是他要研究的重点。他说，"现行制度之缺点，不在实际就业者工作方向，而在实际就业之数量"。把这点说得更具体一些："就已就业的生产原素而论，我觉得没有理由可以说，现行经济体系有把生产原素作绝大不当使用之处。当然，预测不免有错误，然而这在中央统制计划之下也是免不了的。假使有 1 千万人愿意而且可以工作，其中 9 百万人得到了工作，我们没有证据可以说，这 9 百万人之劳力有使用不当之处。我们对于现行经济制度不满者，倒不是这 9 百万人应当去做别的事情，而是其余 1 百万人也应当有事可作"。（凯恩斯《就业、利息和货币通论》，商务印书馆，1963 年版，第 326-327 页）

➤ 关于经济总量的经济伦理

凯恩斯《通论》的中心，就在于寻找促使经济总量的提高上。他通过就业量这个指标，来衡量社会总资源的利用程度。如何达到社会总资源的充分就业呢，凯恩斯通过对市场经济的制度约束分析，提出了必须提高有效需求（总消费和总投资）。为此他分析了影响消费的各个方面以及影响投资的各个方面，尤其分析了连接即期消费和未来消费之间的不确定性对总体经济运行的影响。他也认识到，在商品经济中（他把资本主义商品经济看成他的《通论》分析的社会制度结构前提，他认识不到还可能存在其它社会性质的商品经济），商品生产者追求的是商品的增值及其对财富的所有权的控制。但由于他的历史局限性，他只是看到了这一现象，但没有揭示形成这一现象的资本主义制度构成及其作用。在这一点上，马克思的分析，尽管不全面，但更深刻。

基于他对有效需求的创新分析，凯恩斯提出了他的著名观点：

> 今设为任何理由，利率之下降速度，赶不上在此累积速率之下，资本之边际效率之下降速度，则即使把持有财富之欲望转向于经济上不能生息之资产，亦足以增加经济福利。不仅如此，纵使是无意义的投资乃至破坏现有财富的行为，在经济萧条时，也有实施的必要。因为这样，不仅可以增加就业量，还可以增加有用之物以及有用之劳役，换句话说，增加真实国民所得。（凯恩斯《就业、利息和货币通论》，商务印书馆，1963 年版，第 326-327 页）

当然，凯恩斯并不倡导政府固步自封地采用这种浪费的补救办法，而现在的许多政府却把他的警告当成了建议。

凯恩斯对资本主义商品经济的科学分析，充分暴露了这一经济制度的缺陷，这种缺陷，是这一经济制度的历史局限性，也昭示了对其进行改良的必要性。他为国家管理经济，提供了科学上的和伦理上的根据。他破除了原有的资本主义商品经济的许多伦理约束，如储蓄节俭论，自由竞争最优论等等；同时，他也为许多新的经济伦理的建立如国民收入再分配必要性及政府管理经济有益论等，铺平了道理。

纵览《通论》全书，凯恩斯的下面这段话，表达了他对资本主义自由竞争经济的总的伦理观点：

> "我们生存其中的经济社会，其显著缺点，乃在不能提供充分就业，以及财富之分配有欠公平合理"。
> （凯恩斯《就业、利息和货币通论》，商务印书馆，1963 年版，第 321 页）

➢ 关于充分就业的经济伦理

我理解的是，凯恩斯意义上的充分就业，是以劳动力的就业比例，作为衡量整个经济体系是否达到生产可能边界的一种标准。充分就业，如果仅仅指劳动力，则有明确的含义，如指全部生产要素，则无法界定。

从经济发展史的角度看，经济要素的供给是无限的，我们永远都达不到"所有资源的充分就业"。我们能够达到的只是现有的生产条件下，部分的资本、人力及土地等资源的使用。不断扩充资源边界，就是经济发展的过程。从某种意义上说，我们也许永远也达不到全部资源的充分就业。此外，无论狭义还是广义上，我们都不能确定啥才是福利最大化。而对该经济在市场信息不完全透明和所有权初始配置的约束下，能否达到福利的最大化则无法确定。不过，凯恩斯似乎相信，市场的配置的结果还是比较理想的。就我看来，能否提供充分就业，并不是衡量一个经济制度好坏的条件。只有在私有制下的市场经济中，能否使资源（尤其是劳动力充分就业）充分就业，才因其涉及国民收入分配，成为衡量一个经济制度好坏的条件。

在此，我特别提一下劳动力的充分就业问题。为啥现存的任何经济体都把劳动力的充分就业看得那么重要呢，我想从经济意义上看，是否可以分成如下两方面加以分析：1，劳动者的劳动能力，是一种可以再生的经济资源，这种经济资源不使用，也无法保存。而且，这种资源纵使不使用，也需要维持费用。2，在商品经济中，劳动力商品化了，劳动者主要靠控制自己的劳动力的投入，从国民收入中分得自己的那部分社会购买力，这种社会分配伦理，连劳动者本人也认为是天经地义了，而不被认为仅仅是一种社会经济分配道德观。

关于分配：凯恩斯认为，财富和国民收入的分配，在自由竞争的资本主义市场经济中，有欠公平合理。他认为，收入不均，的确有社会的经济的及心理的理由，但如果不均得特别厉害，就无法自圆其说也无法辩护。他认为，所得税遗产税等措施，不仅能够提高社会的分配公平，而且有助于财富的增长。而且，他认为，坐收利息阶级，会因资本的稀少性的增长，而自行消亡。我认为，凯恩斯对资本主义市场经济的期望（经济伦理），纵使引进了国家管理这个条件，也是不能完全成为现实的。在这一点上，我倒是比较相信马克思的观点，资本主义商品经济，会不断的再生产出资本主义生产关系来，除非有制度性改良，资本主义生产关系是不会自行消亡的。而且，这种消亡纵使在经济伦理上非常必要能够成立，在经济运行上，也值得注意：一个庞大的官僚体系，它的运行成本，可能比他想象的大很多，尤其是腐败代价，甚至会拖垮整个经济体系。

那些讽刺凯恩斯的人（如张小年、张维迎等人），请设想一下：如果中国政府给每个中国农民发 5000 元钱，那么形成的有效需求，会有多大！它对中国整个经济结构的影响又将会如何。我认为中国政府的许多刺激和扩大内需的政策，是非常正确的，尤其在中国这样一个市场经济不发达，许多经济领域尤其是基础设施领域，还无法进行市场化运转的国家，政府机构，作为庞大的经济实体，进行投资行为，实际上的后果，就是把纸币，变成了实在的有形的（如铁路）和无形的（如人的素质）财富。

第二节　凯恩斯《通论》的结构分析

我在网上发表了我的折算劳动价值理论的主要内容后，许多网友向我提出，不能理解我提出这一理论到底有什么学术价值。在本节中，我小试牛刀，但仅仅限于就它在解释、分析凯恩斯《通论》的基本结构方面，作一个解构性的应用示范，以有助于促进大家对这本经济学名著的科学理解。

我没有在英美生活的经历，只能够大致看懂《通论》的英语原著，对用英语写成的、用来解释《通论》的文献，也读得很少。不过，我相信如下判断：职业翻译者的工作，比我本人更能用汉语准确再现英文作者的原意，尽管这些人也许并不能理解这些名著的专业旨在。国内汉译经济学名著，使我少走了许多弯路。对凯恩斯的《通论》，我是对照英文原著，同时对商务印书馆解放后出的半文言译版及高鸿业教授新近复译的现代文版的不断比较，来揣摩作者的真实意思的。我曾经有点刻薄的说过一些海归经济学者：语言不能增加一篇论文的学术价值，但可以增加这些学者的个人市场价值。但在此值得一提的是，语言翻译有时候可能歪曲作者的原意，我使用的汉译名著《通论》，是否也有曲解了凯恩斯的某些思想的成分，也未可知。

许多经济学者对《通论》进行了大量的解释，这些解释增加了我们对《通论》的理解。但是，我觉得，许多解释就和《通论》本身也存在的问题一样，自己糊里糊涂，也难让读者清清楚楚。我在"马克思劳动价值理论研究"一章中，曾对凯恩斯自己也搞不清他的理性建构，并把它和市场经济中客观存在相混淆，并由此而产生了许多荒谬的看法。下面我们通过实物分析和价值分析，对凯恩斯在《通论》中所取得的学术成就和错误观点，进行一番简单概括的研究。

➢ 经济结构的实物分析

首先，让我们面对资本主义商品经济，我们看到了什么：作为自然的存在--人和物；作为社会的存在--人和人。作为资本主义商品经济，生产的自然要素：土地，设备，劳动力；而生产的社会要素：生产和分配制度，包括生产要素的所有权（含私有制）。如果把整个资本主义经济，从实物经济的角度看，它就是通过资本主义商品交换这种特殊的资源分配形式，对整个社会的需求进行确认和满足，用西方经济学的观点讲，它不仅解决了生产什么，生产多少，如何生产的问题，而且解决了为谁生产的问题。但到此为止，我们没有对这种经济制度进行任何道德的及伦理的评价，我们把它看成既予的客观存在，这种客观存在是否是我们所期待的，抑或是否可以达到我们所期待的目的，则当别论。

让我们假设这个经济体,有固定面积的土地，在特定时期有特定的技术结构，及一定数量的人。他们以资本主义商品经济形式，来进行生产和再生产。我们如何来衡量这个社会的生产力是否达到它的最大边界呢。我们假设它只生产大米和衣服，那么我们如何界定这个社会的生产能力是否已经达到最大限度呢，显然，闲置资源为零是一个物理学上的最大，不管这些资源如何在此二者之间分配。就一个有着固定的劳动力数量的经济体说来，即使技术不变，经济生产的可能性边界，也还是存在一个序列表，这应是理论的前提。

我们这儿用 XYZ 分别表示所实际使用的三种资源量，分别生产 A 吨（大米）和 B 套（衣服），显然，我们可以确认 XYZ 组合生产的 A 的最大值和 B 的最大值，以及 AB 界于最大值和 0 之间的许多可选择值。但我们无法比较 A1+B1 和 A2+B2 之间哪个更大，当 A1 大于 A2 而 B1 小于 B2 时候。因此，就实物经济而言，国民生产总产出是一个无法齐一的量。

让我们从生产要素方面来衡量生产力的边界，我们很容易就物理学的角度加以分析，假使土地是齐一的，劳动力是齐一的，设备也是齐一的。但是，现实并不是如此，就经济力量而言，这三者要素都不是齐一的，所以，凯恩斯认定劳动力的所具有的齐一性是不存在的，纵使通过教育，我们仍不能确定被改造的劳动力是否具有齐一性。但我们可以取劳动力的平均数，作为具有统计齐一性的劳动力指标，去衡量生产边界。同样，我们也可以以中档土地，去衡量生产边界。它们唯一差别，就是人们的接受偏见。但是，我们应该明白，这个平均数是一个人类理性建构的量，它可以帮助我们理解客观存在，而不是客观存在本身。

那么，我们通常为啥用劳动力去衡量社会就业及资源分配效率，而不用土地或资本，衡量社会就业和资源分配效率，我认为这主要应从配置资源的这种资本主义商品经济制度和人类劳动力这种既是最重要的的生产要素又是这个社会中依据劳动力所有权获取生活资料的阶层的存在的历史暂时性两方面加以分析和理解。也就是说，为啥现在任何经济体都把劳动力的充分就业看得那么重要呢，我想从经济意义上看，是否可以分成如下两方面加以分析：1，劳动者的劳动能力，是一种可以再生的经济资源，这种经济资源不使用，也无法保存。而且，这种资源纵使不使用，也需要维持费用。2，在商品经济中，劳动力商品化了，劳动者主要靠控制自己的劳动力的投入，从国民收入中分得自己的那部分社会财富（购买力），这种社会分配伦理，连劳动者本人也认为是天经地义了，而不被认为仅仅是一种社会经济分配道德观。我看过《通论》后认定：充分就业，如果仅仅指劳动力，则有明确的含义，如指全部生产要素，则无法界定。从某种意义上说，我们也许永远也达不到全部资源的充分就业。此外，无论狭义还是广义上，我们都不能确定啥才是福利最大化。我理解，凯恩斯意义上的充分就业，是以劳动力的就业比例，作为衡量整个经济体系是否达到生产可能边界的一种标准。而对该经济在市场信息的引导下，能否达到福利的最大化则无法确定。不过，他似乎相信，资本主义商品经济通过市场配置所形成的商品结构和社会福利结果，还是比较理想的。他认定，资本主义商品经济的缺点，不在于实际就业者的工作方向，而在实际就业的数量，这就明显带有他的社会价值观在里面。

➢ **经济结构的价值分析**

在资本主义商品经济中，与实物经济对应的是价值经济，与非齐一性的生产要素相对而来的是齐一性的生产要素的价值和商品的价值。凯恩斯借助劳动者的工资对非齐一性的劳动力进行折算，是犯了颠倒因果关系的错误。但这种折算，有它的认识价值。

实际上，在完全的商品经济中，任何东西都能够通过价值的等同性，实现齐一性。这样一来，我们通过价值的齐一性，对经济结构进行比较，但这种比较并不比实物分析更有意义，却能大概和实物分析的结果相近。

现在，让我们通过折算劳动价值理论，来理解《通论》。我在折算劳动价值理论中使用的折算，和凯恩斯在《通论》中对不同收入的劳动者之间的劳动量的折算，是一致的；唯一的差别是，我是一直在清晰的使用这一分析工具，而他不是。还有，我走的更远，我把不同的土地，不同的资本，根据它们不同的收入和劳动的收入，进行折算，把它们运用到全社会的广义投入产出及分配中去，进而通过它去理解商品经济是如何运行的。其实，劳动者，土地，资本，工艺技术都不是齐一的可通约的经济要素，但它们在价值上，是齐一的可通约的。所以，我的折算劳动价值理论，是一种基于商品价值的理论认识，它的成立前提，必须是商品经济制度。马克思，凯恩斯，以及那些认定劳动者的劳动，在商品经济中具有齐一性的观点，都是错误的：如果没有价值的齐一性，一个搞原子弹的劳动和一个卖茶叶蛋的劳动，根本就无法比较。纵使能够比较，那也比山地和湖地的差别，更大。劳动者劳动价值（收入或工资）的等同性，来自于劳动者对自己的劳动拥有所有权，而劳动者对自己劳动拥有所有权，则是社会进步的产物，它既不是天然的，也不是一劳永逸的、从不改变的。（读者请参考马克思对英国劳动者及《工厂法》的研究，《资本论》第一卷中有大量叙述）理解了这一点，就能理解更多。劳动本是千差万别的，是不具有等同性的，比如说，在小业主的商品经济中，织布的劳动，不同于耕地的劳动。为啥大家认为，不同的劳动具有等同性呢？是因为社会把他们作为商品供应平等的个体，从而织者和耕者的产品成为了商品的缘故。而之所以织者和耕者的产品能够成为商品，是因为他们对自己的产品有了所有权，而这一切又建立在生产力水平已经提高和社会分工已经建立的基础上的。现代商品经济，是有其法律和文化支撑的，它是基于"人生而平等"的伦理观念的。在商品经济社会中，基于劳动所有权而由此引申出的劳动具有等同性，是一种客观存在，如同货币的存在，是一种客观存在一样。这种客观存在，是来自于这种特殊的生产关系及其社会关系，离开了这种特殊的生产关系及其社会关系，劳动具有等同性，就不再存在。比如说，在一个特定的时期，一个瑞士高级钟表工的工资，是一个普通建筑工人的 10 倍。一个钟表工的劳动价值，具有 10 倍于一个建筑工的价值，使社会价值化了他俩的劳动的不同，变成了一个钟表工一个单位时间的劳动价值，具有 10 倍于一个建筑工的单位时间的价值。作为配置生产要素的资本家，他就必须按照这种比例来雇佣劳动者，否则，他就要受到市场（包括劳动力市场和商品市场）的惩罚，这也是客观存在，而不是如宗教那样，是虚幻的。

《通论》认为，在商品经济中，生产什么由社会购买力的投向（包括方向和数量）决定，这种投向分为两部分消费和投资。凯恩斯将这两种社会购买力总和，命名为有效需求。他认为，消费受消费趋向规律（注意这种规律是我们强加于他的，凯恩斯并没有认定它具有逻辑上的必然性）的决定，而投资受 4 个方面的决定：1，资本品工业生产现状；2，对于未来收入的信心；3，心理上的灵活偏好；4，货币数量。在此，凯恩斯，就是以既定的社会经济制度为研究前提，他把商品经济制度作为研究的对象，他对商品经济，进行了客观的分析，尤其对消费的分析，他超越了马尔萨斯、西斯蒙第和马克思等人的片面性认识，也许上述三位对消费不足的分析比凯恩斯深刻，但没有后者全面。

《通论》的这种对资本主义商品经济中商品交换一般规律的分析研究，自有其特殊的学术价值。它和帕累托最优理论和边际生产力决定分配理论的性质是不同的，后者是具有辩护性质的，是非科学性质的，而他的提出者却误把它当成科学论断，而国内的那些西方经济学的二道贩子，以讹传讹，祸害广大读者。

目前中、外经济学界的现状是：看《通论》的少，能够分析的更少。这既标志着经济学所处的困境，也在呼唤经济学新生代的加入，并预示经济学创新时代的即将到来。

第二章 凯恩斯有效需求理论研究

第一节 高鸿业教授对凯恩斯需求理论适用范围的误解

一，声明

在指出高教授的误解之前，我先声明，我之所以指出高教授的误解，决没有和高教授有啥恩怨，仅仅因为高教授是凯恩斯《就业、利息和货币通论》的中文重译本的译者，而且高教授还在该重译本前言中，对凯恩斯的需求理论进行了非常主观性的评述，而这些评述有可能对学术水平不高的读者造成误导，出于公心，我才这样做的，"学术乃公器"，请高教授谅解。

二，误解

高教授认为：凯恩斯的需求理论，只适用于资本主义商品经济，而不适用于社会主义市场经济。理由是"丰裕中的贫困"，是资本主义制度的产物，而不是市场经济的产物，更不可能是社会主义市场经济的产物。而且他还认定，我国的国情是，"人口多又没有足够的资源和生产能力与之适应"，所以导致现在的贫困。

我认为，凯恩斯的需求理论适用于一切性质的市场经济，它是商品经济所特有的运行机制的科学总结，从而也适用于我国正在运行的市场经济。理由是，市场经济是一种价值（社会购买力）经济，也就是说，是一种围绕有效需求进行资源分配的经济，只要有效需求不足，就会需要凯恩斯的需求管理理论，这和社会制度的性质，完全没有关系。而"丰裕中的贫困"，只是市场经济失衡的表象，决不只是资本主义市场经济所固有的。

三，意义

指出这一点，为我国一直进行的需求管理扫清了经济理论上的障碍。实际上，我国政府一直在利用凯恩斯的需求理论，进行宏观经济管理。再比如说，我们国力现在完全有实力使整个社会达到人人享有最基本的养老和医疗保障，但我们受有效需求不足的困扰，一直认定我们做不到。其实，除了印制货币及分配货币的成本，我看其它的成本没有啥大不了的。

四，建议

初读凯恩斯《通论》的人，建议你先读商务印书馆 1963 年版的徐毓枏中译本，该书的"出版说明"比较客观地介绍了《通论》。该译本，虽然有些文言文的味，硕士生和博士生大致还读的懂。

高教授翻译的新本，合乎现代汉语，翻译也比较规范，但我总觉得与原意不十分相符。另外，请高教授恕我说句不敬的话，他的"译者导读"，实在是狗尾续貂。

五，目的

抛砖引玉，请高教授和读者指正。

说市场经济是一种价值（社会购买力）经济，也就是说，是一种围绕有效需求进行资源分配的经济，只要有效需求不足，就会需要凯恩斯的需求理论，这既是我的观点，也是现代经济学的常识性观点。不认同这一观点的读者，可以看看任一本解释宏观经济学的书。而在市场经济中内生的有效需求不足，和社会制度的特定性质，不能说完全没有关系，但也关系不大。这是我自己的理解，它是从上段引导出来的，不需要在学术界有共识。

在这里，我来个三段论：凡是市场经济都需要凯恩斯的有效需求理论的指导，中国是实施的市场经济，所以，中国的市场经济也需要凯恩斯的有效需求的指导。由此而来的推论是：高教授认定凯恩斯有效需求理论不适用于指导中国经济的观点，是错误的。

高教授强调社会制度的不同将决定凯恩斯的有效需求理论能否适用；他在这儿犯了常识性错误：凯恩斯的有效需求理论的成立条件，是市场经济，和社会制度无关。只要中国搞市场经济，凯恩斯有效需求理论就完全适用。我这样说根本没有任何逻辑矛盾。

我很难理解这样一些经济学者：你们既然说中国搞的是社会主义市场经济，凯恩斯的那一套不适用。而你们向政府建议的以及政府实际操作的还是凯恩斯的那一套，这不是自煽耳光吗？

高教授仅仅只是发表了他自己的观点，他并没有进行论证，所以我也没有针对他的论证进行反驳，我只是简单地指出他这一观点的错误，同时给出了论证理由，也没有（其实没有必要）详细证明这一现代经济学的观点，因为凯恩斯的《通论》已经证明的够多的了。

由此，我想起了胡景北的一个观点。他说：翻译者未必真懂他翻译的东西。的确是这样，否则，翻译者都成思想家了。看来，就此而言，作为翻译家的高教授也不例外。

高教授认定，凯恩斯的有效需求理论，只适用于资本主义市场经济，而不适用于社会主义市场经济。我只要证明，凯恩斯的有效需求理论，是关于市场经济的一般理论，和社会性质无关，这就证明了高教授的观点是错误的了。再多的证明，不是多余吗？请注意，高教授质疑的是社会性质，不是市场经济。至于我提到的这一观点，并不只是凯恩斯的观点，而是包括我在内所有研究市场经济的学者的常识。

至于"为什么市场经济就是围绕有效需求进行资源分配的经济"，就和"为什么计划经济就是政府官员根据他们的偏好对资源分配的经济"一样，它就是人们对客观经济存在的文字说明和描述，这也难以理解吗？学术研究，不能只会鹦鹉学舌，多少要有一点自己的思考能力，许多人总不见也的确没有长进的原因，是因为他们总让别人的思想在他们的大脑里跑马。

学术界对市场经济的认识，有一个过程，错误思想总会持续一段时期，也是合乎学术发展史的正常现象。那些和客观存在不一致的假设及其推论的错误，是上面那些人还理解不了的。

把那些乱七八糟的东西，当成新知识，正如把高教授那些错误的观点当真理一样可笑，要想真正理解我们生活在其中的市场经济是如何运行的，首先要把那些先入为主的东西扔掉，否则，除了在这儿呈口舌之能，一进入实践，就得呛水，因为那些人信奉的理论是错误的。

我这样说，并没有跑题：凯恩斯的有效需求理论，是关于市场经济运行的一般理论，它和社会性质没有关系。比如说，我们国家在存在大量大学生失业的同时，还存在社会医疗卫生服务的严重不足，原因就在于存在着严重的结构性的和总量上的有效需求不足。现在，政府以"建设新农村"的名义，增加对农民的补贴和投资，就是增加有效需求的政策。另外，凯恩斯再三指出：有效需求不足，纵使在资本主义市场经济中，也并不是一个必然现象，因为决定有效需求的许多因素，是相互作用着的。

我举个浅显易懂的例子：假设有一个资本主义商品经济社会，由五部分人构成：一是政府官员，二是地主，三是小生产者(如个体工商户和农民)，四是工人，五是资本家。

凯恩斯说：

整个社会的有效需求不足，会出现经济危机；

马克思说，

工人的有效需求不足，会出现经济危机；

马尔萨斯说，

地主的有效需求不足，会出现经济危机；

西斯蒙第说，

小生产者的有效需求不足，会出现经济危机；

信奉西方经济学的学者说，

> 政府（包括官员）的有效需求不足，会出现经济危机。

那么，上述谁的观点最正确，和客观存在最一致？

我说的是，有效需求不足，和特定的社会制度无关，或者说，和所有性质的商品经济制度都相关。也就是说，有效需求不足，中国的社会主义商品经济也会出现，而且现在就是中国的现实。知道为啥政府要建设新农村和提高农民的收入吗？就是通过提高农民的有效需求进而提高整个中国社会的有效需求。高鸿业等中国经济学者，把有效需求不足理论归结于资本主义社会的私有制性质，是一种不得要领的辩护。

最近，我写了几篇评论《通论》的文章，提出了许多新观点，是对还是错，众说纷纭。公平地讲，我认为，马克思对资本主义商品经济制度的分析，比凯恩斯要深刻地多。但是，凯恩斯对资本主义商品经济运行的分析，比马克思要全面的多。凯恩斯把资本主义商品经济看成既予的，需要缓慢改良的制度；而马克思把资本主义商品经济制度看成必定发展到走向崩溃的社会制度，会自然地通过工人阶级革命变成共产主义制度。

黄焕金认为，

> "丰裕中的贫穷"只是一种假象。因为问题并非物质太多，而是因为物质所包含的成本耗费仍然太高。

我的答复是：照你看来，把牛奶倒进大海，其真正的原因，是它的成本太高，没有象空气那样廉价，所以穷人的孩子喝不上奶，只能怨空气了，谁也帮不了他了。你这就是从错误的经济学理论推断出的错误的观点的典型，如果将它作为经济政策用之于社会，就会危害社会。黄焕金提出的降低耗费（应含各种资源）增加供给的观点，本来是一种利国利民的好建议，但用它解释"丰裕中的贫困"，完全是文不对题，而且黄焕金把大萧条看成"假象"，就更不应该。这使我想起某位伊朗总统的言论，他把纳粹杀害犹太人，说成是"神话"。

➤ 《通论》的三个中文版本比较

俗语说：不怕不识货，就怕货比货。我曾看过一个英文版本和三个中译版本的《通论》，并加以粗略比较过：就中文翻译水平而言，商务印书馆 1963 年版的徐毓枏中译本最好；商务印书馆 1998 年版的高鸿业中译本次之；陕西人民出版社 2005 年版魏埙中译本，最差。之所以说魏埙翻译得最差，是因为该中译本存在许多最基本的汉语错误，甚至出现语句不通的笑话。

我的读后感是：徐毓枏版，尽管是半文半白，基本表达正确，差强人意。翻译水准：80 分。高鸿业版，使用现代汉语，有些词不达意，不尽如人意。翻译水准：60 分。魏埙版：用现代汉语，语言不通，难如人意。翻译水准：40 分。

比如说，《通论》第一章第一节，英文版是这样的：

I have called this book the General Theory of Employment, Interest and Money, placing the emphasis on the prefix general. The object of such a title is to contrast the character of my arguments and conclusions with those of the classical theory of the subject, upon which I was brought up and which dominates the economic thought, both practical and theoretical, of the governing and academic classes of this generation, as it has for a hundred years past.

涂毓枏版中译本是这样翻译的：

> 本书命名为《就业、利息和货币通论》，着重在通字。命名用意，在把我的想法和结论，与经典学派对于同类问题之想法与结论对照起来。无论在理论方面或政策方面，经典学派支配着统治阶级和学术界之经济思想，已经有一百余年，我自己亦是在这种传统中熏陶出来的。

高鸿业版中译本是这样翻译的：

> 我把本书命名为"就业、利息和货币通论"，用以强调其中的"通"字。这一命名的目的在于使我的论点和结论与古典学派对同一问题的论点和结论加以对照。正如它在过去的一百年中所做的那样，不论在实践上还是在理论上，古典学派的理论支配着我这一代的统治阶级和学术界的经济思想，而我自己也是被这种传统思想哺育出来的。

而魏埙版中译本的译文是这样的：

> 我命名此书为《就业、利息和货币通论》，着重点在'通'字。这一命名的目的在于，要把我的论点和结论与古典学派的理论曾哺育我成长，曾在过去一百年里在实践上和理论上支配过这一代统治阶级和学术界的经济思想。

魏塤的這段譯文，連基本的文理都不通啊！我懷疑這一中
譯本，是有人在假冒魏塤之名翻譯、出版的。魏塤，無論
如何也是一個經濟學教授，犯如此小學畢業生都不會犯的
錯誤，令人感到不可思議。

再比如說，凱恩斯《通論》英文版序言，有如下一段話：

> When I began to write my Treatise on Money I was
> still moving along the traditional lines of regarding the
> influence of money as something so to speak separate
> from the general theory of supply and demand. When I
> finished it, I had made some progress towards pushing
> monetary theory back to becoming a theory of output
> as a whole.

涂毓枬版翻譯如下：

> 當我開始寫《貨幣論》時，我還遵循著傳統路線，
> 把貨幣看作是供求通論以外的一種力量。當該書完
> 成時，我已有若干進步，趨向於把貨幣理論推展為
> 社會總產量論。

高鴻業版翻譯如下：

> 當我開始撰寫我的《貨幣論》時，我仍然沿襲著傳
> 統的思路，把貨幣的影響看成好像與供給和需求的
> 一般理論無關的東西。當我完成該書以後，我取得
> 了一些進展，趨向於把貨幣理論變成一個總產量的
> 理論。

魏埙版翻译如下：

> 当我开始写《货币论》时，我还沿袭着传统路线，
> 把货币的影响看成是与供求论无关的东西。当该书
> 完成时，我取得了一些进步，把货币理论推展成为
> 一种总产量论。

我认为更准确的翻译，应该是这样的：当我开始写我的《货
币论》时，我还遵循着传统路线，把货币的影响，看作是
供求通论以外的一种独立的东西。当该书完成后，我已取
得了一些进步，趋向于把货币理论放回到产出理论的总框
架中去。

　　我和他们（以上三位）的分歧是：他们把 as a whole 看
成是修饰 output 的，我把 as a whole 看成是修饰凯恩斯正
在形成的包括 monetary theory 在内的 a theory 的，以对应
原来他把 monetary theory 看成是 separate 的早期观点。

　　鉴于《通论》的学术价值及现代汉语言使用的普及程
度，我建议对《通论》中文版进行重新修订，国内可用高
鸿业所译版本，作为蓝本。可以请汉语言专家，把高鸿业
版梳理一遍，先过汉语言这一关；再请懂汉语的英语言专
家，把汉译文梳理一遍，看看与原意是否一致；最后，请
经济学家，把汉译本用经济学语言，再梳理一遍。估计经
过这样校订的新版，比现在的三个版本会好很多。如果有
机会并收到邀请，我愿共襄盛举，免费参与，为学术及后
辈们做点工作。

第二节 再论高鸿业教授对凯恩斯需求理论适用范围的误解

写作本节的时候，高鸿业教授刚刚去世不久，经济学界痛失一位卓越的西方经济学的翻译家，中国人民大学也失去了一位著名的经济学教授，当此之时，我也和大家一样感到痛惜。我希望我的下列观点，不会被人们误解成对高教授的不敬。

凯恩斯早已离世，高教授可以在他翻译的《通论》中文版前发表他的否定性的评论，那么，我对高教授的否定进行再否定也合乎常情，至少不能算大逆不道吧。需要更加强调的是，我这儿使用的"误解"，就是"错误理解"的意思，决不能理解成"曲解"和"故意歪曲"。

高教授在《通论》译者导读第（四）部分"对本书的基本论点的分析和评论"中，对《通论》的基本观点评价如下：

1. "凯恩斯主要通过流通领域来对资本主义的失业经济萧条和危机问题进行分析"。

2. "凯恩斯对失业问题的理论分析和政策建议都局限于资本主义所容许的范围之内"。

3. "从表面上看，本书的基本内容似乎是否定了萨伊定律"，仅仅加了个条件，"只要执行正确的宏观经济政策，使投资等于充分就业下的储蓄，萨伊定律是可以成立的。"

   （凯恩斯《就业、利息和货币通论》，商务印书馆，2004年版，第18-24页）

为了证明他是正确的，高教授搬出了马克思的著名的 W-G-W 和 G-W-G 理论，幷断言：

> "既然经济危机和失业问题来源于资本主义制度，那末，要想达到凯恩斯的意图，即在资本主义容许的范围内，通过政策来根本消除危机和失业是不可能的事情"（凯恩斯《就业、利息和货币通论》，商务印书馆，2004 年版，第 26 页）。

西方资本主义国家的经济发展历史，已经证伪了高教授的上述判断，但我不是历史学家，作为经济分析学者，我想指出高教授的逻辑错误及对凯恩斯《通论》的误解的成因。为了达到这个目的，我在此引述一个网友的如下观点。

> 凯恩斯的有效需求不足理论相信很多人都能理解：边际消费倾向递减规律是造成有效需求不足的重要原因之一。也就是说，人们的收入增长速度与产出同步，但是消费的增长却要慢一些，因此会造成产出大于消费，产品过剩，引发经济危机。而马克思关于经济危机的论述可能更深刻一些，不是从人们的心理层面而是从产品的价值构成上去分析。随着技术的进步（客观），资本家追逐剩余价值的驱动（主观），社会生产的产品价值中劳动力成本比重越来越低，也就是说工资在社会总产出价值中的比重越来越低。因此消费会越来越赶不上产出，造成产品剩余，引发经济危机。凯恩斯和马克思殊途同归，马克思对有效需求不足的分析更加深刻和有说服力。我觉得其实马克思才是宏观经济学的开山鼻祖！

我曾经论证到：凯恩斯用的是多维认识方法，他的宏观经济理论可以简述为：$C+I=C+S$；马克思用的是一维的认识方法，他的宏观经济理论是：$C=C$（工人），$I=I$（资本家），$S=S$（资本家）。马克思把资本主义社会抽象成只有工人阶级和资本家阶级，后者的使命是不断扩大投资而尽可能的少消费，而工人的消费又被资本家所发的工资限制且资本有机构成又提高造成工人失业，从而形成这样的恶性循环局面：投资越来越大，所形成的供给能力越来越大；而消费却不断萎缩，造成经济危机。以上二者的理论，相比之下，凯恩斯的更全面，也更正确。

其实，马克思和凯恩斯，都是资本主义商品经济的有效需求不足论者和经济危机论者。他们的区别在于，马克思在将资本主义抽象成只存在两个阶级后，着重强调由于资本主义的自身结构及必然趋势是，工人阶级有效需求不足，资本家阶级投资过度并追求高有机构成的资本化，形成整个制度性矛盾激化。马克思认为用不着给这个社会开药方，这个社会自身会自然而然的发展到共产主义。凯恩斯是从几个人类心理因素（他也指出这些因素的制度性根源）出发，强调消费需求和投资需求可以同时不足，从而造成制度性有效需求不足，但他认为可以通过政府对有效需求的调控，解决这些问题。所以，我认为，把马克思和凯恩斯对立起来，是不对的。在此，我特别想就萨谬尔逊的《经济学》教科书，提一个忠告，该书作为现代市场经济的经济学入门书，可以也值得一读；如果你把它当成真理的集成，那你就要吃大苦头。我的意思是说，对这本书，你不能太认真，它的许多观点和分析，都是不太正确的，尤其是对马克思和凯恩斯之间关系的评论，可以说是完全错误的。

我觉得，在有政府调控（如中国）的商品经济中，完全可以把有效需求，看成是一个相对有效供给具有一定或很大程度外生变量的范畴。对于那些连学都上不起的孩子和连衣食都不保的穷人，他们的有效需求，纯粹靠市场运行机制，就无法解决，这时候就需要政府去创造和转移社会购买力，以确保他们的必需的需求得到实现。我觉得中国政府天生（从计划经济来的）就是凯恩斯主义者，但他们行动上还不够坚决，规模和深度还不够。而且，中国经济由于种种历史和封建制度残余的原因，市场配置资源机制存在着巨大的与生俱来的缺陷，幸亏有政府的计划干预，市场作用不足部分可以得到补充。当然，我希望的改革方向是让市场在资源分配中发挥主导作用，而不是走毛泽东时代那样的高度一统的计划经济的老路。

许多反对私有化的学者，他们有两方面的问题没有搞清：1，两种经济制度赖以成立的前提条件不同（包括不同的所有制结构及其经济伦理）；2，他们忽略了政府的经济作用。我时常想，如果让中国的富人和中产阶级的资产价值比现在增加 10000 倍，而让中国的其它阶层的收入比现在只增加 1000 倍，这不也是一件大好事吗？政府的经济作用，就是让富人在膨胀他们的资产的时候得到应有的帮助，而同时不断提高其它阶层的收入水平。这是一个纵使是经济学家，也很少理解的真理。我强调的，就是经济学里所说的"购买力储藏"，即让富人财产增值的同时，提高其它阶层的收入，这也是市场配置资源的最有效的方式。举个例子，一个富人在一个镇上兴办一个医院，该医院可以吸收过剩的医护人员就业，但是如果当地经济不发达，则该医院会因有效需求不足而无法正常工作。这就会造成和现实情况同样的状况：一边是普通人享受不到基本的医疗服务，一边是医院因有效需求不足无法运行，一边是医护人员的过剩和失业。在这个经济链条中，真正缺少的是货币，确切地讲，是缺乏普通人购买医疗服务的社会购买力。如果由政府出面解决问题，许多人会认为政府承担不了这个负担，拿不出那么多钱。我认为，就中国的经济生产力水平而言，也就是比印刷货币的费用多不了多少的成本。以现阶段社会伦理能够接受的方式提高中低收入的社会购买力，其结局就是政府印刷及分配钱，普通人花钱及存钱，富人用钱去配置资源，表现为富人的资产增殖。

如果读者还没有明白我的意思，那我就再引用我的文章中的一段分析：

西斯蒙第认为，消费决定需求，需求决定供给，当有效需求不足时，供给增加，社会形成经济危机。为什么会出现有效需求不足呢？西斯蒙第认为，随着资本主义发展，小生产者逐渐成为无产阶级，其消费会因此减少；而国外市场也因竞争减少，所以有效需求不足是必然的。很显然，这种有效需求不足理论和马尔萨斯的如出一辙，只是马尔萨斯强调的是非生产阶级（如地主阶级），这和马克思的理念也是一个类型，只是马克思强调的是工人阶级消费不足。现在让我们来看一下最简单的商品经济中的例子：一件商品交换到了一百元钱，那么，我们就说这件商品的社会购买力（即市场价值）为一百元钱。至于这件商品，是劳动产品，还是资本产品，还是自然恩赐的产品，完全没有关系。仅仅研究这个层次的学者（如凯恩斯），他们揭示的是商品经济的一般规律，这种工作，决不比其它经济学者的工作更没有价值，也不会更庸俗。现在西方许多经济学者，从事的大部分研究工作，都属于这一类型的工作。（李克洲《马克思劳动价值理论研究》，中央民族大学出版社，2006 年版，第 55 页）

读明白以上几个方面的分析，我们就知道了高教授对凯恩斯《通论》的误解原因之所在，也就明白了他自己都无法自圆其说的矛盾：如果高教授的观点成立，那么，马克思在《资本论》第二卷中的两大部类的分析，就是和第一卷相矛盾的。

在此，说几句似乎是题外的话：北大的陈岱孙，人大的高鸿业，是被专制势力操纵的对知识分子进行政治迫害运动（恐吓、改造及洗脑）后留下的人格异化的经济学者的典型人物。有从事心理学的和人类行为学的朋友，可把他俩作为特定的社会历史环境所造成的非健全学术人格的标本，来加以研究。我由他俩想起了斯大林集权黑幕下的高尔基。历史沉痛地告诉我们，专制社会中流行的犬儒主义，从来不是知识分子个人的自愿选择，而是一种被肉体暴力强制和精神压迫下的不得已的屈从。犯了为虎作伥的错误，不去反思、警醒，反而为了自保而怯懦地躲避、粉饰，这不但不是知识分子的高贵，而是知识分子的耻辱，因为它彻底地否定了知识分子存在的社会道义上的价值。胡景北用"高贵"两个字，来评论陈岱孙在 1949 年以后的"保持沉默"行为，让人觉得可怜、好笑。比较一下巴金和陈岱孙两个人晚年的所作所为，到底啥才是高贵，昭然若揭啊！学者，纵使一无所有，至少也要有自己的酸气：不与执政者同流合污，坚持自己的观点，纵使被世人视为迂腐。

对于我的批评，一个高鸿业教授学生的学生，提出了他的不同看法：

1. 如果仅以你所列举的"一维"和"多维"为标准来断定凯恩斯比马克思更正确。那么，你所谓的"更全面、更正确"的判断标准太肤浅。问题的关键不是研究哪些人的有效需求不足，而是这些有效需求不足的原因是什么，是主观的前提假定，还是客观的社会关系。从这个标准来看，才能真正理解谁是"更正确"。

2. 更重要的是，你这里提出的是一个与高鸿业分歧的地方，是观点的不同；而不是以一个大家必然接受的前提和逻辑去严密地论证高鸿业的观点有哪些错误。所以你的标题是有问题的，不是肤浅的问题，而是错误的。

我的回答：

1. 方法的不同，不能作为对和错的根据。我并不是因此而判断马克思不如凯恩斯"更正确也更全面"的。我的根据是，无论如何抽象都不能歪曲事实，即抽象出来的观念，应该和客观存在相一致。比如说，如果把国营企业工人因下岗而导致的国营企业工人就业人数，作为整个社会的就业人数来加以分析，把造成就业人数减少的原因，作为整个社会的就业人数的原因，并因此得出整个社会就业人数减少的结论。那就是错误的，原因就是把局部当整体了。

   至于有效需求不足的原因是什么，凯恩斯研究的是社会总量，是社会各阶层；马克思研究的是无产阶级一个阶层。一个属于宏观经济，一个属于中观经济(我把介于宏观和微观之间的，对于地区、行业及阶层这个领域

的经济存在，定义为中观经济）。而且凯恩斯，一再说，
他把资本主义制度当成是一个可以改变的前提。凯恩斯
在哪里存在主观的前提假定？建议多看几遍《通论》和
《资本论》，否则会被误解为信口开河。

2. 我认为他根本就没有理解我的上述论点。我承认，高教授
作为西方经济学领域的翻译家，是杰出的，和王亚南一样。
但如果认为，好的翻译家就是好的经济学家，就是错误的。
高教授，无论在研究马克思的《资本论》方面，还是在研
究凯恩斯的《通论》方面，都没有取得值得一提的学术成
果。人云亦云是一种肤浅；不懂乱讲更是一种肤浅。

　　　到此，我的争论有点跑题，我应该把我和高教授的
分歧，写出来，告诉大家。

　　(1)凯恩斯研究的社会宏观经济，包括生产在内，绝不
止于此流通领域。举例，如高鸿业译版本 16 章；

　　(2)凯恩斯把资本主义商品经济制度，看成一个可以改
变的、发展的社会制度，他认为思想可以战胜既得
利益；

　　(3)就萨伊定律而言，凯恩斯是发展了它，而不是简单
的否定它。否则，就不叫《通论》了；

　　(4)失业和危机，在资本主义国家，也不是不可避免的。
制度是可以改良的，如何改良，马克思和凯恩斯的
分析，都有其独特的价值。

3. 我已经证明了：凯恩斯在《通论》中，研究的是宏观经济，
它包括生产、消费、就业、财政、金融、投资、储蓄等各
个领域,而不是象高教授和国内许多马克思派学者认定的
那样，仅仅是流通领域。《通论》为啥叫通论，它决不是
你们认定的流通理论，他的意思是，适合国民经济各部门
的一般理论。我认为英文 "general"，在《通论》中应作

"总体的"解释（在港台翻译的《通论》中，该词就译为"总体"）。而马克思的 C+V+M 及两部类模型，只研究了工人阶级的消费和资本家的投资，而没有研究包括资本家和社会其它阶级的消费和投资，因此是片面的。

有的人毫无根据地认定凯恩斯的有效需求，仅仅是从心理假设出发！尽管他明明白白地在该书好几个地方说到：有效需求由消费和投资决定。（见高版《通论》，34页关于 D=D1+D2，93页-136页对消费趋向的分析，137页-252页对投资引诱的分析。）

4. 《通论》和《资本论》，作为著作，它们的纸质载体，是一种物质性客观存在；它们的字、词、句、段、章、篇卷及由此构成的语言和语义形式，是一种非物质性的客观存在。这种非物质性的客观存在所表达的意思，是一种观念，因为语言和语义适用规则的社会性及历史确定性，这种观念并不是可以随意解释的。而且，也是更重要的是，这个观念的存在，与所揭示的客观存在（物质性和非物质性），不以解释者的主观意愿为转移。所以，我认为，那些把自己的理解强加给《通论》或《资本论》的努力，都是徒劳的。不管《通论》或《资本论》给了你多少启迪，你的观点就是你的观点，它不可能再变成《通论》或《资本论》中的观点。

不过，我对年青人那种"一瓶子不满半瓶子咣当"的行为，也并不特别反感：都是从这个年纪过来的，我理解他们。不过，如果真想在经济学术上有点建树，就该系统地反思和梳理一下那些乱七八糟的而且都是别人的思想。包括高教授，他对《通论》的研究，就我看来，除了错误理解，根本没有值得一提的成就。高教授用马克思主义观点研究西方经济学，就和萨缪尔森用西方经济学的观点研究马克思经济学一样。他们倒极其相似：对不懂的东西，发表自以为是的评论，然后贴上标签就万事大吉。唯一的区别是，萨缪尔森教授的名气更大一些，也较明智一些：他在新版《经济学》中（17 版），主动删除了以前各版皆有的对马克思经济学进行评论的附录，而高教授至死也不愿修改他那些附在西方经济学教科书后面的已经被人们看成笑料的评论。

第三节　中国：凯恩斯主义的实践天堂

我的经验是，凡是计划经济的受益者，都是天生的凯恩斯主义者。不仅如此，我还认为，中国是凯恩斯主义实践的天堂。

外国经济专家一直难以想象和理解中国的经济持续高速增长，其实道理很简单，那就是彻底奉行凯恩斯主义。凯恩斯认为：有效需求=C+I，只要提高这两方面，则经济高速发展就没有问题。

中国在"发展就是硬道理"的经济伦理观及配套的政策体系操作和诱导下，投资额高居不下那是必然结果。作为非完全市场经济国家，在中国，由于制度原因，C 对 I 的约束几乎是不存在的，这是西方市场经济国家想学习中国这样实践凯恩斯主义所不具有的外部制度条件。而 C 中政府消费的那部分，我们在此不予讨论。

西方传统经济学的信条，就是只有能满足消费的投资，才是有益的，才能够收回投资并取得利润。凯恩斯把它反过来分析：在有效需求不足的情况下，只要有投资，就是有益的，就能增加 G D P；而中国的经济发展告诉大家，投资永远是不足的。试想一下，如果 3 0 0 0 万元盖个大楼门脸或者5000万元炸座山修个刘邦像都是有效需求，那么还担心啥资本过剩呢？

唯一令经济学者担心的是，这样一来，投资过度影响国民福利，因为中国的投资方向，并不受中国广大消费者的实际需求制约。这种发展方式的优劣，短期内还难以评价。在实际的经济生活中，我目睹了下列几项政府主导的项目投资。

第一项投资为徐州市区的三环路建设。当时为解决104国道穿越市区，造成市区道路时常堵塞问题，由市政府主导，部分向群众集资、部分贷款及部分财政投资的方式建成了三环路。该项目由当时的徐州市委书记李仲珍挂帅，市长王希龙主持工作。王市长毕业于财政金融系，是个理财好手，为融通更多的建设资金，后来，市政府将三环路的收费站的一定年限的收费权卖出。据说扣除建设费用，还有盈余。这项投资，就以西方经济学的投资理论为标准，也是有价值的。

我目睹的第二项投资，是铜山县柳泉镇乡村(水泥)公路的建设。该项工程，由在此任书记八年的王培民主持。该镇从前为铜山县较穷的乡镇，县财政的拨款有限，完成此项建设的困难可想而知。但该镇不但完成了这一建设，而且路修的标准很高，全部为水泥路面，该镇现已成为该县经济较强的镇。该项投资，从商业经营的角度看，是划不来的。因为它无法变现，似乎也永远收不上来投资。但该项目具有巨大的外部经济效益，如果我们将该镇看成一个企业，把税收的增长看成纯利润，则我们发现该项工程的投资与税收的大幅度提高，有很高的关连度。

我目睹的第三项投资，是由徐州市政府的一个部门主导的，在市区建设的"世界奇观"项目。该项目建成后，既没有商业效益(无人问津)，也没有外部经济。最后，由市政府出面协调，把那些乱七八糟的"奇观"全部砸掉，改成运动场所，交市体育局办公使用。该项目从建设到改造，共创造近 5000 万元的 GDP，实际是直接损耗了 5000 万元的国民财富。

凯恩斯在《通论》第五章的开头写到：

"一切生产的最终目的都是为了满足消费者"。

（凯恩斯《就业、利息和货币通论》，商务印书馆，1963 年版，第 42 页）

他把这看成是在市场经济制度下不言自明的经济客观存在，至少也是经济客观存在运行不言自明的主题。但是，我只把他的这一判断，看成是一种社会所期待的经济伦理观及其相应的制度约束。也就是说，表面看来，西方国家的经济，由于市场化程度高，一切投资都围绕着消费转，但这样一来，我们就陷入了一种困境：阿波罗登月计划，在多大程度上和消费者相关，这是一个难以回答的问题，我们似乎可以把各类投资和最终消费的距离，看成一个系列，用早期经济学者所用的"迂回"概念讲，是"迂回"的长度不同，不过，有些"迂回"太长了，短期可以认为是不相关的。其实，纵使在市场经济中，纵使是非政府投资，也有许多投资是不合乎纵使是最宽泛意义上的商业原则的，比如说，许多金融机构的办公大楼，它和政府的许多楼堂馆所的投资，本质是相同的。也就是说，认定在西方资本主义商品经济中，I 和 C 总是相关的，显然也并不是事实，我们唯一可以说的是，它们是否是主体部分。

如果政府主导的投资，有一大部分属于第三类，则不难理解：为什么我们中国 GDP 年年如此高速增长，而国民福利增长的却没有那么快。

在此，我也同意凯恩斯的下述观点：纵使是第三类的投资，在经济萧条有效需求不足的情况下，短期这样做，对社会也是有刺激经济繁荣作用的。尤其对于就业的作用，因为投资的乘数效应所引起的。但是，毕竟第三类投资不是很多，政府主导的投资多少年来大多数介于第二类和第三类之间。在我们不能确定什么投资与社会的有效需求一致的情况下，尝试做这种项目：

1. 与社会潜在需求相一致的；
2. 企业不愿投资的、而社会又迫切需求的；
3. 有外在经济的。

这应该是政府投资应该遵守的一种理性的原则。

要想理解中国政府在经济发展中的作用，只需要理解这一节。如果有人认为太夸大其词了，那就换种说法：本节能够帮助你理解中国政府的投资性质，以及理解投资和消费相关度为零时的经济后果。

在经济危机时期，对待投资拉动，我和凯恩斯的观点是一致的：那就是必要的、有益的。

对于中国目前的投资政策，我的意见是，多上些提高国民福利的项目，从而能够直接及间接提高消费占 GDP 的比例。

有人说：中国 GDP 的外贸依存度是多少？70％！你就可以想象，为什么在中国七大行业生产过剩的情况下，GDP还能维持高增长的原因了。凯恩斯的有效需求理论，整体不适合中国目前的经济特征。

我认为：外贸只是驾中国 GDP 车的三匹马之一。我并没有否定对外贸易（主要是代工）对经济繁荣的作用，我只是强调凯恩斯主义在中国有特殊生长发育的制度环境。

有的经济学者（如许小年、张维迎），连凯恩斯的经济学和凯恩斯主义的经济学都分不清楚，就敢狂妄地评价、批判凯恩斯的宏观经济学，而且要埋葬它，岂不可笑？他们只有自己关于凯恩斯的谬见，从没有理解凯恩斯的高见。

第三章 马克思和凯恩斯：经济理论比较

第一节 比较的基础

➢ 概念和范畴

马克思说，人和蜜蜂的区别在于人的实践有概念指导。但是，人的概念有历史继承性，而我们继承的东西有些是错误的及不合乎现代社会道德规范的。这就需要理论家对之扬弃。经济学家也是人，他的工作首先是研究社会经济存在是如何运行的，如何更有效率；其次，他也会提出他个人的价值判断。

这时候，他往往把后者也当成了前者，正如人们容易把市场经济的社会分配伦理看成是"永恒的客观规律"一样。许多经济学家讲"等价交换是人类永恒的规律"，就是最贴切的例证。

我认为，马克思《资本论》，是马克思以他自己认定是既合乎经济存在又合乎形式逻辑的构造出的经济概念体系。尽管我认为它的许多内容不符合上述规定。但说马克思的《资本论》主要内容是对他那个时代的描述和批判，而不是努力去进行分析及揭示其运行机制，这对马克思更不公平，也更不正确。这一观点同样适用于凯恩斯的《就业、利息和货币通论》。

➤ 科学分析和伦理判断

简单地讲，经济学中的科学部分是经济学中的真，即对客观经济存在的事件及其关系的认识范畴体系，经济学中的伦理判断部分是经济学中的善美，即对客观经济存在的事件及其关系（如制度）的主观评价范畴体系。比如说现在社会分配不均，这就属于经济科学范畴；而说社会分配不均不好，我们的目标是"共同富裕"，这就属于经济伦理范畴。至于经济学术史中因分不清这两类范畴造成的危害，至今还没有完全消除，这就是我前面说我的这篇论文（指"马克思劳动价值理论中的真理和谬误"）对解决"死人抓住活人"有点帮助的理由。

作为一个经济学者，对于过去现在乃至将来的社会财富的生产和分配，我都可以有自己的道德伦理观点和判断。但我决不能让我的道德伦理观影响我对客观经济存在的认识，包括我对已存在的及将要改变的经济发展变化及经济分配原则的认识。其实，前人的经济道德伦理观，有的已经固化为当今社会习俗、行为规范及法律制度。我认为：凡是对客观经济存在的正确认识所形成的经济科学，完全可以不受个人的乃至其所生活的阶层和所生活的社会的道德伦理观的影响。也就是说，经济理论中科学部分完全没有阶级性（党性），也应该完全超越阶级性（党性）的影响。但经济理论中的伦理部分，其实质就是各种不同类型的个人主观偏见及社会意识形态。这就是我一再强调二者区别的原因。也是马克思在劳动价值理论乃至《资本论》中犯了许多错误的原因。

在中国的经济学术界，凡是认为经济学（包括马克思主义经济学和以凯恩斯为代表的西方经济学）中有科学成分和经济伦理道德观成分，而且可以把二者分离开来的人，都是我的"志同道合"者。我们目前最需要做的工作，就是认识商品经济是如何运行的，包括商品经济中，分配伦理的实现。即分配在商品经济中是如何且依据什么实现的。

张建平网友在"经济学家"网站，发了一篇题为"态度决定一切"的文章，其主旨是说西方经济学就是资本主义性质的经济学，马克思主义经济学就是社会主义性质的经济学，中国大学中的西方经济经济学的传播状态，可看成是中国发展资本主义的晴雨表。这篇文章不能说完全错误，从某种意义上讲还有正确之处。他的错误之处，在于把态度放在理性之上。西方经济学的主体结构，在于对资本主义商品经济运行机制的的描述和认识，尽管其中不乏辩护之处；马克思主义经济学尤其是马克思的经济学，其主体结构，也在于对资本主义商品经济运行机制的描述和认识，尽管其中多有批判之处；但它们相同之处，在于都试图从不同角度，对资本主义商品经济的运行机制进行科学性的认识。它们都有科学的成分，也有谬误的成分。基于理性，我们应该继承它们的正确认识，扬弃它们的错失和谬误。如果我们基于原教旨主义的态度，对待西方经济学和马克思的经济学，那我们就很难正确理解它们的学术价值，更不用说去继承和发展了。

第二节 价值理论

1878 年恩格斯在《反杜林论》中指出：

> 社会一旦占有生产资料并且以直接社会化的形式把
> 它们应用于生产，每一个人的劳动，无论其特殊用
> 途是如何的不同，从一开始就成为直接的社会劳动。
> 在这种情况下，社会劳动在各种产品生产的分配，
> 可以通过计划来加以安排，而不需要著名的"价值"
> 插手其间。（恩格斯《反杜林论》，人民出版社，1975
> 年版，第 80 页）。

在马、恩所理解的取代资本主义商品经济的新生社会里，
商品经济及其特定的经济范畴，都不存在了，但是，这个
新生社会依然需要对个体劳动进行配置、生产产品，供社
会正常运行使用。

一百个人有一百种以上的"价值"定义，说明价值理
论还非常不完善，关于商品经济（包括资本主义商品经济）
的认识理论，还谈不上系统化、科学化。我在本书所做的
工作，就是把经济学史上关于"价值"的多重含义揭示出
来，而不是否定它。现实中的社会分配，作为社会分配伦
理的一种客观经济体现，可以成为经济学分支中的经济伦
理学的的研究对象。

我感觉经济学中的"价值"概念，存在如下问题：

1. "价值"的内涵和外延界定不清：经济学上的含义是指其
   购买力，应和伦理观念上的含义（如对人的重要意义）
   分清，更不能有多重含义。

2. 把"价值"的决定要素（比如劳动）和用劳动作为分类及
   测量手段(纵使是测量购买力即价值本身)混为一谈。在这
   点上所有相信耗费劳动价值理论的学者，都比较严密：

他们都不提耗费劳动为 0 的商品的价值决定。事实是：任何商品经济中的全体商品（含纯粹人类服务及非人类服务），其中耗费的劳动，是一个从 0%到 100%的序列。正如其中耗费(占用)的土地和资本是一个从 0%到 100%的序列一样。

3. 折算劳动价值理论重点在于揭示所有权对商品价值决定的意义。纵使全部耗费为 0 的商品的价值决定，如爱琴海岛上出土的维纳斯女神雕塑，也存在所有权对她的价值决定的影响，当她被所有并被投入市场之后。

4. 折算劳动价值理论并不否定消费偏好和社会购买力分配(有效需求)对商品价值决定的意义。相反，它是把这两个基本要素看成相对独立的价值决定要素。

5. 当一种商品耗费的劳动为 0 时，它的折算劳动并不为 0。纵使得到它不需付出任何经济耗费（如劳动、资本和土地等），它的折算劳动亦不为 0。折算劳动价值理论只是以一维的方式（从劳动的角度）去认识市场经济的思维工具，如斯拉发的"一般商品"。其实，自系统论在经济学得到应用以来，用系统的思维方式去认识市场经济,包括认识商品之间的交换比例由那些因素决定，已经取得了很大的进步。事实上，一个国家的政府，所信奉的分配伦理观，都会影响一些商品的交换比例的改变乃至整个市场经济的运行。

马克思之所以要对他的劳动价值理论进行不断修补，是因为他要让从他的劳动价值理论推断出的结论，和现实的经济存在及其运行机制一致。其实，要素价值论，和效用价值论一样，都只在假定其它价值决定要素为独立变量且相对不变的条件下，才是正确的。认识价值理论，的的确确需要懂得一点系统论的概念。那些空谈马克思"价值"

概念的人，首先应自问：经济学构造这个概念，是干啥用的？经济存在及其运行机制，是客观的，它不依赖于个人和单一阶层的意识而独立存在着。

二十多年前（最迟于 1992 年），我就写出了论文"马克思劳动价值理论中的真理和谬误"，因论文中有指出马克思劳动价值理论中存在谬误的内容，而不能够在正规的学术刊物上发表，那是因为这些刊物都被正统的马克思主义经济学者控制着，我的思想是异端；二十几年后的今天，我的这些思想还是不能见之于报刊，部分原因是因为我论证了马克思劳动价值理论中存在谬误的内容，部分原因是因为我论证了马克思劳动价值理论中有真理的成份，并且批驳了西方主流经济学家对马克思的无知，而如今许多中国经济学术刊物就控制在西方主流经济学的信徒手中。我的思想依然是异端。感谢互联网，使我这些异端思想，可以见诸于世界。

有些马克思主义经济学者，责怪我虽然一直坚持说马克思的经济理论有真理成分，但到处宣传的却是：论证马克思的《资本论》是建立在逻辑前提不清（将两个不同所有权基础的商品经济中的价值决定，不加分析和论证地视为相同，比配第还退了一步）的基础上的，从而其劳动价值理论及剩余价值理论，不可避免的其主要成分是谬误。这一点我完全接受，的确，多少年来，我批判马克思经济理论中的谬误的工作做的多，宣传马克思经济理论中的真理的工作做的少。我这样做的原因是：马克思的经济学，作为中国的官方经济学，已主要成为一种社会主义的意识形态，他的一些真理成分，被不加分析的全盘肯定，我的这种有条件的支持，常被看作多余。但在目前否定马克思劳动价值理论甚嚣尘上时，我认为自己有责任在此多强调它的认识价值及在经济理论史上的重要地位。

马克思所犯的这个逻辑错误，浪费了数以万计的经济学者的宝贵时间，也给人类社会带来了血和火的历史，凯恩斯大概也是由此引发"危险的东西不是既得利益而是思想"的缘由。二十多年前，我就研究出了这一成果，曾和北大的陈岱孙老师及复旦的宋承先老师交流过思想，但他们因为种种原因，都对我的研究不置可否。我的论文至今也没能在正规经济学科刊物上发表，我时常有怀揣和氏璧人的感慨。我不靠研究吃饭，说到底也没有义务，提醒我这个时代的人别掉进马克思的这一陷阱，但每当我看到那么些人，把自己宝贵的生命毫无意义地耗费在这上面，而不是投入到国家经济建设上去，我就按捺不住想把自己的研究成果公布于众，这是我的良知使然吧。

至于马克思劳动价值的基础即劳动二重性，在此再重复一遍我的理由：许多学者，和马克思一样，都认定人类劳动具有等同性，似乎这种等同性是不言而喻的。我在上述论文中，已经揭示出：在商品经济中，人类劳动的等同性，和土地等同性及资本的等同性一样，只是一种商品经济中的价值的等同性，它来自对各种不同类型的生产要素的所有权的等同性。其实，你只要想一下，劳动有二重性，资本和土地也同样具有二重性乃至具有多重性，这就是商品经济和计划经济之间，经济制度（含运行机制）的不同之处。马克思揭示出了劳动者及劳动收入，作为劳动所有权下的生产要素及其收入（工资制度），在商品经济中的表现形式，这是马克思对人类认识商品经济制度是如何运行的，即对广义的价值理论的一大贡献，尽管这其中包含了巨大的谬误。另外，劳动时间，作为价值尺度，只是人类理性建构的认识工具之一，并没有啥先天更高的科学上的及伦理上的必然性。

在中国的经济学术界，凡是认为经济学（包括马克思主义经济学和以凯恩斯为代表的西方经济学）中有科学成分和经济伦理道德观成分，而且可以把二者分离开来的人，都是我的"志同道合"者。我们目前最需要做的工作，就是认识商品经济是如何运行的，包括商品经济中分配伦理的实现，即分配在商品经济中是如何且依据什么实现的。

第四篇

瓦尔拉斯

第二章 边际效用价值理论研究

第一章　瓦尔拉斯一般均衡理论研究

关键词和内容提要

关键词：两个前提设定，抽象，李嘉图两类商品，一个核心逻辑错误，错误认识。

内容提要：瓦尔拉斯一般均衡理论立于两个前提设定：其一是只有初始库存量和效用曲线影响消费品价格，因此抽象掉了供给方的诸多因素（包括所有权制度）对消费品价格的影响；其二是设定生产服务和资本的价值单方面由消费品价值决定，因此抽象掉了生产服务和资本的价值变动对消费品的价值决定影响。满足这两个前提设定的商品，只是李嘉图的第一类商品。而瓦尔拉斯却错误地认定它适用于李嘉图的第二类商品。这是存在于瓦尔拉斯一般均衡理论中的核心逻辑错误，来源于瓦尔拉斯对资本主义商品价值决定的错误认识。

第一节 前言

熊彼特在《经济分析史》中，转述了瓦尔拉斯曾经用来教育经济学者（也是自励的）的一句名言："要是一个人想很快得到收获，那他就种胡萝卜和莴笋；要是一个人怀有种橡树的雄心，那他就要用这样的心情宽慰自己：前人栽树，后人乘凉。"（熊彼特《经济分析史》，第3卷，商务印书馆，1994年版，第117-118页）

但是，纵使是伟大如瓦尔拉斯这样的经济学家，也是普通人，有普通人的喜怒哀乐，也同样希望自己的学术成就，能够得到官方和学术共同体的认可。然而，现实常常是非常残酷的，几乎所有的自以为做出了巨大学术创新的经济学者的热切期望，通常获得的都是当头一瓢冷水。瓦尔拉斯也没有逃脱这样的宿命，瓦尔拉斯在《纯粹经济学要义》中，表达了他因向法兰西科学院投稿所遭到的"极其恶劣的、令人沮丧的待遇"而产生的愤愤不平之情，并把他和古诺所受到的所谓"不公正"对待，判定为法兰西科学院及其院士们"有眼不识金镶玉"的耻辱。（瓦尔拉斯《纯粹经济学要义》，商务印书馆，1989年版，第22页）

今天，我们仅仅从经济学理论贡献的角度来推断，瓦尔拉斯的投稿在法兰西科学院遭到冷遇，是因为他的投稿水平不高（比如他的价值决定理论和古典的生产费用价值论不同，从而被认定其价值决定理论的核心是错误的），而遭到法兰西科学院的同行冷遇呢？还是因为法兰西科学院的学术共同体水平太差，没有能力理解瓦尔拉斯的这一新理论体系，从而把它视之为胡言乱语并予以冷遇的呢？在熊彼特看来，是因为后者；而在我看来，是因为前者。我认为，法兰西科学院对待瓦尔拉斯的投稿，加以冷遇，尽管有点不近人情，但却是无可厚非的：因为瓦尔拉斯的投稿的内容，即关于两种可以通过调整资源分配进而改变有效供给的消费性商品进行互相交换时的价值决定理论，就其要解决的问题而言，是根本不适用的，因此是完全被错误运用的。但是，法兰西科学院在泼脏水的同时，把孩子也泼掉了：他们没有认识到瓦尔拉斯投稿中的一般均衡理论的学术价值。当然，在瓦尔拉斯的这篇投稿中，存在的还谈不上是一般均衡理论，也许说存在着的是一般均衡理论的胚胎或雏形，更为恰当。

第二节 瓦尔拉斯一般均衡理论的内容及社会制度设定

为了不因我自己的理解不全，而产生错误，在这里，我依据最推崇瓦尔拉斯的经济思想史学家熊彼特的观点，把瓦尔拉斯一般均衡理论的内容表述如下：

> 该结构的第一层是消费品市场理论。第二层是生产和生产服务市场理论。第三层是资本货物市场，同样与另外两个市场连成一体。第四层是流动资本市场，该市场也与另外三个市场连成一体，所谓流动资本，就是企业运转所必需的存货，即生产厂家待售的新资本货物，以及各种生活资料和生产资料储备。

为了简化我们对瓦尔拉斯一般均衡理论的研究，我们只研究《纯粹经济学要义》中的第二编即关于两种消费品交换条件下的那部分一般均衡理论（包括涉及到的《纯粹经济学要义》中的第四、五编即存在生产服务和资本交换条件下的一般均衡理论的小部分）。

在此，我们依据瓦尔拉斯《纯粹经济学要义》，来确定瓦尔拉斯所要研究的具体的经济制度，包括生产关系及其所有制部分。

对这个问题，瓦尔拉斯在他的《纯粹经济学要义》的第十八章"生产的要素和结构"中，有如下叙述：

> 土地、人类和资本的合作，是经济生产的真正要素。我们把土地的持有者--不管他是什么样的人--叫做地主，把个人能力的持有者叫做工人，把狭义资本的持有者叫做资本家。此外，再让我们用企业家这个名称来称呼与上述那些人全然不同的第四类人，他的任务是向地主租借土地，向劳动者雇用个人能力，向资本家借入资本，从而使三种生产服务在农业、工业和商业中结合起来。以金钱计的土地服务的现期约定价格叫做地租。以金钱计的劳动的现期约定价格叫做工资。以金钱计的资本服务的现期约定价格叫做利息支出。"避免亏损和获致利润的愿望，是企业家购入生产服务、出售产品这一动作的主要动机；正如我们早先所看到的关于地主、工人和资本家的情形一样--获得最大满足的愿望是他们出售生产服务、购入产品这一动作的主要动机。"
>
> （瓦尔拉斯《纯粹经济学要义》，商务印书馆，1989年版，第 229 页）

由以上引文，我们可以确认，瓦尔拉斯一般均衡理论的适用对象，是现实中客观存在的资本主义商品经济。

第三节 瓦尔拉斯一般均衡理论中的消费品分析

在此，我们只研究两种消费性商品互相交换条件下的价格确定因素，因为依据瓦尔拉斯的观点，多种和两种的理论结构是相同的。首先，我们表述瓦尔拉斯的观点，其次，我们要指出瓦尔拉斯观点的内在矛盾，最后，再提出我自己的观点。

瓦尔拉斯假设在消费品市场上有两种商品，小麦和燕麦，其中小麦是适合人食用的，而燕麦是适合马食用的。瓦尔拉斯假定市场上只有两个人，其中一个有一定量的小麦，另外一个有一定量的燕麦，而且，他们两个人都有交换的意愿。

我们仍采用瓦尔拉斯定义的"有效供给"（数量确定、价格确定的供给）和"有效需求"（数量确定、价格确定的商品需求）两个概念。按瓦尔拉斯的理论观点：（一）在既有的两种商品下，要使有关这两种商品的市场处于平衡状态，或者要使两种商品彼此互计的价格处于稳定状态，其必要与充分条件是两种商品的有效需求与有效供给须各相等。（二）如果价格事实上是由数学上的需求曲线而来的，那么构成或产生需求曲线的那些原因和主要条件，就也会构成或产生价格。（三）假定市场上有两种商品，如果通过各该商品所满足的最后欲望的强度比率，也就是稀少性比率，相等于价格，则两种商品持有者都获得欲望的最大满足或最大有效效用。直到上述均等已经达到为止，对交换的一方来说，卖出其稀少性小于其价格乘另一商品稀少性的积的那种商品，和买进其稀少性大于其价格乘另一种商品的稀少性的积的另一商品，都对他有利。（四）说到底，构成确定现期价格或平衡价格的必要与充分的数据的是效用曲线和保有量（初始存量）。即按照瓦尔拉斯的观点，只要知道这两种商品的初始保有量及这两个商品交换者的效用曲线，就可以确定这两种商品的交换价值。用他的话说，这两种要素，是决定这个消费品市场交换价值的充分必要条件。他设想，市场可以采取试错的方式，不断地通过调整交换价格的高低，向一般均衡方向调整，直到达到由效用最大化条件决定的出清数量和交换价值，这时候的价格，属于一般均衡的价格。

对于瓦尔拉斯设想的这个市场及其价格决定过程，我们按如下问题，分别研究：（1）进入交换市场的主体及效用曲线；（2）市场主体的交换对象及所持有的购买力；（3）市场主体的交换动机及交换结果。

(1) 进入交换市场的主体及效用曲线。依据瓦尔拉斯在他的《纯粹经济学要义》的总体假设，本来应该是属于工人、地主、资本家或企业家身份范围的消费者，他们应该拿着他们的收入（以金钱形式），来到消费市场，购买他们需要的消费品，交易目的是效用最大化。但瓦尔拉斯在这里研究的主体，是两个很奇怪的消费者：首先，他们不是拿着金钱到市场来买消费性商品，而是先拿着具体的商品，到市场上来进行商品交换，通过物物交换，得到对方的商品。其次，这两个消费者的效用曲线，不是他自己确定的，而是由交易两方确定的，因为按照瓦尔拉斯的说法，两个消费者的效用曲线，不仅取决于他们自己的心理作用、自己的商品，而且取决于两种商品的交换比例（相对价格）。

(2) 市场主体的交换对象及所持有的购买力。这两个消费者，首先是法律上两个平等的交换主体，他们不能采取抢劫或其它强制的方式，而只有通过平等交换，才能得到对方的商品，也就是说，只能以他们手中的商品，去交换对方的商品。但是，因为小麦和燕麦，都不是货币，不具备一般购买力的职能，因此，一个单位小麦能够交换到多少单位燕麦，通常来说，要看小麦和燕麦是如何生产出来的或看它们的生产费用。但不知为啥，瓦尔拉斯对此讳莫如深，他根本没有告诉我们这方面的任何信息。

(3) 市场主体的交换动机及交换结果。瓦尔拉斯假设，这两个消费者，交易的动机，是使他们各自的效用最大化。因为瓦尔拉斯的效用最大化，其定义不同于一般理解的含义，即在一定预算约束下的个人主观效用最大化。为了分析一般均衡过程，我们暂时把效用最大化，定义成这样的结果，即交换比例不再变动时候，就是效用最大化。依据瓦尔拉斯的研究，由于效用最大化的作用，两个消费者进行的交换比例，就会到达一般均衡过程的均衡点，否则，效用最大化的作用，就会调整交换比例。

对于瓦尔拉斯关于两种消费商品的一般均衡过程理论分析，我们说，在商品经济中，消费者个体，必定生存在一定的生产关系之下的商品经济社会中，就瓦尔拉斯研究的客体而言，这些消费者必定是资本主义商品经济中的消费者，他们消费的商品，必然是资本主义商品经济条件下生产出的商品。因此，瓦尔拉斯研究的这两个消费者手中的小麦和燕麦，必定是资本主义商品，它们有自己的生产费用。因此，这两种商品的交换结果，必定是它们生产费用的倒数。这个数字，就是瓦尔拉斯一般均衡下的价格。如果这两种商品，因为有效需求和有效供给出现了背离，那么，这两种商品在短期内，就会出现库存增加或减少，在长期内就会出现资源分配的改变，并通过改变有效供给影响有效需求，以达到新的一般均衡。这个时候，我们可以把这种均衡的结果，看做显示性效用最大化，这和瓦尔拉斯的概念完全相同，因为瓦尔拉斯的效用最大化，并不仅仅受个人心理影响，而是一个价格函数。

这里我们研究一下瓦尔拉斯，为什么要选择两个奇怪的消费者。首先，这两个消费者的存在，因为是进行的物物交换，就掩盖了货币的存在，因此不仅撇开了货币的效用曲线问题，而且也掩盖了货币的来源以及商品的来源问题，尤其是商品的来源问题，牵扯到有效供给的许多方面包括商品的生产关系。其次，通过物物交换，使这种研究，具有了一个公众可以理解的有现实来源的外观。这种交换因为是在客观经济存在的交易中的一种（尽管是不重要一种），但用来作为移花接木转变成全部（各类）商品的价值决定，也足够了。

上节说到，满足瓦尔拉斯要求的消费品商品，是客观存在的商品中的一种，我把它定义成"有闲商品"，或者形象地称为"休闲型钓鱼的卖鱼人商品"。这个奇怪的概念来自于我在假日观察到这种经济现象：许多钓鱼爱好者，在节假日到野外沟塘中钓鱼娱乐，娱乐的结果，就是钓到或多或少的野鱼。这些人把鱼，一部分自己享用，一部分拿到市场出售。这些鱼的出售价格，有时候比工业化养殖的鱼卖的贵，有时候卖的很便宜，尤其是天晚了，而钓鱼人又不想自己享用的时候，价格就特别便宜，几乎接近于无偿赠送。比较一下我的"休闲型钓鱼的卖鱼人商品"和瓦尔拉斯的消费品，可以看出它们具有完全相同的性质。首先，它们的存量一定；其次，它们本身就是消费性商品，可以满足所有者本人和其它交换者的效用；再次，完全不必考虑这些商品的成本和供给因素，尽管有的钓鱼者卖鱼钱，还不够钓鱼者抽掉的烟钱；最后，它们的交换价格，不仅取决于供给方的效用曲线和需求方的效用曲线，而且主要取决于需求方的有效需求及价格。

这种"休闲型钓鱼的卖鱼人商品"类别，适用于边际效用价值理论。尽管在物资性商品的供给中，这种商品类别，没有很重要的意义。但是，在精神性（文化性）商品的供给方面，却有着非常重要的意义，就社会群体构成而言，它是"民科"存在的经济学基础。更确切地说，这种类型的精神性商品，更近似于纯粹文化性，而非工艺性。由此，我们又获得了一个"休闲型钓鱼的卖鱼人商品"：人类许多伟大的学术成就，出自于职业人士者少，出自于"民科"人士者多，就因此而获得了经济学解释。

我们现在以资本主义商品经济中的消费性商品的交换为例子，检验一下瓦尔拉斯的两种消费性商品的价值决定理论。

假如工资（W）、地租(D)、利息(R)的水平一定，则 A 资本家生产的商品 A（比如说是小麦）的生产成本底线为 PA=FA(W，D，R)，同样，B 资本家生产商品 B（比如说是燕麦）的生产成本的曲线为 PB=FB(W，D，R)。假设，这个社会就只生产这两种商品，对资本家来说，信息从不透明逐渐发展到完全透明。

假设，这个社会的工人、地主和资本家三个阶级（其中资本家又分为所有权资本家和职能资本家），都必须消费这两种商品。在完全不透明的情况下，很显然，商品 A 和商品 B 的成交价格，短期内必须高于它们的生产成本 PA、PB，长期内还必须高于 PA+MA 和 PB+MB（MA、MB 分别是职能资本家的一般利润），因为 MA、MB 是职能资本家存在的经济基础，如果没有收入，职能资本家也无法生存。这样，我们就确定了市场成交价格的曲线。但是，由于市场的不透明，我们无法确定这个市场成交价的资本家方面的报价。这个最高价，受有效需求（在此价格上的需求数量）的限定。假定这个受有效需求的限定的价格水平，在 PA+MA 和 PB+MB 的水平上，商品市场处于一般均衡；而当成交价格高于这个水平时候，就会达到不透明的均衡，这个时候，会存在超额利润。假定市场完全透明，很显然，市场的一般均衡除了上面的成交条件外，还必须受到另外一个条件的限制，即两个行业利润水平的均等化的限制，也只有在这种既基于有效需求又基于利润均等化条件下形成的成交价格的基础上，市场的一般均衡才能成立。市场交易历史告诉我们，市场上商品的价格，就是从不透明逐步发展到透明，逐步从存在超额利润过渡到只存在一般利润的，这和市场经济学原理一致了。

现在，我们来比较我们上面的分析和瓦尔拉斯的分析，有啥不同。首先，我们不需要瓦尔拉斯的拍卖者，我们的职能资本家自己就当起了拍卖者，他们尽可能的要高价，但受利润均等化、有效需求和他的长期生产成本的制约，他们的商品成交价格最终在"生产成本加一般利润"的水平上，达到了一般均衡。其次，我们看到，商品的初始保有量，并不是一个价格形成的必要条件，只要有一个"价格和数量"的一揽子订单（有效需求）和由这个社会所有制确定的有效供给价格，则具有一般均衡的成交价格，就可以确定。再次，作为影响有效需求因素之一的消费者对某一商品的纯粹心理感受，只是决定商品价格的次生（用瓦尔拉斯用语）因素，它必须通过消费者实际货币购买力的支付，才能对价格成交起作用，而且，商品成交价格是各种消费者集体货币购买力支付竞争的结果，而不仅仅是单个消费者个人竞争的结果。

所以，我认为，瓦尔拉斯关于"只要知道商品的初始保有量和商品的稀缺性函数就能决定商品的一般均衡价格"的理论，是错误的。至少对于我们上面所分析的"可以通过资源分配增加供给量的商品"，瓦尔拉斯的价值决定理论是完全错误的。

为了和瓦尔拉斯《纯粹经济学要义》的例子一致。我再用小麦和燕麦的例子，分析瓦尔拉斯关于两种消费性商品的一般均衡和价值决定。瓦尔拉斯假定，一个商人 A，也是一个消费者，他在到市场之前，拥有初始量的小麦(假定为 R)，他要用一部分小麦（假定为 R1)自己食用，一部分小麦（R-R1)用来交换他人的产品--燕麦（假定为 S1)，以满足他的另一个需要--养马,而另一个供应燕麦的商人 B，拥有初始量的燕麦（S),他也需要用一部分燕麦（S-S1)自用，一部分燕麦(S1)用来交换小麦。

瓦尔拉斯差一点就成了一个极度聪明的人。说他有可能成为一个极度聪明的人，是因为他的假设，有可能揭示出：（一）小麦和燕麦两种商品的交换价值，并不是小麦和燕麦的天然的属性而又离不开小麦和燕麦的天然属性（小麦是给人吃的，燕麦是给马吃的)；（二）一种商品的有效需求，不仅受购买方的价格和效用曲线决定，而且受供应者的价格和效用曲线决定;（三）纵使在物物交换的条件下，商品供应方的所有制性质，也是一个决定商品价格决定的主要因素。比如说，在本例中，如果两个商人的产品，来自不同所有制组织，则就会有不同的价值决定因素影响进来。说的更明白些，一个个体农民生产的小麦和资本主义农场主生产的小麦，其价值决定因素是不同的。（四）如果瓦尔拉斯揭示出，两种消费性商品的价格决定，不仅需要商人Ａ、Ｂ的有效需求曲线，而且需要商人Ａ、Ｂ的有效供给曲线，同时商人Ａ、Ｂ不仅要在他的意义上达到效用最大化，还要满足社会所有制对商品交换的制度性限制，如果他完成了这些任务，瓦尔拉斯就不仅是一个极度聪明的人，而且会在经济学理论上，做出更大的贡献。遗憾的是，历史不容假设，瓦尔拉斯只是部分完成了上述工作，而且犯了许多错误。纵使如此，他依然因为揭示出了影响价值决定因素具有多元性和系统性的巨大贡献而名垂经济理论的史册。

让我们再回到瓦尔拉斯的小麦和燕麦市场。显然，仅仅是从商人Ａ、Ｂ的初始保有量和他们各自的效用曲线，而没有关于供给方面的资料，我们无法确定小麦和燕麦达到一般均衡的交换价值。其实，瓦尔拉斯关于小麦和燕麦的例子，本身就存在一定的缺陷，小麦和燕麦，是分别适用于人和马的食物原料，如果商人Ｂ没有再生产（供应）的制度性自救的条件，那么他的燕麦的交换价值将会出现多么尴尬的数字，就可想而知了。

比较上面的分析，大家可以看到，瓦尔拉斯关于两种消费性商品的交换，完全没有考虑到在交换时供给方的资本主义商品经济关系尤其是资本主义所有制关系等因素对处于一般均衡状态下的决定作用。纵使我采取最同情瓦尔拉斯的角度看，也最多只能说，瓦尔拉斯把这两种消费性商品的生产者和交换者，看成是两个私有者，仅此而已。我在本书"马克思劳动价值理论研究"一章中，确证了所有权关系不同时，纵使同一种商品，它的交换价值也是不一样的。仅仅有两个商品交换者，以及他们各自的效用曲

线和商品的初始保有量，我们无法确定，这两种消费性商
品的交换价值。

那么，瓦尔拉斯为什么会认定，只要知道这两个消费
者的效用曲线和这两种商品的初始存量，依据效用最大化
原理，就能够确定这两种商品的交换比例呢？这是因为瓦
尔拉斯研究的前提设定及适用对象错误造成的。瓦尔拉斯
整个一般均衡体系，本来研究的是资本主义商品经济中的
李嘉图第二类商品，但由于他的前提设定，造成他把只适
用于李嘉图第一类商品的边际价值理论，错误地应用到李
嘉图的第二类商品上。

有的人替瓦尔拉斯辩护，认为瓦尔拉斯的研究，可以
适用以个人私有制为基础的商品经济，是适用例如北美殖
民地初期的那样的商品经济中的两种消费性商品的交换价
值的市场决定过程及其均衡的理论。我认为，这种观点，
和瓦尔拉斯后面著作中的假定，是完全不一致的，因为瓦
尔拉斯的著作中确认，他研究的是资本主义商品经济。纵
使瓦尔拉斯真的是如辩护者所说的那样设定的，他的分析
也是不正确的。历史已经证明，北美殖民地初期的商品经
济中，决定商品交换价值的主要是劳动所有权的等同性以
及基于这种等同性所形成的经济要求，其次才是两个交换
者的主观效用曲线。在商品经济占主导地位的现实商品交
换中，两个商品交换者的交换，也并不是采取市场出清的
办法，来决定交换价值；而是在拟定交换价值后，确定多
少商品提供给市场进行交换，其余商品则留下来作为库存，
转作下一次交换。瓦尔拉斯假定通过商品市场出清的过程
决定商品的交换价值，实际是设定这一部分商品的库存恒
为零。而商品的库存大小的决定和商品的交换价值大小的
决定，都是商品所有者的所有权（私有制）的经济表现。

假定库存恒为零和假定商品的有效供给和所有制关系无关，实质是否定了私有权以及具体的私有制度的存在。没有具体的私有权制度，具体的商品经济及其交换，就无法在现实中存在，它可以是一种观念上的或理论上的建构物，这种建构物，是虚幻的，是没有现实作为依据的，它既不是现实的真实反映，更不能揭示现实真正的经济关系，如果用来指导经济实践，就会犯错误并造成实际的经济损失。对此，我基本同意考茨基的如下观点："心理价值理论描述的是个人对估价过程的感觉，而这种估价过程是由超个人的社会力量决定的，其发展和个人的感觉无关，正像铁路事故的发生与个人的感觉无关那样"。（转引自熊彼特《经济分析史》，第 3 卷，商务印书馆，1994 年版，第 444 页）考茨基基于马克思的私有制理论及劳动价值理论，提出个人估价过程不是基于个人心理，而是基于社会生产关系，这种观点的主体是正确的。但是，真理再向前跨过一步就是谬误：考茨基认定估价过程，完全和个人心理无关的观点，的确是错误的。个人的心理作用，在商品估价过程中，有它独立的作用，也许在一些场合，它的作用，淹没在社会力量的控制中。商品估价过程是多种因素系统决定的结果，尽管有些因素因作用大，非常明显。

有的人或许可以替瓦尔拉斯找出另一个辩解的理由：瓦尔拉斯的这种理论，适用于罗宾逊•克鲁索的自然经济以及马克思的社会主义产品经济。我认为，这种辩解也是徒劳的。而且，瓦尔拉斯自己也不会同意，他的《纯粹经济学要义》通篇研究的，就是资本主义商品经济中的处于一般均衡条件下的各个商品、资本及服务的价值决定。先看看罗宾逊•克鲁索，如果没有星期五，他就只能利用自己的劳动，来实现自给自足。这个时候，他需要依据他自己的需求，把他的劳动和工具、自然资源妥善配置，从而才能生产出有限的产品，满足他的有限的、被他自己设定为有优先级的愿望。再来看看社会主义产品经济，在这个社会中，生产什么、生产多少和为谁生产，完全由掌权者决定。因此，我们不能把只适用于罗宾逊•克鲁索的自然经济的经济规则和社会主义中的产品经济的经济规则，生搬硬套到商品经济中去。而且，商品经济和自然经济及社会主义产品经济的不同之处，就在于个人和企业，不是直接为自己生产自己需要的商品，而是通过给他人和企业生产商品，并获取社会公认的价值形式（货币），才能间接地满足自己的经济需要。如果我们把"自然经济、商品经济及产品经济"比喻为"鸟儿在空中飞"、"马在陆上跑"和"鱼在水中游"，它们都各自有自己的运行规律。如果稀里糊涂设定了"马在天上飞"、"鸟在水中游"和"鱼在陆上跑"的前提条件，并不加论证地认定它依然还适用原来的运行规律，那样的理论研究肯定不仅是错误的，而且是非常荒诞的。

第四节 瓦尔拉斯一般均衡理论的两个假设及价值论基础

瓦尔拉斯第一个假定是，有一个不变的初始库存量参加市场交易，而且假设供给不能影响交易数量和价格，具有这种限制性设定的商品，就是经济学上的李嘉图的第一类商品。这个时候，我们就需要拍卖者，居间协调成交价格。因为利润率的均等化和生产成本不影响有效供给，除了销售者的心理价位外，这类商品的成交价格，完全取决于购买者的有效需求及支付能力，对于象古玩类的商品，边际效用价值论，相对具有最贴切的适用条件。

李嘉图在《政治经济学与赋税原理》中，把现实商品经济中（他实际研究的是资本主义商品经济）商品分为两大类：一类是不能通过资源投入改变供给量的商品，如文物、古画等；另一类是可以通过资源投入大量增加供给的商品。李嘉图的只研究后者，他认为，后者是商品经济中商品的大多数，具有重大的社会意义。他只研究这一类。为此，他提出了生产成本理论，并不恰当发挥了或者说不正确地拓展了配第---斯密的劳动价值理论。（李嘉图《政治经济学与赋税原理》，华夏出版社，2005 年版，第 9 页）

很显然，我这样分析并不意味着要把瓦尔拉斯的价值决定理论一棍子打死。我的这一研究结果是：瓦尔拉斯的边际效用价值理论，是对李嘉图生产成本理论的有益补充，它适用于李嘉图意义上的"第一类商品"的价值决定分析。我的研究拯救了瓦尔拉斯的边际价值理论，把它放在它应有的位置上。俗语说："有心栽花花不发，无心插柳柳成荫"。对瓦尔拉斯的边际价值理论，不也是最贴切的评价吗？

瓦尔拉斯就消费性商品和生产它们的资本品和生产性服务的关系，提出了第二个理论判定：资本性商品的价值来自于消费性商品，而不是相反（如李嘉图那样）。正是这个判定，把消费性商品和资本品及生产性服务之间的价值决定，从双向决定性改变成了单向决定性。也就是说，瓦尔拉斯的错误判定，导致他认识不到，消费性商品和资本品及生产性服务之间的价值决定的影响，是双向的：不仅仅消费性商品的价值改变，会影响资本品及生产性服务的价值确定；而且，资本品及生产性服务之间的价值改变，同样会影响消费性商品的价值决定。这种双向影响的存在是资本主义商品经济中客观存在的主体部分，只有很小的一些特殊商品和服务（李嘉图第一类商品），才具有单向决定的性质。

在这里可以看出，地租、工资及利息，在我的这一价值决定图式中，尽管具有外生变量的外观，但它们既不是完全的内生变量，也不是纯粹的外生变量。比如说，政府在经济福利方面对工人的补贴，对某一商品的价值决定说来，就是一个纯粹的外生因素，此外，就工人的主要收入工资而言，工资要受历史和习俗决定，因而也有部分外生因素的影响，但是，就工资收入的主体而言，还是属于内生变数。在资本主义商品经济中，地租、工资、利息，加上利润，构成了资本主义商品经济中的国民收入（GDP)的主体，这个总额是这几个阶级存在的经济基础，也是地租、工资、利息，加上利润的各部分的界限所在。树长不到天上去，是因为有内在因素的制约。

瓦尔拉斯的一般均衡体系，基于边际效用价值理论，是一个令人惋惜的错误。既然我们已经证实边际效用价值理论，只适用于"有闲商品"（我在凡勃仑的意义上定义它的），那么瓦尔拉斯在此基础上再分析生产它的资本服务及资本价值的确定并论证一般均衡理论，就犯了前提不清的错误。但是，市场经济可以达到一般均衡，或者说，瓦尔拉斯这一发现本身，就是一个伟大的壮举和难能可贵的理论成就。

瓦尔拉斯从来没有认识到，他从两种可以通过调整资源分配改变供给条件的商品交换推导出的边际效用价值理论，竟然根本不适用于边际效用价值理论。他是从什么地方走进歧途的呢？对此，熊彼特说的非常清楚："他（指瓦尔拉斯）所采用的分析方法是，在表述交换理论时，不考虑生产方面的事实。"（熊彼特《经济分析史》，第 3 卷，

商务印书馆，1994 年版，第 396 页）瓦尔拉斯就是从这里
走进歧途的：由于他假定，价格和有效供给之间的关系只
是间接的或中间介入的，而价格与有效需求之间的关系则
是直接的、非中间介入的，因此他所注意的主要是后一关
系。假设，是理论的前提设定，如果瓦尔拉斯把他的前提
设定，仅仅只是在讨论时候分先后顺序，逐一研究，而不
是在实际研究中，基于此假定进而完全抽象掉（否定了）
有效供给后面因素的作用，那他就不会犯如此严重的错误。
所以我说，是两个假设害苦了瓦尔拉斯：第一个假设也可
以表述为，"消费品商品价值只和有效需求发生直接关系"；
第二个假设是，"消费性商品的价值单方面决定资本品和生
产性服务的价值"。假设就是经济学研究的前提条件，一旦
你的假设和现实不一致，那么你的推理再如何完善，都和
现实不相关了，也不可能正确地揭示出现实中的经济关系。
比如说，《西游记》中，孙猴子成精后可以腾云驾雾，可以
七十二变，吴承恩写的栩栩如生，恍如当世。但是，现实
中的猴子，没有"成精"这种可能性。如果有人希望现实
中的猴子，也和孙猴子一样，那被人看成神经不正常不予
答理，也就不足为奇了。

　　现在，让我们比较一下瓦尔拉斯和凯恩斯，他们都有
有效需求和有效供给的概念。凯恩斯明确地把社会的私有
权制度，看成既予的，在短期内不变动的，即保持相对稳
定状态的。瓦尔拉斯没有凯恩斯这样清醒的认识，他没有
理解，社会的所有权制度，对有效供给和有效需求的决定
方法及作用。而且，对于凯恩斯说来，因为他是研究总量
经济的，他可以把单个商品的价值决定视为已知而不影响
他的结论；而瓦尔拉斯不同，他就是研究在总体经济中个
别商品的价值决定因素的，他必须搞清楚所有权制度对商

品价值的决定作用及作用机制，才能够科学地解释商品的价值决定，至于这个所有权制度，是如何通过有效供给及有效需求两方面决定商品交换价值的，则正是瓦尔拉斯应该加以研究并科学说明的重点所在。

我们再来比较一下瓦尔拉斯和马歇尔。马歇尔是通过局部分析，来研究商品的价值决定理论的。马歇尔也没有清晰地认识到具体的所有权制度，对商品价值决定的意义所在。但是，马歇尔不能象瓦尔拉斯那样，一直运转在想象的观念世界中，因为受到英国经验主义的熏陶，马歇尔的理论研究，总是离不开现实的客观经济存在的操纵和提醒。就商品的价值决定而言，马歇尔发展了短期生产成本和长期生产成本，作为有效供给的决定因素之一，对商品交换价值决定加以影响的理论。马歇尔关于供给和需求是剪刀的上下刃的观点，对于李嘉图的第二类商品的价值决定，是完全正确的。客观经济中进行的商品交换，不以经济学研究者个人的思想设定为转移；相反，经济学研究者的理论前提，只能以客观经济存在为转移。用马克思的话来说，资本主义商品经济，是既予的外在对象。这里，可以引用上面已经提到的形象说法：瓦尔拉斯，可以一直做着"马在天上飞"的理论探索，而马歇尔不能，他的人文素养总在不停地提醒他自己："马只能在陆上跑，纵使马跑快了看上去象飞，它也不能真飞"。因此，尽管瓦尔拉斯价值决定理论的一般均衡起点，比马歇尔的局部均衡起点，要高得多，但是，就价值决定理论而言，瓦尔拉斯远没有取得马歇尔那样的成就，在学术地位和学术影响上，也远没有后者高，就不难理解了。

因此，我认为，凯恩斯的《通论》，是基于客观主义和经验主义的，他完全避免了价值论者的死穴。价值论，归根结底是一种中观经济理论，它联结宏观经济理论和微观经济理论。马歇尔最终避开了价值论与客观主义和经验主义相矛盾的内容，他从研究个别企业的供求关系及长短期条件下的价格体系变动中取得学术成果，进而在此基础上形成了一个比较正确的微观经济理论起点；凯恩斯也避开了那些混乱的价值理论，从国民经济宏观体系出发，基于既予的价格体系，构成了一个比较正确的宏观经济理论基础。他们二人的思想，都是经济学的科学部分，是我统一经济理论发展的起点。

但是，就经济理论中的价值论而言，客观主义和经验主义并没有因凯恩斯和马歇尔，而站住脚跟。从瓦尔拉斯之后，基于边际效用价值理论的西方微观经济学，因为前提设定的原因，变成了类似专门论证"天上飞的马、地上跑的鱼及水中游的鸟"的玄学，它既不能反映客观经济存在及其运行规律，更不能正确地指导经济实践，促进经济发展，贻害了一代又一代的经济学者，因此，亟需对其进行扬弃，即发掘出它的真理的内涵，剔除它的谬误的糟粕。

第五节　我研究瓦尔拉斯一般均衡理论的三个阶段

➢ 第一阶段 1987-1993

近日，我翻到了一篇我自己的写成于 1992 年 8 月的英文手稿，标题是 Walras's general equilibrium theory is untenable--A logical proof。之所以确认该英文手稿写成于 1992 年 8 月，是因为关于这篇英文论文，有一封出自萨缪尔森教授之手的写于 1992 年 9 月 9 号的回信。同名的中文手稿，写在英文手稿之前，现已经遗失。在这篇英文论文中，我做了如下论证工作：（一）既然瓦尔拉斯的商品，其供给不影响价格而且边际效用价值理论适用，那它就应该是李嘉图的第一类商品。（二）李嘉图的第一类商品，不适用于生产成本（费用）理论，因此，建立于边际效用价值理论和生产费用最小化及利润最大化的瓦尔拉斯的一般均衡理论，因此存在内在的逻辑矛盾。（三）我把李嘉图的两类商品、瓦尔拉斯的三类商品扩充到四类。A 类商品，供给和生产费用完全不影响价格，如古画等，价格决定适用于边际效用价值理论。B 类商品，当需求增加，供给不增加，只价格增高甚至奇高；当需求降低，供给也降低，价格在短期降低，但长期不低于生产费用，因为它的生产要素不能转去生产其它商品，生产要素的运动将会维持价格。这类产品如李嘉图的特殊土地生产的葡萄酒、穆勒的古城、瓦尔拉斯的杰出人才的服务。C 类商品，当需求增加，供给同步增加，价格和生产费用一致，不论长期还是短期；当需求下降，供给也下降，但存货的出清不能迅速适应需求的需要，短期价格低于生产费用，长期价格仍和生产费用一样。这类商品如马歇尔的部分农产品，及其它长期消费性商品（住房）。D 类商品，供给和需求同步，价格和生产费用一致，这类商品，是市场的主体，适用于李嘉图生产成本价值理论。

这样一篇具有原创学术价值的论文，除得到胡代光教授的肯定、陈岱孙教授的部分肯定外，几乎没有人（包括萨缪尔森教授）真正理解过，曾被国内外几家著名经济学杂志退稿，现在看来，该论文中，以观点表达为主，进行逻辑论证的部分的确不够充分。"千里马常有，而伯乐不常有"，自认为怀揣"和氏璧"的人，又岂止瓦尔拉斯一个。我现在时常提醒自己，搞经济理论研究，既要有瓦尔拉斯那种橡树的毅力和胸怀，更要有自我批判的精神。

关于这篇论文，已故陈岱孙老师，在他的一封评价信中，曾提出过这样一个问题：

> "认为边际效用价值论是一般均衡论的基础，前者若不能成立，后者就当然不能成立，瓦尔拉斯的理论确以其价值论为其均衡论的基础。但一般评价者都不同意其价值论，因为他的价值论和其它的边际效用价值论者差不多，人们均认他的特点是一般均衡论--如何在众多商品互换中，商品价格不只受另一个商品的制约而是受其它所有商品的制约。疑问是如果作为均衡论基础的价值论是成本论，是否也存在着在市场中，众商品互换的一般均衡的问题？如果有，则如何评价瓦尔拉斯的一般均衡论？"

这个问题，我当时回信是这样回答的：

"（一）不论别人对'一般'（语义等于中文的'全部'）有何不同理解，揭示瓦尔拉斯一般均衡理论内在的逻辑错在哪儿，都是一个巨大的学术成就。本人不仅指出它错在哪里，而且指出其为什么错。我不否认，在市场经济中，一般均衡的存在(例如，Keynes(凯恩斯)的 C+I=C+S 也可视为一般均衡理论的一部分)，因此也不否认，瓦尔拉斯发现存在一般均衡的巨大贡献。但这丝毫不减损我的论文的正确性及学术价值，因为这为其它人的探索，揭示了这一任务的非完成性和艰巨性。瓦尔拉斯不过是发现了这一问题，他的解释却是错误的。

（二）在论文中，我丝毫没有批判边际效用价值理论，而是指出了它的适用对象是不能增加供给的'有闲商品'，并且断定它是经济学真理的一部分，它也不会引起动、静态的分析问题。这一观点和国内外两种态度(完全否定和完全肯定)是不同的。

在静态中，四类的确可分为二类，即 A 和 B 类。李嘉图在《原理》中就是这样分的，他认为 A 类商品对市场经济影响不大，从而他只研究 B 类商品，这并不存在内在矛盾。而瓦尔拉斯如果不研究 B 类商品，而只研究 A 类商品，这也可以。但是瓦尔拉斯在《要义》四、五、六篇中把只适用于 A 类的边际效用价值论，应用于 B 类商品(他用生产成本最小化，作为求解整个方程系的条件之一，就是证据)这就犯了内在的逻辑错误，对此根本不能用 '他物不变' 作为解释，也和 '他物不变' 无关。

(三)无论是两者，还是三者，都存在一般均衡的问题。这丝毫不影响我对瓦尔拉斯一般均衡理论的分析和批判(见论文)，至于我如何以瓦尔拉斯不同的方法解决一般均衡问题，我将在以后的论文中将现在已取得的成果发表出去。"

尽管当时在回信中，我没有回答得象现在的这么清楚，但是，我的基本观点已经形成了。现在，我终于可以清晰地把它表达出来，对陈岱孙老师的上述提问，也算有了一个交代。

➤ **第二阶段**：2006-2007

下面是我曾发表在 "人大经济论坛" 的帖子，名为 "瓦尔拉斯一般均衡理论的原义及存在性证明"， 该帖显示了我当时的观点，现复述如下。

近日，我在 CENET 读了几篇纪念杨小凯的文章，其中涉及到对瓦尔拉斯一般均衡理论的理解及证明。因为我是被 CENET 封了 IP 的人之一，所以想发表一点一滴个人的观点也不可能，在此，我谈几点自己的看法，请网友指正：

(1) 瓦尔拉斯认为，在完全竞争的市场上，存在着货币商品及生产要素的供需全部均衡（英文 GENERAL 既有"一般"也有"全部"的含义，在此，应该理解成"全部"为妥）。而且他认定，建立在边际效用价值论之上的（他的理论）所解释的，现实市场也能够达到的，这一状态，是该市场的最优状态：这时候，消费者达到效用最大化，商品生产成本最低，生产要素达到充分就业，企业达到利润最大化。

(2) 我认为，纵使在瓦氏所强调的完全竞争的条件下，他的原义上的一般均衡也是不存在的，这是一个子虚乌有的伟大发现。他的证明也是错误的，建立在逻辑前提和推理错误的基础上。他和马克思所犯的错误非常相似：在此我不再详谈。尽管有许多学者因证明瓦氏理论的存在获得了巨大的荣誉（如诺奖），也不能改变这一事实。

(3) 如果瓦氏正确，则和凯恩斯的观点不相容：凯氏已经证明，完全竞争下的市场经济，不能自动达到充分就业。我认为凯氏的观点无懈可击。

(4) 我并不象那些非此即彼的人们断定的那样，认为瓦尔拉斯的一般均衡理论没有学术价值：我认为瓦氏的理论，有很高的启示价值，如果我们设定一个社会伦理观认可的"一般均衡"的标准，然后向这个方向努力，这不是很有经济研究价值的学术问题吗。比如说，凯恩斯，他以社会认可的劳动力就业标准，作为"充分就业"的标准，然后研究这个社会的经济问题，就作出了非常大的学术成就。

　　以李嘉图为代表的古典学派，只研究耗费劳动不为零的商品的价值决定，因此该学派试图通过劳动耗费及工资，去理解资本主义商品交换，是合乎逻辑的。以瓦尔拉斯为代表的效用价值论学派，其适用的商品应该是不能通过耗费资源增加供给的商品，因此，瓦尔拉斯用生产成本最小化，去决定和求解一般均衡方程，就存在内在的逻辑矛盾。

> **第三阶段**：2010-

(1) 现在，关于瓦尔拉斯的一般均衡理论，我的观点如下：狭义的瓦尔拉斯一般均衡理论，就是基于边际效用理论基础上的一般均衡理论；广义的瓦尔拉斯一般均衡理论，是指某一类商品的价值决定，不仅受本行业有效供给和有效需求的影响，而且受全部商品类别包括全部经济因素的影响。或者说，只有全部经济均衡，才能存在某一类别的商品供需平衡。

　　在现代资本主义商品经济中，出现在现实中并不断发展的，首先是个别区域和个别商品类别的局部均衡，逐渐向整个区域和全部商品类别的总体均衡发展。但是，也绝不只是象瓦尔拉斯所说的那样，"它不断地走向平衡，但从来没有能达到平衡；因为市场除借助于摸索以外，没有别的方法接近平衡"。现在科学技术(如高速计算机)和经济学理论（如投入产出分析）的发展，已经使人类从自由放任开始向有指导的市场的经济运行机制迈进。

(2) 瓦尔拉斯一般均衡理论的边际效用价值论基础，属于适用对象错误。也就是说，边际效用价值理论，只适用于李嘉图的第一类商品。而瓦尔拉斯认定它适用于所有商品，尤其是把它错误应用于李嘉图第二类商品。造成这一核心逻辑错误的原因，在于瓦尔拉斯对资本主义商品经济的现实认识有误。这个错误认识，来源于他的两个前提设定：其一是设定只有初始库存量和效用曲线影响消费品价格，而供给方的诸多因素不影响消费品价格；其二是设定生产服务和资本的价值单方面由消费品价值决定，即设定生产服务和资本的价值变动，不影响消费品的价值决定。

(3) 基于边际效用价值理论的瓦尔拉斯一般均衡，是不存在的，是一种子虚乌有的发现。但我们可以将凯恩斯充分就业设定下的经济均衡，重新定义成瓦尔拉斯一般均衡。这就使瓦尔拉斯一般均衡被赋予了一种全新的、客观存在的有经济意义的经济状态。纵使是这种定义下的一般均衡，也绝不意味着达到了社会资源的配置最优化，因为充分就业及基于充分就业基础上的经济总量和经济结构，是否为最优，还需要设定一个社会价值观的标准，有了一个社会标准，才能对其加以评判并得出最终结论。

经济学家们一直试图寻求一个能够解释一切商品的价格决定的统一价值理论，我也一直在向这个方向努力。但这和瓦尔拉斯的下列观点，完全是两码事："市场的普遍规律，对金刚钻市场，对拉斐尔油画的市场，以及对著名歌手演奏的市场，应当都可以适用。"（瓦尔拉斯《纯粹经济学要义》，商务印书馆，1989 年版，第 73 页）瓦尔拉斯不明白，金刚钻、拉斐尔油画以及著名歌手演奏服务，基本上都应该归入李嘉图的第一类商品，它们和李嘉图第二类商品，在供给方面，具有非常不同的性质。客观经济存在告诉我们，李嘉图两类商品的价值决定因素，的确存在巨大的差别。这种巨大的差别，是一种客观存在，它不以我们的意志为转移，它是经济理论研究要设定的前提的外在来源，这种外在来源，是既予的，不允许任其所愿地改变，否则，经济理论研究的就是被歪曲的客观存在或想象的客观存在。也许下列这种自然现象，能够让包括瓦尔拉斯在内的那些一致论者感到安慰：纵使水中的鱼和空中的鸟，有着完全不同的存在方式，但它们都是动物。

➤ 印前补记：

有时候，我挺羡慕陈景润的。尽管在当时的世界上没有几个人懂得他毕生论证"哥德巴赫猜想"的学术价值，但陈景润至少有理解他、支持他的华罗庚教授和中国科学院数学研究所。而我呢？20多年来，我一直从事瓦尔拉斯一般均衡理论的研究，但是，在这么长的时间里，在全世界所有的经济学家中，就没有一个同行（不论是支持的、否定的抑或漠然置之的），真正理解我的研究成果的学术价值。对此，我时常陷入飘荡在大海中的渔人的困惑，唯一的区别是渔人有伴、心中有目标和希望，而且飘荡的时间是有限的，而我却可能一直孤独地飘荡在这个领域。

与萨缪尔森等经济学者对我的观点所采取的全盘否定态度相反，一位名为"秋夜未央"的网友，于2006年曾写过下面这样一段评论：

> 瓦尔拉斯一般均衡理论是我在一篇文章中碰到的一个名词，所以搜索来此，看了文章，尽管还不太懂，也罢，有人懂就行了，毛泽东和邓小平都说过，天塌下来有高个子顶着。那一些有坚定、独立学术精神与人情味的学者，他们是中国的脊梁。以下这篇文章（指我写的"瓦尔拉斯一般均衡理论的原义及存在性证明"），是我在经济学家网站上看到的，最近我也在看些经济学的书，所以把他摘录下来，完全是抄的李克洲先生的，是因为我觉得他写的很好。

第二章　边际效用价值理论研究

第一节　边际效用价值理论初论

经济学，是要研究经济行为的主观性这一方面，但更主要的是研究经济行为的客观性。西方经济学有诡辩的成分，而且这些诡辩成分主要是和它的主观性相关；但是，西方经济学还有客观性，所以它也有科学性的那部分。这是它的许多马经批判者所没有理解的。

首先，探讨如下问题：

1. 那些提出边际效用价值理论的经济学者，总喜欢用原始人之间进行的商品交换，作为经济学思考时的背景再现。但是，这种背景，能否作为或多大程度上可以作为理解现代社会商品交换的基础，则无人研究。

2. 影响商品交换的因素是只有效用一个，还是包括效用在内的由多个因素形成的系统工程。

3. 认识商品交换时，我们从一个影响交换比例的要素出发，不能忘记还有其它的影响要素同样在起作用，而且，对于不同种类的商品，不同要素的作用及其重要性不同。有时侯，其中的一个要素的作用，比其它的要素的作用，也许更大。举个例子，对于古玩商品，有效需求（社会购买力）比其它要素影响更大；而对于大量生产的商品，生产成本（含平均利润）对交换比例影响的更大。

4. 纵使是现代西方经济学中的唯心派，也只是偷偷摸摸兜售这些东西，因为他们早就发现他们所兜售的边际效用价值理论，在解释商品交换时，所面临的困境，和马克思劳动价值理论所面临的困境不仅相同，而且有过之而无不及。

5. 劳动价值论和效用价值论，都是经济学家试图解释商品交换比例的决定因素的理性结晶，它们不仅是科学发现，而且是理性建构工具，他们要用这个工具，去理解商品经济的运行。承认效用影响交换比例，如同承认成本影响交换比例一样，这不是用效用论解决问题。

6. 这两个理论是互补的：劳动价值论研究的前提，是有劳动耗费的商品，效用价值论能够成立的前提，是不能通过资源耗费而增加供给的有闲商品。两者的成立前提，近似于适合李嘉图的两分法商品范畴。

7. 其实，边际效用价值论和耗费劳动价值论，就错误而言，本质是相同的：社会必要性的定义和边际性的规定，都是一种自圆其说的手段。

朴素的意识往往有正确之处，因为它来源于常识。但朴素的观点，虽不无道理，但知其错，尚不知其所以错：效用是一个主观性的体验，它通过个体所有的购买力的支付影响商品交换；边际效用是一个合成谬误性的概念（和"社会必要劳动时间"一样），试图用一个不能量化也不需要量化的东西，去解决商品交换问题。效用价值论对于供给增量为零的商品交换，有正确的方面和科学认识价值；对于供给增量不为零的商品交换，是不正确的。供给增加，商品价格就一定下降吗？我看不一定。只有在对特定商品有效需求不变或者落后于供给增加速度情况下，价格才有可能下降。

中国那些西方经济学的崇拜者，把萨缪尔森的《经济学》看成正统的西方经济学的代表作，把它奉为圣经。其实，萨缪尔森的所谓的新古典综合，主要是综合了西方经济思想发展史中的错误，倒是把许多正确的理论和贡献给遗忘了抹杀了。他根本没有理解那些大师思想的（如马克思和凯恩斯）的能力。

与此相反，余斌等所谓的中国正统的马克思主义经济学者，只是用马克思的概念批判西方经济学的概念，尽管他们出了大量的批判西方经济学的书，其实他们是既不理解马克思的经济学，更不理解西方经济学。

我以上所说的这些浅显道理，普通的学生都明白，那些中国西派经济学者们就是不明白。原因很简单，他们都是钻进套子里出不来的人，并把套子看成现实世界了。

如果我们没有边际效用，就不能理解市场经济的运行吗？显然不是；牵强附会有学术价值吗？显然没有；在语言垃圾上浪费生命值得吗？显然不值得。

第二节 边际效用价值理论再论

马迎夫说：

> 等效用交换和开关说，把我弄的稀里糊涂。

我回复他：哪里有啥等效用交换，你那是自己在闭门造车。经济学是关于客观存在的学问，没有啥神秘的，也不需要那么多不知所云的概念和范畴去自圆其说。

我在"马克思劳动价值理论研究"一章中，已经指出："边际效用"这个概念对效用价值论，和马克思"社会必要劳动时间"这个概念对耗费劳动价值论的意义，是一样的。他们都试图用语言陷阱浑水摸鱼。我时常想，我们中国人，对市场经济学，是门外汉。但这也是一种"后发优势"。那些被外国人看成天经地义的概念，在我们看来是需要商榷且值得质疑的，这也许就是新经济理论形成的起点。

记得我曾和 sungmoo 网友开玩笑说：如果 sungmoo 能够把"边际效用"的量纲搞明白，他就有资格在哈佛大学经济系当教授。

sungmoo 说：

> 如果规定效用只是一个纯数，无量纲，那么边际效用的量纲不就是对应商品的-1 次幂吗（应该知道"单位"与"量纲"还不同）？这个有什么好惊讶的吗？量纲是一种规定，关键在于这种规定体系的内在一致性。

如果 sungmoo 不喜欢幽默，那就换种说法：西方大学现在教授的西方经济学中的价格理论、资源配置理论及分配理论，不管咋样隐晦，都或明或暗地以效用价值论为基础。不过，sungmoo 是如何看出"效用"和"边际效用"的"内在一致性"的，他能告诉大家吗？在他看出"效用"和"边际效用"的"内在一致性"的地方，我清清楚楚看出"效用"和"边际效用"存在的内在不一致性的性质。比如说，我们把效用看成是源于商品和商品的持有者个人之间关系的概念，而且是非常强调商品持有者个人主观性方面的概念。但是，边际效用，依据瓦尔拉斯的说法，就不仅仅与商品和持有这个商品的个人相关，而且涉及到和这种商品相交换的其它商品以及和持有其它商品的那个人的效用曲线相关。

再回到商品经济现实中：作为一个企业主，在对商品定价的时候，要考虑我的商品的"效用"和"边际效用"吗？根本不需要。作为一个消费者，我在购买某一种商品的时候，我要考虑商品的"效用"和"边际效用"吗？答案应该是这样的：我先看我有钱吗，纵使我有钱，我还要看这些钱允许我能如何花；最后，我才考虑买特定商品时，到底买多少数量合适。请 sungmoo 看看，效用价值论距离价格决定过程有多远。事实上，效用价值论者与耗费劳动价值论者，对于商品价值的决定的认识，都是瞎子摸象，属于一维的、片面性的科学性质的认识。谁能告诉大家，在现实商品交换中，比较的不是商品的购买力，而是商品的效用。

如果比较的是前者，那当然是正确的。因为该商品的购买力，在同一时间上，是一种客观存在。无论你会如何幻想，你的商品能交换到的 100 元人民币，也不具有比别人商品交换到的 100 元人民币，有啥特殊性。但如果指的是后者，对此，我们就很难理解：如果说一个富豪对于 100 元的主观评价和一个穷人对于 100 元的主观评价完全相同，那就令人难以接受。也和客观经济存在不一致，就是两个穷人，对于 100 元的主观评价，也难以相同。比如说，一个是有老婆孩子的人，另一个是个光棍酒鬼。

其实，效用论只有在消费者理性行为理论中，才有立足之地。即在特定的购买力数量内，消费者可以选择所采购的商品序列，进而达到他个人主观认定的最大效用边际。这时候，效用论已经离商品交换很远了：众多消费者，不管他们从事商品交换的主观原因如何，他们投入到市场上的是货币，也就是说，商品交换的有效供给来源，是围绕着有效需求的指针进行配置的。

sungmoo 反驳说：

> 首先，李克洲先生必须明确一点，理论中采用"效用函数"分析，并不等同于所谓"效用价值论"。现代经济学早已不需要"价值"这种概念。其次，"现实生活"中的人在行动时会考虑哪些因素，任何一个人都无法全面详细概括，"理论"并不是考虑"所有因素"，如果李克洲认为理论不需要抽象，那么讨论到此为止。至于应该或愿意做哪种抽象，每个人可以有自己的选择或标准。但误会别人的选择或标准，是另一种问题。"全面的认识"不过是你的某种定义而已。你看到此时此刻的大象某个 profile，你看到了它如何从小到大到死的过程吗？你看到它如何从一个细胞发育成胚胎，直至成为个体吗？你看得到大象这个种群将来的演变趋势吗？你看得到大象的热辐射吗？你可以肯定你见到的是"全象"吗？除非你已经把"全象"定义好了。

我觉得，这个人受的毒害太深了。证伪理论无论多么深奥，也只是一种学说。而且是一种比较片面性的学说。它就那么让你深信不疑吗？在人类认识具有渐进性这方面，我完全赞同你的一些观点。但是，如果你因此否定认识的升华和阶段性的全面认识的存在，那就是错误的。难道一个明眼人对大象的认识，不比一个盲人更全面吗？

关于抽象方法在经济研究中的不当应用所造成的错误，我已经讲的够多了。我们就以凯恩斯批判萨伊定律为例加以说明：凯恩斯认为，自由放任经济不能自动达到充分就业；而萨伊认为可以。我们能说两者因为抽象方法和程度不同，从而就没有对错之分吗？显然不能。经济危机的存在，会给你当头棒喝，就是最真实的证明。

ruoyan 说：

> 现象与现象内部的规律是不同的，理论仅仅是用一种现象解释另一种现象吗？有云就可能下雨，这是理论吗？这是理论要解释的或是理论的结论。作为一个消费者，"纵使我有钱，我还要看这些钱能如何花"，对此不同的理论有不同的解释，可以做个擂台看看这个问题哪一种理论解释更符合逻辑与事实。作为"批判者"，请先弄清楚别人是怎样解释的，然后再看这种解释哪里有问题，并给出自己的解释。或者先给出自己的理论对这个问题的解释，再比较别人的解释，说明为什么自己理论的正确性。

我这样答复 ruoyan：我不用边际效用理论，也完全可以解释企业为啥要做广告。我们中国古人关于风和雨的关系的解释，比西方生动的多。但那是神话，不是科学认识理论。为了自圆其说，不惜曲言附会，那样的理论，纵使被称为理论，也是错误的理论，因为它和客观存在不符合。我一再强调边际效用价值论成立的条件，不知为什么，你们就是看不见。

ruoyan 反问我：

> 理论成立有条件与否定这个理论能等同吗？如果仅
> 仅是有条件，那就不能说什么"边际效用理论没有
> 一个正确细胞"的观点是无懈可击的。如果说那个
> 条件是完全不可能成立、是不符合经验的，按我理
> 解的方法论，就一定要与你辩一下。

我的回复：谁也没有完全否定边际效用理论的认识价值。
汪林海发表那样的标题（指他发表的"边际效用理论没有
一个正确的原子"帖子），不过为引人注目而故意哗众取宠
而已。他说的很清楚：边际效用价值论的可悲之处，在于
他们看到了边际分析的有价值的一面之后，进而就把边际
分析的作用无限放大，最终导致了一种滑稽的理论。当然，
如果边际效用价值论，是建立在如汪林海理解的那么简单
而错误的基础上的，也许就不会影响那么些人，也不能流
传那么广、那么久。

　　一个瞎子说，大象象一个大柱子；另一个瞎子说，大
象象一把大扇子。这是受到语言的限制吗？完全不是这样
的。大象的一部分，作为客观存在，被瞎子正确的认识了。
但他们把片面性的认识，当成了全面性的认识，所以犯了
错误。这种错误，和语言表达错误(这儿所说的语言表达错
误是广义的，也包含语义错误在内)，根本是两回事。

ssmmb 网友问我：

> 你能准确说出"学术共同体的价值定义"吗？你们
> 在这里不就是对"价值"的概念定义争论不休吗？
> 我说"价值是人们内心对事物的一种评价"，并不是

对价值进行定义，而是对我所知道的这种价值性质进行描述。

我的回复：我认为你的"价值"概念，只是你自己个人的定义，和经济学领域的学术共同体的定义，完全不同。经济学上的价值概念，有着特定的内涵和外延，大家是要通过这个概念，来研究商品交换到底有哪些影响和决定因素，他们是如何相互作用进而形成最终的交易价格的。价值理论，不是神学，它自从被提出那天起，就有非常清晰的目的性。那就是试图解释在变换不居的价格体系后面，是否能够找到一定的规律性，或者说，决定商品交换比例到底有哪些因素。

我认为，凯恩斯的《通论》，是基于客观主义和经验主义的，他完全避免了效用价值论者的死穴。价值论，归根结底是一种中观经济理论，它联结宏观经济理论和微观经济理论。马歇尔避开效用价值论，研究个别企业的供求关系及长短期条件下的价格体系并取得实效，进而形成了一个比较正确的微观经济理论起点。凯恩斯在《通论》中事实上是避开了价值理论陷阱，他从国民经济宏观体系出发，基于既予的价格体系，构成了一个比较正确的宏观经济理论体系。他俩的经济思想，都是经济学的科学部分，是我们发展经济理论的起点。以上所述的"价值"定义，并不是我个人对"价值"的定义，而是所有研究价值理论的学者的共同的观念或研究价值理论的目的所在。

当你说"价值是主观的"时，你已经给价值定了性，你就根本截断了理解价值还有客观性这一方面的道路。所以你比汪林海对价值理论的理解还肤浅。香港和台湾的经济学教授，包括大陆那些海归派学者，都是欧美经济学教授的徒弟，他们教的价值理论，因为都是对奥地利学派价值理论的鹦鹉学舌，毫无疑问的是，在谬误百出的同时，一直在误人子弟。

1. 当我们说，在同样的时间地点的同一栋楼中，这栋楼的整体价值比其中一层楼的价值大。这时候，我们使用的"价值"一词，是完全主观的吗？再以汤为例，不管你多喜好喝汤，你也很少会因为你的喜欢，多付一个钢镚；同样，你再不喜好汤，你少付钱，卖汤的人也不会给你汤喝。

2. 当有人说价格不是价值时，说明他根本不知道"价格"和"价值"这两个基本经济学概念，在语言学和语义学上的衍化史。本书所阐述的这些思想，目前的经济学者没有接触到，他们的老师也没有接触过。当一个人说，"我的工资增加了，由于通货膨胀，我的实际收入降低了"的时候，他已经分清了他的劳动收入的"价值"和"价格"。而且，这时候，他用的"价值"和"价格"，都是在客观存在中有对应物的。

   如果我是一个大学的经济学教授，我会建议我的学生多读几篇类似的文章并参与讨论，它太有价值了，比那些讲解价值理论的教科书，讨论的还透彻。

   其实，不仅边际效用决定价格荒谬；价格决定边际效用的观点，也是同样荒谬。因为"边际效用"就是个荒谬的概念，属于语言和语义谬误。如果我们抛弃"边际效用"这个合成谬误性概念，丝毫不影响消费者选择行为理论的研究，更不影响预算约束对商品交换的影响理论的发展。

汪林海以铝和银价格历史的故事说明边际效用价值论的荒谬：

> 在 18 世纪时，铝的生产技术很落后，从而铝的劳动
> 时间比银长，在市场上，铝比银贵，此时，效用价
> 值论者就会说，因为铝的边际效用比银高，所以铝
> 的价格高。到了 20 世纪，铝的生产技术进步了，结
> 果生产铝的劳动时间大大缩短了，低于生产银的劳
> 动时间，从而在市场上铝比银更便宜，此时边际效
> 用价值论就会说，此时铝的边际效用比银低，从而
> 铝的价格低。如果到了 22 世纪，银的生产技术进步
> 了，导致银的生产成本远低于铝，从而铝又比银贵。
> 效用价值论者又会说，铝的边际效用比银高，所以
> 铝的价格高。

由此，我可以断言说，汪林海没有认真读过西经基础教材，他缺乏西方经济学方面的专业知识：铝和银大多属于生产要素，基本不是最终消费品，对铝和银的需求，在西方经济学上，属于引致需求，其价格与效用没有直接关系。当然啦，我还是认同他的结论的，边际效用理论，想自圆其说，就只好反复无常。这是边际效用价值论和社会必要耗费劳动价值论必然的结局。

有人说，既然使用价值和效用的内涵和外延一致，何不用"奥卡姆剪刀"，除掉一个？我认为，商品的使用价值（马克思语境下的）和商品的效用（奥地利学派语境下的），从语言和语义演化史的角度看，它们的内涵和外延不一致：使用价值强调商品的自然及客观属性；效用则强调商品的个人及主观属性。它们在商品经济学中，有各自不同的内涵和外延，因此有独立存在的观念价值。此外，不管是劳

动还是效用，不管是可测还是不可测，它们都和价格决定，没有直接关系。

有个网友向我提出这样一个问题：

> "商品是用于交换的劳动产品"与"商品是用于交换的资本产品"和"商品是用于交换的土地产品"，是否是具有同一性质的归纳命题，它们在逻辑上，能够当作公理呢？是否可以因此建立起"资本价值论"和"土地价值论"呢？如果马克思说，我只研究有劳动耗费的商品，是否劳动价值理论就符合实际，进而就正确了吗？

对于这个问题，已经超出了本节的研究范围，我前面已经讨论了许多，这儿不加详论。我只再指出一点，上述三个归纳命题，都只是对资本主义商品经济的部分认识，纵使是公理，也不会再增加学术价值。在这个时代，几乎没有人在不具有现代物理学知识的情况下，敢于理直气壮地讨论爱因斯坦的相对论的对错；但网上大部分人，却在不具备经济学知识的条件下，高谈阔论经济学问题，这是一个司空见惯的却耐人寻味的社会现象。纵使一些人发现自己错了，他们也不怪自己读书少，反怪别人不告诉他们。

我对这位网友说，马克思关于商品的定义来自于李嘉图，但他省略了李嘉图关于商品的两种分类。李嘉图把商品分为两类，可以通过生产增加供给的商品，和不能通过生产增加供给的商品。他认为不能通过生产增加供给的商品，在商品经济中的地位不重要，他只研究通过生产可以增加供给的商品的价值决定。

淡泊网友认为：

> 马克思保留大胡子，是因为大胡子对马克思的效用
> 价值高。

其实，大胡子对于马克思的效用再高，也不能用来交换货币从而给马克思换来一口饭吃。由此可见，仅仅效用价值不能决定交换比例。影响有效需求的因素大致有以下两个：1，社会购买力的分配；2，社会消费偏好，其中包括消费习惯及趋向选择。边际效用理论，不过是因素 2 中的一部分。

描述主观感受的概念，在经济学上，有存在的必要吗，我认为，答案应该是肯定的。因为经济生活中的个人是经济运行中的客观存在，而各个个人的主观偏好通过他们的货币投向，影响着商品经济的运行，这是一个任何人都无法否认的客观事实。但是，真理向前跨过一步，就是谬误。西方主流经济学家，就是从这里开始走向错误的，他们忘了：市场经济，首先是一种所有权经济。不管各个个人的主观愿望如何千差万别，他们在商品交换中，最终是通过他们的货币投向，才决定他们的偏好的实现的。能够实现的偏好，即有购买力的需求，才是有效需求，才是经济学的可以加以研究的对象。

西方边际效用学派经济学家及其教育出来的学者，不是研究有效需求，而是研究所谓"边际效用"，并通过"边际效用"，去研究商品交换中的价值决定，这是他们犯错误的根源。他们没有认识到，"边际效用"概念，乃是一个这种主观努力的结果：把不能客观化的主观感受，通过错误的逻辑构建和数学化，变成一个可以客观化的东西。认识不到这一点，是这些学者一直在谬误的陷阱中爬不出来的

认识根源。我从很久以前就一直指出：西方主流经济学中"边际效用"和马克思经济学中的"社会必要劳动时间"，在错误根源上是一样的。

有个网友开玩笑说：

> "边际论最能接近正确的地方是纳粹的战俘营，在战俘营里，香烟与面包按人们的满足的偏好形成了交换比例"。

我不完全同意这位网友的观点。纵使这位网友的观点有部分道理，那么决定交换比例的原因，也应该分成供需两部分，其中，供给的作用应该也必须加入进来。因为，在这个"固定"（应该是封闭）的地方，供给（数量和品种）不能随意增加。

这和瓦尔拉斯的观点，好有一比：在上一章中，我论证到：瓦尔拉斯认为，价格下降导致商品出清。他这样想，是完全违反资本主义商品经济客观存在的：资本家会采取储存商品的方式而不是降价的方式纠正商品生产进而商品供给和商品需求的不一致。为什么资本家会这样做也能够这样做呢？那是因为有所有权、经济利益的存在进而有生产成本在决定商品的供给从而影响商品交换价值和价格。要争论一个问题，首先要去理解它，否则争论就变成一个比赛声音高低的游戏。

西方现代经济学（包括他们的老祖宗效用学派），把资本主义商品经济，仅仅理解成是消费者对生产者的支配，这当然是片面的；这同马克思主义经济学（包括古典学派）把资本主义商品经济，仅仅看成为资本家对劳动者的支配是同样片面的一样。同样，那种认为一切经济学的根，是对劳动的控制和劳动之间的相互交换的观点，也只有在折算劳动价值理论的涵义上，才有可能是正确的。如同凯恩斯的"充分就业"，只有在以劳动作为核心指标的整个资源体系充分就业的涵义和理解上，才是正确的一样。

第三节 马克思和瓦尔拉斯价值理论比较研究

马克思关于效用理论，曾发表过如下一段精辟的论述：

> 边沁纯粹是一种英国的现象。在任何时代，任何国家里，都不曾有一个哲学家，就连我们的哲学家克利斯提安·沃尔弗也算在内，曾如此洋洋得意地谈论这些庸俗不堪的东西。效用原则并不是边沁的发明。他不过把爱尔维修和十八世纪其他法国人的才气横溢的言论枯燥无味地重复一下而已。假如我们想知道什么东西对狗有用，我们就必须探究狗的本性。这种本性本身是不能从"效用原则"中虚构出来的。如果我们想把这一原则运用到人身上来，想根据效用原则来评价人的一切行为、运动和关系等等，就首先要研究人的一般本性，然后要研究在每个时代历史地发生了变化的人的本性。（马克思《资本论》，第1卷，转引自《马克思恩格斯全集》第23卷，人民出版社，1995年版，第669页）

但遗憾的是，陆国良却把马克思归类于效用论者：

> 社会必要劳动价值论的真正内涵是边际社会效用价值论。它认为：总价值由社会总消费决定；部门产品的价值由社会需求的比例量决定；单件产品的价值由这个比例量/产品量决定。当然这个所谓的总消费中，既包括工人的消费，也包括资本家的消费。

实际上，只有马克思才是边际社会效用价值论的真正鼻祖。而且，马克思比边际效用论者高明的另一个表现是，他已经认识到了价值具有由社会需要所决定的内在的比例性。如果说，边际效用分析创造了一种适用于所有经济问题的分析工具，那么，马克思的边际社会效用价值论，就更是一种适用于所有经济问题的分析工具。

持有这种观点的人，根本不明白造成马克思和瓦尔拉斯在价值理论上的相同及不同之处的原因所在。在资本主义商品经济中，商品的价值决定，是可以进行科学认识的客观存在。不管从供给方着眼，还是从需求方入手，我们都可以逐一找出那些决定价值大小的因素及其序列。马克思和瓦尔拉斯，只不过从供需方面的不同因素出发而已，但他们却都把出发点，当成了理论的终点了，从而犯了相同的错误。

依据我的统一经济学中的折算价值理论，当我们要研究任一商品的价值决定时，商品的资本主义私有制的特殊性质（所有权），会制约着商品的价值决定，或者说，商品的资本主义私有制的特殊性质（所有权），是决定商品价值大小或决定商品之间交换比例的主要因素之一。它和这个社会的有效需求以及这个社会的生产力的发展和应用水平以及受其制约的有效供应成本，都是决定商品价值大小的主要因素。诚然，商品的资本主义私有制的特殊性质（所有权），与资本主义社会的有效需求以及基于这个特定时间的社会生产力水平的商品成本（有效供给下的价格水平）之间，也许并不是完全独立的价值决定变量，但它们的确具有相对独立的性质，也就是说，在我们研究某一特定时间、地点的商品的价值决定时，它们可以也应该被看成是相对独立的、也是社会既予的主要的因素。当然，相对独立的和既予的，并不是一成不变的。这三个因素，都是非常具有弹性的，也是政府可以调控的因素。纵使是"私有制"这个因素，各国政府不一样进行调控吗？尤其在中国大陆，私有制、集体所有制、公有制，都是政府主导的非常具有弹性的制度设计的产物。

显然，马克思模糊地看到了决定资本主义商品经济中的价值大小的三个主要因素，但他没有清晰的表述出来。不仅如此，受到他的道德偏见的损害，他没有提出一个逻辑一贯的、合乎资本主义商品经济客观存在的价值理论。同时，我们要一再指出的是，马克思在套用李嘉图的劳动价值理论时，并没有意识到李嘉图提出该理论所设定的商品的供给方面的特点，似乎资本主义社会的商品，全部是劳动参与生产的结果。

瓦尔拉斯在价值理论方面的水平，与马克思相比，还低了许多。尽管他也模糊地看到了决定资本主义商品经济中的价值大小的三个主要因素，并设立了相关的方程组以求解相关参数。瓦尔拉斯熟知李嘉图的商品两大类的区分，尽管他也对资本主义社会中的商品，进行了分类，但他否定这种分类的价值，事实上，他没有认识到这种分类的客观性、经济意义和学术价值。我们前面已经揭示出，边际效用价值理论，仅仅在研究有效供给为零的那一类商品（李嘉图第一类商品），才能够成立；而对于李嘉图的第二类商品，根本不成立。这就使他的一般均衡理论，成了建立在流沙上的大厦，尽管看上去似乎非常美观，但却不符合客观存在，只具有虚幻的生命力。有兴趣的读者，可以把瓦尔拉斯的一般均衡理论，和魁奈的经济表，马克思的简单及扩大的再生产公式，以及里昂惕夫的投入产出表，进行比较分析，就会明白我的判断的根据所在。

附录

附录一　陈岱孙老师的来信和我的复信

陈岱孙老师的来信

克洲同志:

您的三篇大文已拜读过两遍,您的不愿落前人巢臼,有所创新的精神甚为钦佩。

看得出来,您这三篇文章是一大块文章的一部分,并且不是其中心部分,而是烘托部分-- 为中心作准备的部分,因此,独立起来看这三篇文章不得不有所侧重而较为简单。这三篇中所涉及的我都曾在几十年前涉猎过,而现在也强半淡忘。所以,我提不出什么中肯意见,所以我建议您多找几位行家看看,听取他们的意见。

但作为一个读者,在读的过程中,我不免也遇见一些疑问,也许这些疑问是不成问题的问题,但疑问也许可以作为触发的参考,因此,我写在下面。

A.　关于配第的部分

(一) 二重性之谜(第一、二页)马克思不理解价值理论从而也不理解配第的价值论。读者先吃一惊,这句话是什么意思?也许读者会说看看作者的关于马克思价值论一文就可明了?

(二) 过去对配第所谓二重性有一说法,认为这是由于他混同了使用价值和价值所致。"父""母"的说法是指释前者,作者对此有何不同意见?是否认为是深一重的意见?

(三) 作者似乎没提出配第的二重性是两种社会关系的反映的有力论证?

(1)美洲殖民地在这一时期，可以任意占有土地吗?这是经济
史上的一个问题。论证如何?

(2)在配第的著作中，有过劳价论只限于殖民地的经济吗?

(3)文中第一页第二段有"如果能从殖民地(秘鲁)在一定的劳
动时间内采集到一定量的金银，并在同样时间内可以获取
等量的小麦，则……"。似乎答复上面(2)所提出的问题。
但读者的疑问恰在于上面这句作者的话是否配第原文的
原意?原文是"假如一个人能在初生产一蒲式耳谷物的时
间内将一盎斯白银从秘鲁的银矿中运来伦敦"，有限于殖
民地内的交易吗?

(4)劳价论只是反映一种原始社会关系的理论，则何以配第留
意于这一实已过时的理论，而不把他的第二价值论作为及
时的理论呢?

B. 关于李嘉图的部分。

(一) 价值与价格(第一页)"置之不论"未曾不可的理由，读者可
能不理解，如认为价值和价格没有区别，则如何理解马克思
曾批评过早期经济学家，甚至一些古典派学者，都没从交换
价值中抽象出价值来，作为他们的缺点呢?

(二) 二重性(第二页)"二重性……是从斯密那里继承来的"他试
图将两种……统一起来。如何了解"统一起来"?是否以生
产成本论为统一?"我从前的所有经济学家都不理解"……
何以见得?

(三) 对斯密价值论的误解(第三页)李嘉图批驳了斯密的……价值
由交换到劳动成比例的观点。(第八页)"斯密在书中提出交
换到的劳动决定价值"。

这是对斯密价值论的误解，李嘉图开其端，后来的经济学者
大概是接受李嘉图的观点，而延续这一误解。实则，在斯密书中，
斯密提出了二概念，"商品的真实尺度"指价值的外在尺度，是

能购买的劳动，是交换价值，商品的真实价值是购买得的劳动，产品的代价是生产产品的耗费劳动，是价值。 作者是否也接受了李嘉图对斯密指责的观点？

(四) 李嘉图的 "生产成本理论是价格论"？(第十页)是否有了货币才使交换时代价变为价格，如是以货易货，以我一桃易你一李，能否说一桃是一李的价格或一李是一桃的价格?或说是这情形下没有价格只有价值？

C.　关于瓦尔拉斯

(一) 逻辑地推论一般均衡论不能成立。(第五页)认为边际效用价值论是一般均衡论的基础，前者若不能成立，后者就当然不能成立，瓦尔拉斯的理论确以其价值论为其均衡论的基础。但一般评价者都不同意其价值论，因为他的价值和其它的边际效用价值论者差不多，人们均认他的特点是一般均衡论--如何在众多商品互换中，商品价格不只受另一个商品的制约而是受其它所有商品的制约。疑问是如果作为均衡论基础的价值论是成本论，是否也存在着在市场中，众商品互换的一般均衡的问题?如果有，则如何评价瓦尔拉斯的一般均衡论？

(二) 静态对动态，短期对长期，(第八页)"效用价值论适用于 '有闲商品 '，瓦尔拉斯价值理论谬误在于……适用于全部商品"。作者是否在此放松对边际效用价值论的批判，因为这样是否会引入静态动态的分析问题。

瓦尔拉斯的分析是古典经济学和其后人的传统分析，是以静态分析入手，静态分析一重要假定是他物不变，作者在 10 页推出四类实涉及此问题?四类即可分为二类，静态与动态，瓦尔拉斯指的不只是对 "有闲商品"而是扩大为一切 "他物不变"条件下的静态中商品的交换如何可达到均衡的问题？

(三) 两方与三方(或各方)(第十一页)，例子光说只有能力、欲望相同的两堆人--即两方--进行交换。忽然跳出一个能力、欲望和上面两方不同的一个人参加交换。这样，两方的交换已变为三方的交换，作者这里，是否自己也提出了瓦尔拉斯的要解决的问题，即一般均衡的问题，在这情况下，作者又如何对瓦尔拉斯进行批判?这一般均衡的问题，又如何以不同于瓦尔拉斯的方法来解决?

上面这些疑问只是在阅读的过程中产生，没有系统，并不正确，但是有了这些可能的疑问--或者尚有其它更多的疑问，似乎有对它们有重新研究的要求而已。

匆此，并致
敬礼

陈岱孙 九二年八月卅日

我的复信

岱孙老师：

您好 来信收到，内情悉知。我本以陈老师为行家，不想如此谦逊，若陈老师都不能断定我的论文能否成立，则国内学术界谁还有资格作此鉴定人?尽管如此，本人仍遵教去行，如下，是我对陈老师疑问的解释，不知当否：

A.

(一) 二重性之谜。对于马克思的劳动价值理论，我已研究完毕，正在成文。事实上，揭示配第、李嘉图及瓦尔拉斯等人的价值理论，只是为解决马克思的劳动价值理论提供了一部分可能性，决非全部基础。马克思的价值理论，既不象马克思的信徒所相信的那么完全正确，也决非如马克思的敌人所断定的如此错误。它既有正确的也有错误的方面，且混杂在一起。

(二)我对这种解释早就产生了怀疑，进而发展到否定之，并提出是他解释不了(实际是找不到)劳动和土地在产品形成中的作用及功能比例，而作的一种誓喻(见论文)。

(三)我认为本论文极其清晰地阐明了论文主题。此外，两种不同的社会关系将会使价值决定因素不同，这不仅是我的发现，我还指出了具体影响途径。 (见论文)，对此，配第是无此才能的。

(1)J，S穆勒在其所著《原理》中(商务91年版中文译本下册663页倒数第9行)，明确地讲劳动者因可自由占用土地从而阻碍了殖民地经济发展,他因此鼓吹威克菲尔德的殖民学说。

(2)在配第文中根本找不到这样的思想。纵使是殖民地人--富兰克林,尽管也提出了劳动价值理论,也不理解它的成立条件,只有我解释了这一条件,它和殖民地并没有必然联系,因为殖民地经过发展,也产生了资本主义关系。对此,马克思在《资本论》第一卷最后一章中也讲得很清楚,他认为威氏的功绩之一是发现了殖民地生产关系和母国的生产关系是不同的。

(3)配第没有限于殖民地,事实上,他根本分不清,也认识不到社会关系在殖民地和母国有不同之处,他只是有此直觉:有时商品交换只和劳动有关,有时和劳动及土地皆有关,所以他试图找出土地和劳动之间的 "自然等同关系 "。

(4)劳动价值论只对(仅)存在劳动所有权的社会商品经济(而

不是原始商品经济如封建商品经济)成立。配第并没留恋
这一过时的理论。事实上，他留恋的是如何求得土地和劳
动之间的"自然等同关系"。证据见马克思《剩余价值学
说史》第一册后面关于配第的评述。

　　B.

(一)我在《初评》一文中两次讲解了如何"未尝不可"，并
　　再三说明价值和价格不同，仅对于古典及效用两派的
　　一维认识方法，才是有意义的；而对于基于实证和经
　　验主义的二维及多维认识方法的其它学派，则是没有
　　意义的(如康芒斯在《制度经济学》上下册中的分析)。
　　马克思属于古典学派，他批评其它古典学者不是不对
　　题。我在论文中没有很详细讲到这些方法的存在论基
　　础如何不同，是碍于篇幅所限。

(二)应该这样来理解"统一起来"：斯密用古典学派的一维
　　认识方法得出了劳动价值理论，同时又用二维及多维
　　认识方法得出了生产成本理论(即工资、地租和利润决
　　定价值)，其实从这两种方法中，都可以得出正确的价
　　值理论，只不过其方法及存在论基础不同而已。李嘉
　　图认识不到这种二重性(和配第那儿的"二重性"含义
　　完全不同也无关)，他在其《原理》第一章中，把这两
　　种方法的结论混杂在一起，从而错误地"统一起来"，
　　对此，在我之前，所有的经济学家都不理解(举个例子，
　　请读一下李嘉图《原理》中文译本的前言，该评论大
　　讲第一章具有逻辑的一致性，这论文是王亚南写的
　　吧？)。此外，我在中外经济学文献中也没有见到一篇
　　论文，对此作出过其它解释，实际上，如能解释清楚
　　这种"统一"，就能揭示出李嘉图的错误。的确除我之
　　外，还没有人做过这方面的工作。

(三) 我对斯密第一篇五、六、七三章的研究，使我独立地得出和李嘉图、马克思等人相同的结论。不仅如此，我还清楚斯密存在劳动耗费决定价值及交换到劳动决定价值这种"二重性"存在的原因：斯密也没有能力清晰理解生产关系不同对价值的影响是不同的这一原因所在。在数值上，交换到的与折算出来的应该是相同的。这绝非偶然，折算理论的产物和实践结果，应该是一致的，否则折算理论就是错误的。

(四) 货币本质上是一种方便交换的制度，它的存在与否，与价值、价格并没有关系，说一桃的价值是一李和说一李的价格是一桃，之间并没有什么本质不同，如果有什么不同，则是"价值"可等同于"购买力"，似乎是一种关系，而"价格"似乎是表示"对象"以别于购买力的"关系"，这涉及语义学和语言学问题，这里不便长谈。

C.

(一) 不论别人对"一般"（语义等于中文的"全部"）有何不同理解，揭示瓦尔拉斯一般均衡理论内在的逻辑错在哪儿，都是一个巨大的学术成就。本人不仅指出它错在哪里，而且指出其为什么错。我不否认，在市场经济中，一般均衡的存在(例如，Keynes(凯恩斯)的 C+I=C+S 也可视为一般均衡理论的一部分)，因此也不否认，瓦尔拉斯发现存在一般均衡的巨大贡献。但这丝毫不减损我的论文的正确性及学术价值，因为这为其它人的探索,揭示了这一任务的非完成性和艰巨性。

瓦尔拉斯不过是发现了这一问题，他的解释却是错误的。

(二) 在论文中，我丝毫没有批判边际效用价值理论，而是指出了它的适用对象是不能增加供给的"有闲商品"，并且断定它是经济学真理的一部分，它也不会引起动、静态的分析问题。这一观点和国内外两种态度(完全否定和完全肯定)是不同的。

　　在静态中，四类的确可分为二类，即 A 和 B 类。李嘉图在《原理》中就是这样分的，他认为 A 类商品对市场经济影响不大，从而他只研究 B 类商品，这并不存在内在矛盾。而瓦尔拉斯如果不研究 B 类商品，而只研究 A 类商品，这也可以。但是瓦尔拉斯在《要义》四、五，六篇中把只适用于 A 类的边际效用价值论，应用于 B 类商品(他用生产成本最小化，作为求解整个方程系的条件之一，就是证据)这就犯了内在的逻辑错误，对此根本不能用"他物不变"作为解释，也和"他物不变"无关。

(三)无论是两者，还是三者，都存在一般均衡的问题。这丝毫不影响我对瓦尔拉斯一般均衡理论的分析和批判(见论文)，至于我如何以瓦尔拉斯不同的方法解决一般均衡问题，我将在以后的论文中将现在已取得的成果发表出去。

李克洲　一九九二年九月三日

附录二 宋承先老师的来信及我的复信

宋承先老师的来信

李克洲同志：

蒋家俊同志转来大作《初评李嘉图的价值理论》，拜读。近日杂事较多，住院开刀初愈，迟复为歉。

（一）

A.耗费劳动价值论：假设一元货币的劳动耗费，1 小时＝1 元，则若 100 斤大米（或 10 尺布）之价值为 100 元，耗费劳动 100 小时决定的价值：100 元分解为工资 80 元＋利润 20 元，其中 100 元为自变量，其中工资和利润为因变量。

B.生产费用价值论：产品价值 100 元决定于工资 80 元＋利润 20 元，其中产品价值 100 元为因变量，工资 80 元＋利润 20 元是自变量。

（1）李嘉图发现，假如分配比例变为如 85 元（工资）＋15 元（利润）即工资增加，利润相应地等量减少，则平均利润率发生变化，这样（后来马克思所说，若不同商品的有机构成不同，或资本周转速度不同耗费同量劳动的商品将有不同的生产价格），必然是与耗费劳动决定价值相矛盾。因此，李嘉图在《原理》第一章快结束时提出想找出一种不因分配比例变化而发生变化（类似）的"不变价值尺度"。

(2) 英国斯拉法在《用商品生产商品》（1960 年前后）
提出的"标准商品"能满足李嘉图那个"不变价
值尺度"的要求。

(3) 马克思《资本论》坚持耗费劳动价值论，又要解决
李嘉图提出的难题的办法是，"虽然有机构成"不
同的商品的生产价格与各自的价值不符，但全社
会总价值＝总价格（生产价格）和剩余价值总量
＝利润（平均）总量，这两个"总量等式"。

(4) 大约 1900 年前后，德国有一位逻辑思维很强的数
学家和统计学家发现，马克思的论证在逻辑上有
矛盾。也不符合现实，即马克思假定资本 C＝价
值，而逻辑推理和现实要求 C＝生产价格。

(5) 1960 年的后期，美国萨谬尔森在文章中攻击马克思
在第一卷主张劳动决定价值，至第二卷用橡皮擦
去，到第三卷主张市场表现出来的生产成本论或
没有价值的价格理论。

(6) 1983 年，已故许涤新同志在无锡召开的《资本论》
研究会上号召大家批判萨谬尔逊，我不知道有没
有人批判萨谬尔森，倒是对于斯拉法坚持李嘉图
的劳动耗费论的相当伟大理论创造，国内有两派，
一派全盘否定斯拉法，另一派则大以为然，但各
自发表文章，各说各的，没有正面交锋。

（二）

1. 斯密的支配劳动价值论的错误：把价值混淆为交换价
值，因为米与布的都是等价交换，所以交换价值＝价
值，也是肯定了价值＝耗费劳动。

2. 您创造"折算劳动价值论"其实并非创见，早在 1820
年前后，马尔萨斯（《人口论》的作者），持"支配劳
动价值论"（和斯密一样），此理论假定，工资＝工人

耗费劳动所创造的全部价值，所以他必然判定利润是资本创造的价值。即西方经济学近至当代包括马歇尔的生产费用价值论。

3. 您的创造，并不在于早已被马克思详细批判过。因为马克思的个别论点应该允许有所补充发展，实际上，马克思只有活劳动创造价值，即李嘉图的耗费劳动论，如果也被否定，《资本论》就只能作为思想史中的一个伟大的贡献，仅此而已。

4. 问题在于：您的创见本身乃是逻辑推理中的"循环推理"，或称"同义语反复"（Tatallogy），即其结论寓于其推理结论的"前提"中，您的折算劳动总是要依据您所假定的工资与利润分配比例，请问：分配比例又是怎么决定的？需知劳动决定价值论，必须首先有一个工资理论（劳动力价值决定工资），剩余价值乃是已知的价值扣除已知的工资以后的余额。剩余价值＝价值－工资。其中剩余价值是因变量，价值和工资是已知量。

（三）

　　我猜想：您对于经济学是"半路出家"。很可能您原来的专业是哲学，或者自然科学，你提到马克思方法论的特点是现象—本质（实体），西方的是现象—现象。确实如此，马克思批判庸俗经济学的论据，正是"把现象当做本质"。

　　所以您对于《资本论》匆匆读过一遍没有？甚至对于您打算批判的李嘉图《原理》第一章，您也没有搞清楚：为什么李嘉图专门用一节或两节提到固定资本与流动资本配合比例不同，资本周转速度不同等，甚至也没有仔细读过李宗正、陈岱老编写的《经济学说史》教科书，如果这些著作中没有详细解释，也因为是人们很容易理解的问题，无须多费笔墨。

我本人十分敬佩您的勇于思考，不计名利、钻研科学真理的精神，就此而论，您一定对您的脑力劳动换取的成果本身感到满意。我这里不客气略陈鄙见，是希望您不要因为不能得到我本人以及其他与我观点相同的人的认可，感到委屈。

为节省邮费，考虑到您有底稿，大作留下来了。《复旦学报》假如约我审稿，我怎么办？

敬礼！

宋承先 1992 年 9 月 18 日

蒋家俊同志因为太忙，匆匆看了一下，就把大作转给我了，他所以不能提出他的看法。

又及。

我的复信

宋承先老师：

来信收到，关于您信中的问题，回复如下：

(1) （该信共四页，第一页已遗失。第 1 条的内容，现已无法回忆）

(2) 我的折算劳动价值理论能够用来理解，商品之间的交换比例是如何决定的，而"支配劳动价值理论"，却根本没有认识到"所有权不同时将影响商品交换比例"

这一问题。我的理论是从现实关系中抽象出的一种观点，前者可以和后者在数值上相同，但一种是理论和一种是对现象的描述，其学术意义是不同的，况且"支配劳动"这一概念本身就是不确定的，而我的折算劳动有明确的含义。其实说劳动创造价值就和说资本创造利润一样，本身就是语言和语义不清，如果我们定义价值理论是，研究市场经济中，商品之间进行交换，其比例决定因素的科学，那么说这因素那因素"创造价值"，这不是明显的语义不清吗？此外，作为生产要素，劳动和资本在生产中，都有其作用，但产品是分配于劳动者和资本家的，应该把生产和分配分开，前者是技术问题，后者是伦理问题，要把"是"和"应该"分开，缠在一起，就会产生谬误。一个人如果连"价值"都没有定义清楚，就去研究"价值理论"，那不是一个天大的笑话吗？

(3) 说马克思只有劳动创造价值理论即李嘉图的耗费劳动价值理论，我认为有点根据不足。其实马克思有两方面劳动价值理论：一方面是从李嘉图等人那儿得到的耗费劳动价值理论，一方面就是我提出的折算劳动价值理论，对于商品经济进行正确认识的是折算劳动价值理论，但马克思将这两方面的理论及其结论搅到了一起，形成的一个死结，只有我才能解开这一死结，马克思价值理论中的折算劳动价值理论部分是该理论永远有生命力的部分，从这个意义上说，是我拯救了马克思劳动价值理论中正确的东西，去除了其错误的东西。例如说商品价值等于 C + V + M 就是耗费劳动价值理论的证据之一，而说地租是"虚拟社会价值"也是耗费劳动价值理论证据之一，而说不同国家的劳动因生产力不同，同样的时间却等于不同劳动量，则是折算劳动价值理论的证据之一，马克思劳动价值理论有四个死结，解开了这一个死结，还不能解开这一重大的理论之谜。所以您和吴易风教授一样，尽可以替马克思放心，他仅凭在折算劳动价值理论上的贡献（尽管是不自觉的贡献），也可称得上是一位大经济学家，《资本论》仍有其学术意义。

(4) 您说我的创见是循环论证，我可以说，你指到点子上了，对此，我早已曾认真地加以考虑过：市场经济，在西方称为是使用"试错法"，调整资源分配，达文波特及格林最大的学术成就，就在于他们提出机会成本的理论。也就是说，只有知道 T0 时的分配比率，才能作出 T1 时生产那种商品核算的决策（在已知预期价格和投入要素情况下）您问 T0 时分配比率如何决定，这很好回答：这是由生产力水平和社会惯例（习俗及制度伦理）共同决定的，比如 10 个工人和一位资本家（有 100 亩土地）合作生产大米，年终生产出大米 20 吨，显然只有一个分配上限和一个分配下限，上限是 20 吨（无论是工人全得还是资本家全得）下限是零吨。其实社会分配上下限不可能是数学上的上下限，因为如果资本家不能靠收入（或称为利润）养活自己，则不存在资本所有权了，如果工人不能得到足够维持生存收入（或称为工资），则也不存在劳动所有权了，因为工资和利润，是工人和资本家存在的经济基础。假如一吨大米是维持一个工人再生产的最低收入，而五吨大米是维持一位资本家的最低收入，则显然社会分配比例的界限为资本家最大 10 吨/最小 5 吨=2/1，而工人最大 15 吨/最小 10 吨=1.5/1，也就是说，社会分配比例界限为资本家/工人最大为 10/10=1/1，最小为 5/15=1/3，即在 1/3 和 1 之间，任何比例都有可能，至于到底是取 1/2 还是 3/5，则由习俗和制度伦理决定。在市场经济中，由于供需之间的竞争关系，这一问题复杂化了。因此揭开时序对市场经济运行的意义，也是对价值理论的贡献，至少说明了人们认识格林和达文波特的机会成本理论的学术价值。

由于信中第一部分并没有向我提出问题，所以我也没有诸条加以回答的必要，我只想说两点：

(1) 萨谬尔森在《资本论》研究方面的水平，远远不如庞巴维克，纵使是庞巴维克也是知其然（第一卷第一篇抽象 "价值是劳动实体的凝结" 不成立）而未知其所以然（两种不同所有权关系对价值决定的影响不同）。马克思无论是一卷还是三卷都是两种价值论的综合，确切地讲，是耗费劳动和折算劳动的综合。以及由一维认识方法的劳动价值理论和生产成本理论二维认识方法的综合。

(2) 斯拉法的理论，自有其学术价值。但我们可以问一句，他是研究的价值理论吗？如果 T0 时和 T1 时，各种关系（技术和分配）都不变，则以劳动价值为标准，还是以谷子或钢铁为价值标准都没有区别，这仅是一个用不同单位商品去测量经济结构问题，不是价值理论。如果讲斯拉法坚持耗费劳动价值理论，那在其文中，他真认为各商品的价值是由其中耗费的劳动决定的吗？显然他不是，因为 10 个工人生产 10 吨谷子，其价值式是 $10W(1+\alpha)=10P$（其中 W 为工资率，α 为利润率，P 为谷物价值），否则价值应是 $10W=10P$ 才对。其实斯拉法在其论文中，也承认只有确定的分配比例，才能求出利润率及商品价值，否则，就缺少了一个方程组。我认为斯拉法的理论贡献并不在于坚持了耗费劳动价值的理论，而是在于揭示了这样一个事实：市场经济本身并没有科学所决定的分配比率，分配比率是由历史决定的（即由生产力和习俗及伦理决定的）。至于他对"不变价值尺度"所作的努力，要想找到一种"标准商品"，"其困难和找不变价值尺度相同"（凯恩斯在《通论》中提到），我想斯拉法二十年代写的论文，二、三十年代凯恩斯就读过，而到六十年代才加以发表，不能不使人产生这样疑问：大概斯拉法也不认为他的理论真能提供"不变价值尺度"的基础吧（即"标准商品"）。事实上，"标准商品"只对这样的研究，才有意义，当经济结构（即价值结构）变动不大时，我们可以用原（T0）结构来衡量和折算新结构（T1）的总量，这可作为物价指数的理论基础，纵使如此，维克赛还指出了它的局限性。

(3) 关于资本有机构成不同对商品价值的影响，和社会关系的不同对商品价值的影响，这是两个问题，它们和寻求"不变的价值尺度"也不是一回事。将这三方面搅到一起，是对斯拉法的《用商品生产商品》产生误解并难以理解它的主要原因。

匆匆地写下了上面如此之长的信件，我想您料必相信，得不到像您及与您观点相同的人的理解，我一点也不感到委屈，只不过会感到一点遗憾，我的确对自己的劳动成果感到非常满意，但我搞学术研究不是为了让我自己满意的，事实上，每当看到许多理论上的谬误在毒害人类时，我就感到由衷的愤怒，并由此产生责任感，我认为谬误往往比真理更加强大，所以有"真理是时间的女儿"之说，我想一种思想，不管是正确、还是错误，最好让大家都能来研究一下，尤其是那些有启发意义的"谬误"，也不妨让它登场，这"谬误"经过炼狱之火成为真理，也未可知。纵使是真理，锁在我的柜子里（或者放在您的桌子上），也不会有人知道，更不能给学术进步提供一点帮助。这就算是我对您关于审稿问题的回答。

代我转问蒋家俊教授好，我衷心感谢蒋教授曾帮我邮购他主编的一本教材，又帮我转了这篇论文。

谨祝　教安

李克洲　一九九二年十月十一日于徐州

印前补记：

当时，我将《初评李嘉图的价值理论》投稿给《复旦学报》，蒋家俊教授转给宋承先教授审稿。宋老师因此来信谈了他的观点。就此而论，《复旦学报》没有发表我的这篇论文，这是缘于他们的学术水平太低和学术研究泛政治化的原因。

附录三 当代社会的分配伦理：愿望和现实

也许，我把我对中国社会经济伦理的期望，和中国的当代主流社会的经济伦理现实，用一个题目表达出来，犯了元经济学上的错误。

中国当代主流社会的经济伦理，官方说是以"按劳分配"为主的各种分配伦理的综合。

就我看来，中国的现在的分配伦理，主要是有下列几个方面的，我初步估计，按影响国民收入分配的数量排列，目前顺序依次为：按权分配、按劳分配、按资分配、按人分配。

与此相对照的是：

北欧等类似民主社会主义国家的现在的分配伦理，主要是有下列几个方面，按影响国民收入分配的数量排列，顺序依次为：按人分配、按劳分配、按资分配、按权分配。

美国等类似资本主义国家的现在的分配伦理，主要是有下列几个方面，按影响国民收入分配的数量排列，顺序依次为：按人分配、按资分配、按劳分配、按权分配。

中国经济学者巫继学曾提出，在中国经济社会整体分配制度的大背景下，目前中国社会财富分配的路线图如下：

一. 在整体多元化分配的系统中，基本的、第一级的分配关系是按资分配，按劳分配已经不再是中国经济社会占统治地位的分配原则。按资分配正在成为中国经济社会分配的主导原则。

二. 按劳分配只在亚层次级分配中。涉及以劳动为主(包括物质生产劳动与精神生产劳动、体力劳动与脑力劳动、生产劳动与非生产劳动)阶层，换句话说，它只在劳动阶层中起作用，与庞大的资本无关，它与数量巨大的个体经营者农民也只有部分关系。

三. 按劳分配所涉及的财富获取量上，无论在相对量上还是在绝对量上都是十分有限的。下述数据可以近似地对其表达：基尼系数达到 0.47；财富多的人(占城市居民的 10%)占有全部城市财富的 45%；财富少的人(占城市居民的 10%)占有全部城市财富的 1.4%。

四. 在事实上，"按劳分配为主体"已经变得十分微妙。它的主体地位只具有如下意义：一是在劳动阶层的工资报酬中，按劳分配的收入部分是主体(不是全部，因为他们可能还有其它收入途径)；二是按劳分配是我们的理想，而理想的意义不是时利，理想是灯塔，是用来照耀我们前行的；三是它在整体上传达、显示着劳动价值论的基础作用。

程恩富的"直接影响百姓收入的首要因素是所有制"这个观点，我是同意的；就此而言，我也算是一个马克思的主义者。但程恩富说，"企业的利润是由劳动创造的，资本只是提供创造的客体条件而已"，我则认为是错误的；就此而言，我和程恩富、余斌等不是一类人。企业的利润（应该说是资本家的利润）和工人的工资，都是资本主义商品经济中的分配形式，它们都是由资本主义社会中的所有制决定的，和作为要素的资本和劳动，可以没有任何关系。程恩富、余斌等人，犯了与西方经济学中"生产要素贡献决定分配理论"几乎相同的错误：只是前者是劳动一元论，后者是要素多元论。

统一经济学告诉我们，贫穷的责任，第一是社会，第二才是个人。当代中国主流社会的经济伦理应该是：按人分配。我这儿所说的"按人分配"，准确地讲，应该是以"按人分配"为主体的分配体系。也就是说，通过国民收入的初次分配和再分配，"按人分配"所占的 GDP 的比例，应该成为第一位的。当然，"按人分配"是一种经济伦理，它和"按需分配"还是有差别的。"按人分配"这个词是我造的，但在现实的世界里，它已经有了客观存在，而"按需分配"，到目前为止，还是一个乌托邦性质的东西，也就是说，只存在观念里。

按人分配，和以人为本的价值观念，是一致的。它强调，个人经济权利的社会决定性。它确定每个人的生存权、发展权，是他所在社会的义务，不管他的付出的多少。吴本龙从经济资源遗传发展的角度，也论述了把"按人分配"作为分配体系的一个组成部分是历史发展的必然趋势。他认为，劳动、土地与科技知识的贡献是生产社会财富的三大要素。随着生产力的发展，劳动的贡献越来越少，土地的贡献基本不变，科技知识的贡献越来越大。其中，人类知识遗产在科技知识中占了相当大的成分。由于人类知识遗产与土地应该属于全人类，因此，人类知识遗产与土地都可以为所有者索取租金。这样，按人分配就有法理上的根据，不管他的付出是多少，都有权利分得一份无需劳动就可以得到的一份。当然，这种分配的多少可以通过市场调节。毫无疑问，我这只是给一种新的分配伦理找理由而已。这样找理由，只是为了给新伦理找一个已经被社会接受的旧伦理的认可，进而可以和平过渡的保护伞而已。

按人分配并不是要否定按劳分配、按资分配等分配形式，它只是强调按人分配的主体性和基础性。劳动所有权，只是一个历史的概念，它包括劳动者对劳动要素的所有权及分享因投入劳动要素而来的收入的权利。劳动所有权，有它的历史意义和局限性，人类社会正在逐渐消灭劳动所有权。试想一下，不劳动也可以参与国民收入的分配，不就是消灭劳动所有权吗。

不过，在目前的中国，还不能消灭劳动所有权、资本所有权、土地所有权等各类各个层次的所有权，不仅不能消灭，还要在相当长的时期内加以保护和创新，因为这种所有权的保护和创新，有利于目前的生产力的发展和人民群众的物质福利的提高。但是，认识到它的历史局限性，有利于我们解放思想，比如说，目前增加内需，就要摆正保护和创新所有权和突破所有权对国民收入分配的观念约束之间的关系，把国民收入的分配格局创新成，既保护各种所有者的利益，又最大限度体现平等，从而提高合乎主流价值观的整个社会的有效需求。

我时常想，那些所谓的马克思主义者，死死抱着"按劳分配"观念不放，为啥就忘记了"按劳分配"这一分配伦理的历史前提及其局限性，马克思倡导的共产主义的"按需分配"，不是比"按劳分配"具有更高的伦理水平和历史必然性吗！西方发达国家的普遍的社会福利制度，就是基于对所有权决定国民收入分配的历史局限性的扬弃，和马克思的共产主义的"按需分配"的伦理观，殊途同归。

马迎夫说：

> 不搞福利的国家是傻子，搞福利是全利政策。利劳利资，利公平利发展，何乐而不为？不搞福利的后果是中华民族沦为发达世界的劳工，可见我国经济学支持创新有时代意义。建议你写个按人分配的论文投国内最权威杂志《经济研究》，如果发表了，再用记者访谈的形式发表到《人民日报》去。

我觉得，发在那个《经济研究》上，还没有发在网上（论坛）影响大：不仅读的人多，而且读的人年轻。因为我同意凯恩斯的观点："在经济哲学以及政治哲学这方面，一个人到了 25 岁或 30 岁以后，很少再会接受新说，故公务员、政客、甚至鼓动家应用于当前时局之种种理论往往不是最近的。然而早些晚些，不论是好是坏，危险的不是既得权益，而是思想。"

附新闻：

据《新闻晚报》11 日报导，近日，上海海事大学女研究生杨元元在宿舍自杀身亡。杨元元是湖北宜昌人，6 岁时父亲因病去世，当时弟弟尚不满 4 岁。多年来，母亲一人含辛茹苦将姐弟俩拉扯成人，求学期间杨元元一直与母亲同吃同住。杨元元自杀前一天感叹"知识难改变命运"。

我认为，在社会生产力高度发达的今天，贫穷的责任，第一是社会，第二才是个人。这应该成为当代中国社会的主流价值观和官方的意识形态。任何一个中国人，在现在生产力的水平下，都应该依法享有最基本的社会福利保障。因贫穷自杀，不是杨元元的耻辱，而是我们这个社会的耻辱。穷人依法享有最基本的社会福利保障，不仅不会损害富人，而且是对富人的支撑和鞭策。我一再指出：商品经济，既是所有权经济，也是反映一个社会主流伦理的经济。对待弱势群体的态度及弱势群体的福利保障程度，是检验一个社会的主流经济伦理的晴雨表和试金石，

附录四　简论提供全体国民法定最低社会福利的经济效果

我把下列指标，设定为目前中国（2010 年）应该法定达到的最低社会福利标准：

基本医疗保障：每年每人 400 元（依据神木县），基本养老（少）金每人每月 1200 元（依据江苏普通县城一般工人的月收入）。

依据国家 2009 年国家人力资源部报告，实际享受养老保险人数约为 6050 万人，人均养老平均工资为每月 1225 元；参加城镇职工基本医疗保险人数为 21937 万人，基金人均支出 1200 元。

一个国家的人口，从年龄上划分，可分为三类：0-14 岁为少年儿童人口，15-59 岁为劳动年龄人口，60 岁或 65 岁以上为老龄人口。以此为据，2009 年养老人数为 1.67 亿，养少人数为 2.4 亿人（考虑到中国孩子对家庭的依赖性及受教育年龄的提高，养少人数还要增加 0.7 亿人）。按这样的标准，中国的国民，85%的人没有这样的法定最低医疗福利，95%的人没有这样的法定最低养老（少）金。

这是中国现在国内有效需求不足的最根本的原因，也是国内各行各业（除了垄断行业）皆存在恶性竞争的最根本的原因。假定我们给全体国民提供这种最低的社会福利保障，就可以增加对基本医疗的需求约每年 4400 亿元，增加养老（少）需求每年 68600 亿元。那么，增加这个最低社会福利保障，国家承担得起吗？显然，相对于每年近 30 万亿元的 GDP，是完全承担得起也做得到的。

市场经济是价值经济，市场经济必须在一定的价值空间的基础上，才能正常运行。对于现代市场经济，就更是如此，2008 年的经济危机就揭示了这一点。现代市场经济，由于市场范围的扩大和深度的加深，需求和有效需求及供给和有效供给的鸿沟越来越大，而供给和需求及有效供给和有效需求之间，具有越来越明确的相对独立性和绝对独立性。这就对连接这两方面的连接器和稳定器的需要，更为迫切。一个社会的基本福利制度，就是具有这种性质的连接器和稳定器。它为市场经济提供了一个最基本的价值空间，也为社会的稳定，提供了最初级的经济条件。

许多国人为中国出口商品的国际竞争力强而沾沾自喜，但是对中国所谓的国际竞争力强的原因，他们却根本不知道或者即使知道也闭口不谈。中国的所谓超强的国际竞争力，一旦扣除因血汗工钱的成本和自然环境的破坏的成本以后，还能剩下什么有分量的要素，那是非常值得怀疑的。

没有医疗保险、养老保险和养幼保险这些现代社会最基本的福利保障，中国的中产阶级的所谓安居乐业的理想，不过是南柯一梦，随时都会破灭的。最近几天，媒体上连篇累牍地报导高院对不发工人节假日工资的企业要严加制裁的新闻，但就是没有批评政府在建设社会基本福利制度蜗牛速度的新闻，这真是"只许州官放火，不许百姓点灯"的现代版啊。同样，基于没有社会基本福利制度造成的恶性竞争的市场，也是培育不出伟大的、负有责任感的、具有创造力的企业的，正如通行"森林法则"的社会中，只能存活最寡廉鲜耻的人而不能培养出正直的公民一样。

因此，为全体国民提供最基本的社会福利，并不仅仅是一个具有高度生产力水平（中国是世界工厂）的当代中国的社会道德需要，而是中国现代市场经济发展的需要，也是世界经济良性循环的需要。建立中国全新的社会福利制度，首先要从解放思想开始，建立了中国全新的社会福利制度，不仅内需问题解决了，巨额贸易顺差及贸易争端的问题，也迎刃而解了。把医疗保险、养老保险和养幼保险这些现代社会最基本的福利保障，提供给全体中国国民（尤其是偏远的农民和其它社会弱势群体），既是中国走向现代文明进步所需要的，也是现在的中国生产力水平所能够支持的（而且是发展生产力的积极推动因素），利国利民，何乐而不为呢。

在此，我介绍一下"价值空间"这个概念：大家知道，船只是指在水里行驶的运输工具。小河、湖泊，可以行小船，海洋才能行驶万吨巨轮。假如把企业比作市场经济中的船，那么就只有具有巨大"价值空间"的经济体，才能容纳大企业，而小经济体就只能生存小企业。

一个经济体，在市场经济中，"价值空间"的大小，就是它的"有效需求"的大小。

庄子《逍遥游》篇中的一段话，形象地表述了我的"价值空间"的意境：

> "且夫水之积也不厚，则其负大舟也无力。覆杯水于坳堂之上，则芥为之舟；置杯焉则胶，水浅而舟大也。风之积也不厚，则其负大翼也无力。故九万里，则风斯在下矣，而后乃今培风；背负青天，而莫之夭阏者，而后乃今将图南"。（庄周《老子·庄子》，时代文艺出版社，2009年版，第82页）

凯恩斯的《通论》，对古典学派的市场万能论进行了革命性的批判，并为国家干预经济提供了科学和伦理上的根据；

我在本書的分析，也為中國現在建設社會福利制度，提供了經濟科學和經濟倫理上的依據。中國現在開始建設社會福利制度，不僅可以增加窮人的收入，而且也必然增加富人的財富，因此它應該是一個富國裕民的好國策。

舉個最簡單的例子：假如有一個工廠，由於有效需求不足，只能開工 50%，假定企業淨利潤率此時是 10%，銀行利息率是 5%，投入的固定資產為 100 萬元，流動資產為銀行貸款。那麼這個企業的賬面價值為 200 萬元。

假設其它條件不變，僅僅因為有效需求的增加，開工提高到 80%，企業的利潤率提高到 20%，那麼這個企業的市場價值就是 400 萬元。所以說，窮人因為國家建立國民福利制度收入提高了，結果之一就是富人的財富增加。

對這個問題，馬迎夫提出了福利使勞資都受益，即"福利全贏說"。他認為：

> 福利是企業白送給公民的產出部分，表現為福利成本。哪怕資本家的純利潤為 0，由於福利成本是個硬規定，是"無論先進還是落後"的機器勞動價值的強制表現手段，所以每個工廠的產出在社會上表現為價值增加，不再是低價值循環。這很重要！增值的本質是形成購買力，沒有福利的購買力形成靠的是工資和利潤，這個部分我稱為"法權分配力"，法權分配力由於"購買力沉澱和從眾現象"的緣故，使得這把切蛋糕的刀太挑剔，就切奶油不切麵包，相對於供給力而言自我貶值，購買力在奶油部分消耗殆盡。增加"福利分配力"的目的是切麵包部分，讓沉澱購買力之人的如意算盤落空，讓購買力不那麼大幅度貶值，不得不購買"糟粕部分"，雖然對產品所謂的升級有妨礙

作用，但是也不顾及了。其实很多所谓的升级不过是颜色新颖些，样子好看些，让人稍微放心些。卖不出去的和卖出去的差别在效用方面能差别到哪里去呢？如果算上欺诈和广告类"假升级"，从众造成的购买力贬值是很大的，产品不能出清。社会产品存在一定比例的淘汰率是应该的，但是太过的话必然造成"折腾经济"，稍微落后些的工厂三两年就要拆，再花费巨资建稍微先进些的工厂，人类在玩折腾游戏，这就是市场经济内在的缺陷，折腾经济。福利是让市场经济造成的无法无天的拜物教收敛的和平力量。凡是福利搞的好的国家，其产品都很原始，但是人很悠闲和富足，"原始的富足"和"不断产品升级的贫穷"你选哪个？损失一些所谓创新社会动力，减弱"折腾经济"，带来全社会的"原始富足"，就是"人类自身的觉醒"，社会力量的作用应该发挥作用了，手段是福利。

马迎夫说的不错。诚然，过度的社会福利保障对社会的进步，也有副作用。但是，中国目前的社会福利保障，尤其是针对大众的社会福利保障，是严重不足，需要很大的提高，茅于轼老师拿欧洲做例子，是驴头不对马嘴的。提出预防中国不要患上欧洲病的人，基本都是体制内的人，尤其是公务员身份的人，这充分说明这些人的道德观念的狭隘和低下。正如一个严重缺乏营养的人，需要增加营养；而他们却说，不要增加营养，以免因肥胖患上富贵病。

在此，多说几句看似题外的话：我一直都很敬重茅于轼老师的个人道德修养，但对他因学艺不精而发表的许多离奇观点，的确不敢苟同。大家都知道，现实的中国，是一个国民财富分配两极分化几乎接近世界第一的国家，也是一个绝对贫困人口数量接近世界第一的国家。在这种国情的大背景下，茅于轼老师提出要警惕中国成为福利国家，不仅令人莫名其妙，而且被看成袒护既得利益者，也是情有可原的，不能说是故意污蔑。现阶段，提高国民的基本福利水平，不仅无害而且有益于经济运行。中国税收的问题，主要在于支付的结构存在严重的问题，其次才是浪费的问题，如果把这些税收转变成建设福利国家，那才真是取之于民用之于民。

有时候，不增加就业，也能够增加部分社会成员的收入。举个例子，政府无偿给农民提供种植补贴、免费医疗、养老及养少资金，就都增加了农民的收入。

当国民收入的大小一定时，工人阶级分的多（绝对量），资本家阶级分得（绝对量）就少，这合乎马克思的观点；现在是，因为有效需求的提高，国民收入增大了，那么劳动阶级分得比原来多（绝对量），资本家阶级也会分的比原来多。而且，不仅资本家的收入增加了，而且资本家的资本的市场价值量增大了。

有人问：

> 劳动者阶级的收入越高，资本家阶级的财富就会越大，居然有这样的好事！

的确是这样的。凯恩斯早说过，当存在有效需求不足的时候，就会出现这样的好事。而在市场经济中，有效需求不足几乎是常态。看看欧美发达国家的经济发展史，就是这样的。这个逻辑链的确会导出这样的结果：穷人的收入提高了，整个社会的有效需求就增大了，企业的利润也增加了，同样的工厂，就具有增大了的市场价值，而市场价值归于股东（资本家）。所以穷人收入增加了，富人的财富增值了。

一个运行着的企业，其市场价值，并不只是固定资本和流动资本之和，它还包括无形资产（比如商誉）。这些资产，目前的法律界定，都属于股东（资本家）。就是高管（比如说上市时的国美电器的总裁陈晓），也得不到的。

就制度经济学的角度看，有两种方法能够发财。通俗地讲，一种方法是把蛋糕做大，另一种方法是把现有的蛋糕切更大的一块归自己。如果把所有的"运行着的机构"都看成企业，那么，行政单位靠发钞票把更大蛋糕留给自己的行为，和上述第二种做法，并没有本质的区别。尤其是当它把拿到手的蛋糕基本供自己享用的时候，就更是如此。

一位朋友谈到：

> 一讲到"社会需求"，许多人往往只会想到劳动者的生活消费的需求；岂不知"社会需求"实际上包含三大部分：一是劳动者和资本家的生活消费的需求；二是资本家的投资工厂企业的需求；三是国家的投资公共设施及公共安全的需求。所以，真正重要的事情绝不仅仅是"渐进提高福利比重"；而是全部社会财富在个人、企业、和国家三者之间的合理分配。

的确，这种三分法，分的有道理。不过，目前中国的国民消费需求这一块变得太小了，已经影响企业的正常运转。至于国家的需求，如果扣除基础投资需求及人力资本投资需求外，还是越小越好。目前中国的政府，其运行费用太高了，砍掉大部分，以增加国民福利，这个经济体会运行得更好。

由于近期的（2008 年）全球经济危机，出现了市场经济特有的现象："能富而不富"，突出表现为生产能力大量闲置。就中国经济运行的三个基本要素而言，投资、消费和出口，都遇到了很大的挑战，许多学者只看到了目前经济的困难，没有看到现在是提高国民基本福利的最好时期，建议政府利用目前的全球经济危机的机会，大力提高中国人最基本的社会福利，实现经济的部分转型。

举个例子，如果目前把全体国民的基本福利增加平均600 元/月（相当于目前俄国水平 1/5），则会形成 7800 亿元/月的（购买力）价值空间，按即期消费 70%算，这样就会形成大约 5460 亿元/月的即期消费，年消费就会达到近 7 万亿元。这个消费水平，不仅可以把目前滞销的商品消费掉，而且还可以拉动国内生产力边界向外延伸，从目前的约 50--60%，向 70--80%迈进。

有的学者和官员哭穷，说中国没有钱。我说，你们这些人，就是糊涂蛋。钱是啥，不就是纸吗？甚至有时候连纸也不需要：一个国家的国民，其最大的物质福利边界，决定于这个国家的生产力边界和达到这个边界的制度。

好多年前（大概是 2005 年），我就说过：在中国，建立全社会的福利保障，非不能也，是不为也。把钱投在"政绩"上，回报的是饮鸩止渴。把钱投在民生上，回报是经济的良性循环。

中国现在开始建设社会福利制度，是解放生产力的需要，而不仅仅是一种社会分配伦理的要求。近来，各级政府老拿最低工资说事，就是不谈为全体国民提供哪怕是最低的法定最低福利保障。没有最低的法定最低福利保障，企业和工人，都是受难的老鼠。让牛仅仅吃羊量的草，还要挤出牛量的奶，有可能吗？杀鸡取卵，不能持久。有人说：最低福利制度应该列入基本人权，否则就没有资格称为现代社会。我支持这样的社会经济伦理观。

　　就我的经济分析而言，再一次强调我的如下观点：我认为，我国目前的经济能力，完全可以达到全部国民的基本福利保障，目前，政府不给国民建立最低基本福利制度，非不能也，是不为也。

俄罗斯改革的启示（2010 年）:

> 实际工资增长大大超过 GDP 的增长速度，只是俄罗斯人分享经济增长成果的一个方面。另一个方面，就是俄罗斯联邦和各联邦主体、地方政府，将三分之一的财政支出，用于教育、医疗、救济等社会领域的。从而建立和维持了一套完善的社会福利体系。让退休、失业、儿童、学生等等弱势人群，也扎扎实实地分享到经济增长的成果。世界银行对此评论说：这是俄罗斯政治改革后，出现的"符合穷人利益的经济增长"。

附录五 中国经济学界的三派构成分析

一，中国马派

中国马派，是中国经济学界人多势众的部分。人员比例估计在 80% 以上，他们教授的是中国官方认可的主流经济学，即官方版的马克思主义经济学。

中国马派，既不是研究马克思的经济学的学派，也不是西方马克思主义经济学派，因为它不是一个学术流派，它是指在中国宣讲、传播归拢在马克思主义经济学名下的官方认可的知识分子集群。这个最大的势力，又可以细分为如下三个分支：

(一) 原教旨分支，以刘国光为代表。阵地在中国社科院及各级党校。比如 2005 年，中国经济学界曾出现强烈的学术专制回潮。原中国社科院副院长刘国光等人公开提出回到那种"独尊马学"时代。一时间，经济学界专制主义竟然呈现"黑云压城城欲摧"之势。这些人一提马克思的《资本论》，就将其归结为"阶级论"，而后又将"阶级论"归结为"剥削论"。但是现在这一分支人，正日暮途穷，人数越来越少。

我说的极左派，它有以下特征：1，反对市场经济或认为市场经济就是两极分化和道德败坏；2，鼓吹计划经济的优越性，想让现在的中国经济制度，重新回到毛泽东时代的计划经济制度；3，鼓吹意识形态及社会价值观念的一元化、封闭化；4，认为马克思的经济理论不可能错误。以前的错误，都是由于他的实践者对马克思的误解造成的。极左派们尽管他们的经济理论水平有限，更与这个社会的主流经济伦理观念相背，但他们仍有其社会存在价值：他们代表着中国社会落伍阶层的那种情绪。这种现象时刻提醒人们，任何人都不能因为自己富裕了，就认为能够独自享用经济进步的幸福，它也预示着，建设和谐社会还任重而道远。

(二)中国化分支，以社科院程恩富、人民大学的孟捷为代表。这些人，是名正言顺的体制内（官方）经济学家。中国的改革开放，对这些官方经济学者，提出了新的要求，具体地说，就是要他们提供一套正确的经济理论，为建立一个以商品经济关系为基础的和谐的社会，提供理论上、思想上和伦理道德上的依据。但是，因为他们信奉的理论和实践相矛盾。比如说，目前这些人编纂的政治经济学教材的资本主义部分，一直照搬马克思的半部《资本论》，从劳动价值理论开始，中经剩余价值理论，到资本主义必然灭亡理论结束。所有读过这种教材的人，都能看出，在马克思的这种经济理论的分析下，资本主义商品经济社会是一个存在剥削制度，从而必然是一个阶级分裂的、互相仇视的和充满着"血和肮脏的东西的"的社会，它的结局是被革命并走向灭亡。为了替官方政策提供合理性辩护，他们只好对马克思的经济学，采取实用主义的态度，在社会主义经济学教科书中，塞进现行的经济政策，以适应社会教育的需要。这些人的缺点是，没有西派的市场经济运行操作知识娴熟，许多时候被西派争了宠。

中国化分支，在学术上最出名的是，提出了"马克思主义经济学范式"的概念，其实不过是他们给自己建一个堡垒，以保护自己不受西派的攻击，类似于冀求划江而治。

这一分支，因为丧失了理论创新的功能，而时常不能完成政府交给他们的任务，所以，社会实践，只能靠"摸着石头过河"了。只是由于官方意识形态的保护，这一分支才能继续维持其正统地位。

(三) 沉默的大多数分支，这一分支，是中国高校和官方科研机构的主体。他们大多按官方发布的教科书的正统观点，照本宣科。他们把这当作仅仅是一种职业，如果抛弃学术原则的拘束，为了生存，宣讲一种自己都不相信的东西，尽管误人子弟但也无可厚非。

二．中国西派

中国西派，教科书化的西方经济学信徒在中国的那部分人。人员比例估计低于 20%。以北京大学、上海财大为主要阵地。

中国西派，不能称为中国西方经济学派，因为这儿说的这个派不是指学派。事实上，中国西派本身也没有学术创新功能，他们只是在中国传播教科书性质的西方经济学。这些人以海归为主，大多是受过教科书性质的西方经济学教育的二道贩子，因为多是学艺不精的人，时常歪曲西方经济学家的观点，是在所难免的。

不过这派人大多留过洋，受过西方经济学的教育和熏陶，在中国，也身体力行着西方经济学的"理性人"原则。他们拿着高薪，当着中官（相当于处级），除了参与教学之外，部分被官方认可的学者，还能够参与制定或提供具体政策建议。但是，田国强和其他国内的西方经济学者，把资本主义商品经济学当做"现代经济学"，那是很片面的；余斌因此全盘否定西方经济学有科学成分，也是完全错误的。也许余斌懂一点数学，但他还不理解什么是经济学。比如说，生产函数之所以错误的原因，并不是如余斌所说的那样。其实，马克思和西方主流经济学家一样，在关于价值创造与价值分配上，所犯的错误是一样的。他们都试图去解决他们解决不了的问题：我们根本无法分离出各个生产要素在物质财富形成中的作用。余斌等人，用马克思的理论去批判西方经济学，不过是五十步笑百步，给世人徒增笑料而已。许多人认为，既然没有中国物理学化学，就由此及彼地推论出不存在中国经济学，这也是缘于对经济学的片面认识为基础的。

中国西派这些人都是明白人，他们知道自己是寄人篱下，因此只要可能，他们都狡兔三窟，随时准备拔腿走人。他们心中知道，他们虽自封为主流经济学派，其实在中国的经济学界，他们永远是少数派，是随时可以牺牲的羔羊。经济学界都知道这样一个故事，2005 年，刘国光大肆攻击作为中国西派代表的北京大学中国经济研究中心，当时，被刘国光当作对立面代表的林毅夫，曾经三次请求，并一再解释和刘国光没有原则分歧，才得到刘国光接见。正如胡景北所说，学术专制和学术自由两者泾渭分明，如何可能"没有原则分歧"？其实，即使林毅夫下跪，一旦专制再起、"反右"、文革重来，他同样逃不脱牢狱之灾、"冤屈"之哀。值得庆幸的是，林毅夫当上了世界银行的副行长，总算解脱了。

中国西派中有些人，和刘国光一样，也具有原教旨性质，他们一旦有点小权，就会搞学术专制。

三， 中国民科派

中国民科派，人员比例不超过 0.01%。是中国经济学界最势单力薄的一派。

主要阵地，各个网站。

近几年来，网上关于价值理论和马克思经济理论的探索，民间经济学者的研究很是富有成果，远远超越官方经济学者的水平，尽管这些学术成果无法出版，从而不为世人所知。幸而有互联网，这些难能可贵的人类劳动，才没有淹没无闻。什么时候，国内也能成立类似外国的学术出版赞助基金，那对中国乃至世界经济学术的进步，将会起到巨大的促进作用。中国从来不缺勤劳的思想者，只是缺乏使他们从思想者变成为思想家的社会环境。

中国民科派的这些理论上的东西，和西方经济学的以及马克思经济学的"范式"（借用一下）完全不同，它们脱胎于马克思经济学和西方经济学，应属于走经济学研究的第三条道路的结晶。

民科，顾名思义即民间的科学研究者或者说非职业的科学研究者。有人概括其特点如下：第一，对于探索未知世界有强烈的热情。第二，这些人一般属于偏才。第三，没有受过高等教育，依靠自学，对于自己的研究非常执着；或受过高等教育，但努力方向却并不在他所学的专业方面。第四，他们的研究完全是出于兴趣，而不是功利。

但是，中国社会的恶俗化，把许多美好的概念进行了丑化，比如"小姐"本是指富贵人家的千金，现在却变成妓女的别名。民科，也由一个受人敬重的词，变成了一个贬义词。

其实，民间学者，一直是创新思想尤其是哲学、社会科学领域的创新思想的主要来源。纵使在自然科学领域，也有不少民科的典范，例如，爱因斯坦提出相对论的时候，就不是一个专业科学家，而是一个政府小职员。应该说他是先有成就，后进体制。经济学家界，就更多了：魁奈是医生，李嘉图是个股票商，马克思是个革命家，瓦尔拉斯是个倒霉的银行家，甚至凯恩斯也是个不务正业的民科，既做官又经商，在剑桥大学，他从来也没有混上教授。

中国的经济学领域的民科派，是一个从事不同职业的民间学者群体，包括曹国杰、黄焕金、李克洲、张建平、黄佶、马迎夫、吴本龙、戚华建 、党爱民、张挥等人。

　　纵观经济学说史，按经济学家的境遇来说，可以分为两大类，用一种不恭的比喻，好似家鸡和野鸡。家鸡，就是在大学和官方科研机构的经济学家；野鸡，就是处在民间的经济学家。家鸡，有主人加以饲养，既然不必到处觅食，当然省却了冻饿之忧，但是也失去了自由，无法飞翔了。而且主人既然加以圈养，也必定不是无偿的，这些家鸡有的被要求下蛋，有的被要求打鸣，有的被要求作为角斗的材料，不一而足。

　　中国民科派，是中国的经济学创新之源，许多被冷嘲热讽为"民科"的经济学者，已经取得了一些学术成果，提出了一些新观点，比如，黄焕金提出，斯密的"行业分工"分析比马克思的"劳资关系"分析，更正确的描绘了资本主义商品经济中的各阶层的利益关系；我则提出，应该把马克思的《资本论》理解成，从阶级观点出发去认识资本主义商品经济是如何运行的科学方法论。应该用全面的正确的观点看待"阶级论"，阶级的斗争和合作是和谐社会的基础，不能片面强调阶级斗争（"剥削论"），而否定"阶级合作是现代资本主义主流社会的客观存在"。

后记：

　　本节标题原本想用"漫话"或"戏说"，但考虑本书的学术性，还是用了"构成分析"。

　　诚然，我把中国马派和中国西派，在经济学领域创新方面，一概贴上"不生产"的标签，有点"一竿子打翻一船人"味道，确实太绝对了，不客观。事实上，我还是非常了解一部分体制内学者在经济学领域内的学术探索和成果的。比如，已逝的黑龙江大学的熊映梧，复旦大学的李为森，岭南学院的朱富强等等。尽管这些人的数量，比民科派的还少。

　　就国内经济学界而论，许多学者（教授、研究员），至今连什么是真正的经济理论学术研究，都还搞不明白。对一些经济学业余学者的学术贡献，他们不了解也难以理解：比如说，黄焕金的行业分工对不同阶层利益的影响的动态分析，就非常值得重视，它既有学术价值，又有现实指导意义。

　　应该说，在"人大经济论坛"网站上开展的几次关于价值理论的网上讨论，是具有世界级经济理论研究学术水平的。尽管国内、外的经济学者们大多不知道也没有参与，更看不明白这些讨论会议题的价值所在。

马迎夫在题为"人大论坛马经版元老：黄佶 、李克洲 、曹国奇 、索然"的帖子里，这样写道：

　　最早从 2004 年始，至今已经过去了 7 年，这 4 位网友依然非常活跃，在金钱拜物教的鼎盛时期，能够坚持学术研究，孜孜不倦追求真理，广泛阅读，多方求证，大胆创新，深入辩论，实在难能可贵，为广大网友们树立了良好的学术榜样，为经济学基础理论的发展作出了伟大贡献，为学术创新作出了不灭的功勋，是中国当之无愧的精英。他们的观点孕育了未来经济学框架或者发人深省的诸多真理萌芽。我们也深信他们的不懈追求会有成果，他们不屈不挠的探索会有成就，他们的名字会千古流芳，他们的帖子会成为历史的明珠，他们的人格会影响中华民族积极向上不畏权贵追求真理不怕牺牲排除万难不达目的誓不罢休迎难而上

不为五斗米折腰胸怀人民尊老爱幼向往光明抨击黑暗
弘扬正气求索未知的性格的加强。他们没有因此获得
富贵和权力，那么应该获得网友们的赞誉，请把你最
美丽的言辞献给他们吧。

尽管马迎夫网友把我们四个人肯定的有点过头了，但我认
为，一个人，如果能对一种经济现象有正确的理解，并提
出合理的解释，就很不容易，他就有资格被尊称为经济学
者。我对所有在经济学上取得学术成果的人，一直都抱着
非常尊敬的态度。经济学毕竟是翼图"富国裕民"的学问，
民科派经济学者，大多数还是遵守"穷则独善其身，达则
兼济天下"的原则的，如果有可能，他们非常愿意为国家
的经济发展献计献策。就现状而言，如果中国能和欧美一
样，有政府和民间的学术基金，对"民科"经济研究加以
支持，那将是一种很大的社会进步，毕竟"民科"学术研
究的成果，是属于社会的，而且是有利于社会进步的。有
些民科学者，比如说，经济学者黄佶，工科博士出身，在
大学教广告学，领着一份应该不错的工资，也许不能理解
其它"民科"学者谋生的艰辛。当然，我也曾说过，就历
史来看，民科学者，基本是野鸡性质的，尽管无人喂养，
也能自食其力，不至于冻饿而死。而且，这几年，中国经
济逐渐市场化、私有化，民科派学者的生存条件也改善了。

我不同意这样的极端观点：所有的"科学创新"，都是
民科学者做出的。因为这不符合历史的真实性（客观性）。
有人认定，学院派学者采用公开竞争的方式和现代化的研
究工具，其发展更可持续，则可能过于乐观了。尤其在中
国，说这种话，谁会相信呢？想想一下杨小凯，他为啥跑
到澳大利亚去做研究；还有张维迎和他的那帮海归弟兄，
才有几天不再看着别人的脸色行事？国内外的学术发展历

史已经证实：政府的存在，对于学术的进步，是一柄双刃剑。有政府的支持，如果一个思想是正确的，它的普及及变成生产力的速度，是非常快的；如果一个思想是错误的，在政府的支持下，它会更持久的抓住这个社会，并对社会进步形成阻碍。相反，一个思想纵使是正确的，如果得不到政府的支持，亦或受到政府的限制，那它的普及及变成生产力的速度，就会是非常之慢的，有的甚至会被扼杀在摇篮中。

对于中国民科派，中国的官方学术界或体制内学术界，要有海纳百川、从善如流的胸襟，不仅要允许民科们自己认识和评价自己，而且应该准许任何人说自己"伟大、正确"。中国人和欧美人不一样：欧美人总说别人"great"，也说自己"great"；中国人总希望别人说自己"great"，但不允许自己说自己"great"。纵使毛泽东，据传，自己写个"毛主席万岁"，也被国人当成领袖的人格缺陷而加以否定。这反映中国人骨子里（文化传统）是自卑的。尼采说："我是太阳"。欧美人认为很正常，中国人却认为这是疯话。

那些瞧不起经济学民科人员的人，尤其是官方马克思主义经济学者，以及那些自命为中国主流的西方经济学家们，应该认识到：马克思和凯恩斯，和你们相比，本身就都是业余经济学者。

和其它学科一样，经济学也有进步的标准：凡是有助于人类认识其生存在其下的经济存在是如何运行的知识，就都是经济学上的进步的观点和理论。民间的、业余的并不一定是肤浅的：发现真理是一种需要洞察力的脑力劳动，灵感和职业也并不相关。本书作者曾在网上发表的关于本论题的打油诗一首，可以佐证 21 世纪初中国的体制内经济学界的乱状：摸着石头论官学，西风见涨马经炷；名流权威抱大腿，为揽五升小米活。古今教材皆粪土，唯有名著留蹉跎；啃着萝卜种橡树，笑看土鸡变大鹅。

以下为我关于民科派学者这种社会客观存在的经济学思考：

"休闲型钓鱼的卖鱼人"与"民科"学者的经济学分析

我在假日里观察到这种经济现象：许多钓鱼爱好者，在节假日到野外沟塘中钓鱼娱乐，娱乐的结果，就是钓到或多或少的野鱼。这些人通常把钓到的鱼，一部分自己享用，一部分拿到市场出售。这些鱼的出售价格，有时候比工业化养殖的鱼卖的贵，有时候卖的很便宜；尤其是当天晚了、而钓鱼人又不想自己享用这些鱼的时候，出售的价格就特别便宜，几乎接近于无偿赠送。比较一下这种商品和瓦尔拉斯在一般均衡理论中研究所使用的消费性商品，我们可以发现它们具有几乎完全相同的性质。

首先，这些带到市场的鱼的存量一定；其次，它们本身就是消费性商品，可以满足出售者本人和购买者的效用；再次，无论是买者和卖者，都完全不考虑这些商品的生产成本。尽管有的钓鱼者卖鱼得到的金钱，还不够钓鱼者钓鱼时抽掉的香烟钱；最后，它们的交换价格，不仅取决于供给方的效用曲线和需求方的效用曲线，而且主要取决于需求方的有效需求及交易价格。偶尔地，这类钓鱼人还会钓到珍稀的水产品比如说--野龟。野龟与野鱼相比，在销售价格上有它的特色：野龟和养殖龟，在销售价格上每公斤要高出 400%，比野鱼和养殖鱼的销售价格差别要高出很多。这种巨大的差异，是因为野龟生长时间长，数量非常稀缺，被人们认为营养价值高，而且，野龟生命力强，好存活从而销售周期长。

　　由此，我们在现实经济中，找到了满足瓦尔拉斯要求的这一类消费性商品。它们属于客观存在的社会交换商品中的一类，在以前的文章中，我把它定义成"有闲商品"，现在我形象化地称它为"休闲型钓鱼的卖鱼人"商品。如果我们更仔细的分析一下这类商品的其它小类，那么还会得到更多的启发。

　　这种"休闲型钓鱼的卖鱼人"商品类别，与今天产业化所导致的数量庞大的物资性商品的供给相比，已经很少或几乎没有多么重要的经济意义。但是，在原创的精神性思想或文化性商品的供给方面，却仍然具有着非常重要的经济意义。一个向上发展的社会的精神需求，除了产业化供给的机构和机制（大众文化）之外，还需要更多原创性的、富有个人色彩的途径供给。就社会群体构成而言，"休闲型钓鱼的卖鱼人"，就是这个社会的"民科"。以上的分析，就是关于"民科"能够存在而且应该存在的经济学基础。许多民间学者，他们的学术研究成果，类似于"休闲型钓鱼的钓鱼人"所钓到的野鱼乃至野龟。他们把学术研究，变成自己的爱好，几十年如一日，既不考虑花费的成本，也不考虑它的能否带来盈利。历史告诉我们，正是这些学者的这种非功利性的努力，给社会创造了许多独创的思想和文化成果。

　　分析这些"休闲型钓鱼的卖鱼人"，他们更适宜于提供的精神性商品，更贴近而且适合于纯粹文化性，而非工艺性。他们和体制内的学者相比，在科学发现及原创思想方面具有优势，在技术性、采取产业化制造及普及大众文化方面具有劣势。民间学者所原创的精神性、文化性商品所需的费用，基本都是由他们自己承担的，而创造出来的东西，往往无偿贡献于社会。也就是说，他们的行为，具有巨大的外部经济特征。就此而言，社会应该有更多元化的文化生存土壤，经济管理机关及其它赞助机构应该给他们更多的财政支持，体制内的学者对民间学者，也应该有更宽容的态度和理解，而不是象现在这样不以为然甚至冷嘲热讽。

　　按常理，经济越发达，这种"休闲型钓鱼的卖鱼人"，应该越多。要是到了共产主义，就应该所有人都是"休闲型钓鱼的卖鱼人"了。

附录六　我所了解的保罗•萨缪尔森

保罗•萨缪尔森走了，全世界读过他主编的《经济学》的人，都感念他的教诲并由衷地钦佩他：就他的《经济学》的覆盖面及影响力而言，他的确是这个世界上曾经有过的最伟大的经济学教材作者之一。

中国人一贯的伦理观是：逝者为大。人们在对逝者盖棺论定的时候，往往对他的成就加以溢奖。其实，这并不是对逝者的尊重，它只反映溢奖者的主观偏见。我认为，正确的是，应该客观地对他的学术成就加以表述并给予公正地评价，才是对逝者最好的礼遇。

萨缪尔森教授，是一个有一定学术造诣的经济学家，尽管我把他列入第五等级经济学家之列。如果让我介绍一下萨缪尔森教授的学术成就，我还真说不上来。

百度百科上是这样介绍的：

萨缪尔森的研究，涉及经济理论的诸多领域。他根据所考察的各种问题，采用了多种数学工具，使用了既包括静态均衡分析，也包括动态过程分析的方法，这对当代微观经济学和宏观经济学许多理论的发展，都有一定的影响。萨缪尔森对静态、比较静态、动态三者的联系和区别，做了精辟的论述。在一般均衡论方面，他补充并发展了希克斯关于静态一般均衡稳定条件，进一步发展了均衡的极大条件、均衡位移和提•查特莱尔原理，并举出了很有说服力的经济实例，说明数理方法的普遍适用性。

在福利经济学方面，萨缪尔森首先对所有在这一领域中创建各个学说的先驱者的著作进行了分析和评价。

尔后，他建立起自己的新福利经济学，并和汉森为国家福利论的建立和在实际生活中实施，做出了重大贡献，他的论述被西方经济学界认为是自庇古（一位伟大的古典经济学家）以来在福利经济方面少有的理论之一。在国际贸易理论方面，萨缪尔森补充了比较成本学说的"赫克谢尔--俄林定理"，对贸易国之间的生产要素价格趋向均等的条件作了严密论证，被西方人士公认为 "赫克谢尔--俄林--萨缪尔森模型"。他论述了国际贸易对贸易国利益的影响，被各资本主义国家认为是现代国际贸易理论的一项重要发展。

按我的理解，百度百科所表述的萨缪尔森教授的上述理论贡献，不能说全是子虚乌有，但也没有多大的学术价值；对社会实践，也没有多大的指导意义。至于许多西方经济学者给他冠以的"开拓性"理论贡献，尽管大家希望他有但他确实没有。

我对萨缪尔森教授是怀有敬意的。曾读过他的《经济学》教科书中译本的好几个版本，获益不浅。也曾读过他的几篇学术文章，觉得有的不知所云，有的穿凿附会。总体说来，理论研究根本不是他的长处，大概也不是大多数美国经济学者的长处。

我和萨缪尔森教授之间，只有过一篇论文的学术交流。那还是十几年前，我曾写过一篇论文，标题是《瓦尔拉斯一般均衡理论不能成立的逻辑证明》，翻译成英文后，慕名寄给萨缪尔森教授，这样做的理由，是因为当时国内懂此领域的学者很少，萨缪尔森教授既然在《经济学》中介绍过瓦尔拉斯一般均衡理论，那么对我指出的瓦尔拉斯一般均衡理论的逻辑错误，应该能够理解。事实证明，萨缪尔森教授根本就没有读懂这篇论文。我至今仍保留他给我的回信，并以此提醒自己：学术权威也有他的局限性，很多时候，盛名之下其实难副。

　　萨缪尔森教授编著的《经济学》的前十几版，都有对马克思经济学的评论的专门章节。其内容完全是不懂装懂，对马克思经济学的评论，既不客观，也谈不上公正。后来，我在网上发表了《马克思劳动价值理论的真理和谬误》一文，其中专门有一节，对萨缪尔森教授对马克思经济学的误解，进行了批判。不能肯定是否是我的这篇论文的原因，在其后的《经济学》新版（第 17 版）中，萨缪尔森教授删除了前十六版都有的对马克思经济学的评论那一部分。萨缪尔森认为：对于《资本论》，"要么完全的承认它，要么完全的否认它，它在整体上是十分有逻辑的，不能被推翻的。"我不同意他的这一观点，对《资本论》，完全肯定和完全否定，都是错误的。说句不恭的话，萨缪尔森评论马克思，他的学术分量不够，他的观点，不足为凭。

　　萨缪尔森教授，是一个过分自尊的教师。从一个例子中，可见一斑：七、八十年代，中国批判西方经济学，因为批评者水平所限，只能看懂萨缪尔森教授的教科书，所以就把萨缪尔森教授，当成了西方资产阶级庸俗经济学家的代表人物，加以指名批判。萨缪尔森教授对此很不高兴，当中国官方后来邀请萨缪尔森教授来华讲课时，萨缪尔森教授就此提出要求，不得再对他进行批判。其实，作为一个学者，受批判，是非常正常的，也是非常必要的，应该视为一种难得的荣誉。凯恩斯在《通论》开头，就提出接受所有人的批判，尤其是经济学家同行的批判。相比较可知，大家就是有大家的风范。萨缪尔森教授，在凯恩斯面前，就是个羞怯的经济学教师。

仅以此怀念保罗·萨缪尔森教授。

又续：

　　最近，我偶然翻到了一本从前的存书，是胡代光等校译的《当代十二位经济学家》。因为闲暇，把书中"保罗•萨缪尔森与经济学的系统化"这一章，又看了一遍。这篇文章的作者，和我的观点完全不同，他走的是另一个极端，他把保罗•萨缪尔森看成是"经济学界的爱因斯坦"。（沙克尔顿编著《当代十二位经济学家》，商务印书馆，1992 年版，第 250 页）

　　对于萨缪尔森所做的同一种行为，我和《保罗•萨缪尔森与经济学的系统化》的作者的评价，也完全不同。现举例如下：

1. 对于经济理论的创新，萨缪尔森是采取敌视的态度的。该作者把这看成他的优点，我则把它看成是根源于创新实力不济乃至其自身的人格缺陷所致。

2. 任何理论创新，都是对已有理论的超越，都需要较高的智力水平和辛勤的劳动。纵使这种创新是错误的，有时候仍然有巨大的学术价值。对此，萨缪尔森是无法理解的。事实上，在萨缪尔森自己的学术生涯中，他就遇到几件当时被他否定而后被证明是正确的观点和理论上的创新。

3. 萨缪尔森的《经济学》，被一些人看成是为资本主义辩护的庸俗经济学的标本，并不是无中生有的污蔑。萨缪尔森说，别人把他主编的《经济学》说成是资产阶级的经济学，等同于说成是经济学（他是指经济科学）。这纯粹是偷换概念。批判他的《经济学》具有资产阶级性质，是指它所包含的、明示的以及隐匿的辩护性。比如说，边际生产力决定收入分配理论以及基于其上的和谐论，就是它的庸俗性和辩护性的代表之一。萨缪尔森教授非常自豪于他的《经济学》的一版再版以及翻译成多种文字。他甚至认定他自己会因此而不朽于经济学殿堂。我认为，他注定会因此失望的：因为在经济学殿堂中，不朽的永远是那些创新的思想，而不是对陈词滥调喋喋不休。萨缪尔森教授把他的《经济学》，当成是新古典综合的成果，其实，他只是对他认可的那些经济理论进行了罗列，并没有理解这些经济理论，更没有把这些经济理论，铸造成一个既和客观经济存在一致又具有逻辑一致性的经济理论体系。要完成这样一个经济理论上的巨大的创新工程，是他所力不逮的。

4. 在对待马克思的态度上，充分显示萨缪尔森的经济思想史水平的低下和在学术研究方面态度的狂妄。象马克思这样的思想大师的错误，尽管也是错误，但也不是一般水平的经济学者，所能理解的。马克思的确犯了许多错误，但他所犯的错误，也是非常深奥的错误，绝不象萨缪尔森（和张五常）这样的经济学者所能理解的、那种非常肤浅性质的错误。

应该说，在经济学引入新的方法和工具，也是对经济学的贡献。我主要是从结果来看的，有点类似执着于"不管白猫、黑猫，抓住老鼠才是好猫"的评判标准。有的经济学家，发明或发现了好的工具和方法，但是，并没有取得独创的学术成就，确实很令人惋惜。正如我们在钓鱼比赛中，常会遇到的尴尬一样：尽管一个人发明了海杆或下了特种鱼饵，但他没有比用普通鱼杆的人钓的鱼多，他同样不能得奖。萨缪尔森，就是这样不走运的人。

由悼念萨缪尔森教授，我想起了美国经济学教育和经济学研究中存在的种种教条化、标签化趋向，以及它对经济学的教育和发展，所造成的危害。

近一段时间，我一直思考作为世界超级大国的美国，为什么对经济学没有作出和它的世界地位相称的学术贡献。

依据我对经济学史的理解，美国唯一的土生土长的经济学理论，就是制度经济学。自此之后，美国基本就再没有自己的经济学思考，他们的经济学者所做的，几乎全是对欧洲经济学尤其是英国经济学的阐述和有限扩展。

在这种继承和发展中，美国经济学界也存在着根深蒂固的教条化内生机制及其历史轨迹，它在传播欧洲新经济学思想的同时，也危害着新经济学思想的再生和发展。

其中，数学化，是一个标志；标签化，是另一个标志。

它的社会哲学--实用主义，对这种教条化，到底起到什么作用？

举个例子：比如说，凯恩斯经济学，经过在美国的传播和发展，最终发展成为凯恩斯主义经济学。凯恩斯经济学，从一个纯粹的经济学思想，发展成一个枝繁叶茂的经济学理论及政策体系，包括国民经济核算体系。在这个过程中，凯恩斯的许多思想，在不断清晰化、实用化的同时，也不断被教条化，包括数学化、标签化了。也就是说，它被不断僵化后，成为了"凯恩斯教条"。

20 世纪以来，美国经济学理论界，尽管不是经济学新思想的主要来源，却是全世界最大的"教条"加工厂和输出地。比如，科斯的经济学思想，本来仅仅是一个假设或者至多是一个具有片面性的科学认识，但经过美国经济学理论界的教条化，就变成了"科斯定理"。

进入 21 世纪以来，这种教条化趋势，不仅没有收敛，甚至愈演愈烈。这种现象及其危害性，至今没有被美国经济学理论界意识到。这是一个对经济学新思想的诞生和传播，都非常具有危害性的机制。而且，如果美国经济学界对全世界的经济学传播和影响越大，这种教条化和标签化所起的危害性，也就越大。

印前补记：

评论保罗•萨缪尔森教授，我力求客观地表述，但不能确定能否达到；我力求公正地评价，但不否认具有我自己的主观性。许多经济学者，称保罗•萨缪尔森为"一代宗师"。他是什么"宗师"，我不太清楚，至少在对马克思及凯恩斯的经济理论的理解上，他离能被称为"宗师"，还差得很远。但这丝毫也不影响他是一个成功的教师的地位，他的那本经济学教材，的确在全世界都很有市场，尽管与中国的南北高校分编的同类政治经济学教材的投印数量相比，还少许多。

我这样评价他，有些人也许很难接受，但我自有我的理由：和大多数人对我的关于瓦尔拉斯一般均衡理论的论文的理解一样，作为专家的萨缪尔森在阅读了我的论文后，也认为我对边际效用价值理论的理解以及对瓦尔拉斯的观点的分析有问题。但他不懂汉语，我的英语也不行，难以沟通，所以我们都坚持自己的观点。我曾在经济学家网站和人大经济论坛网站，发表我的相关论文，就是想让那些尊崇萨缪尔森的经济学者站出来，指出我的这篇论文，到底错在什么地方。

我不否认，萨缪尔森教授，的确是一个有一定学术造诣的经济学家。但由于他没有在经济理论上，做出什么比较大的学术贡献，因此，无法跻身大经济学家之列。至于有些经济学术著作，在介绍二十世纪大经济学家的书中，将他也冠上"大"字（西方用 great)尊称，我看是有点名不

副实。对此，萨缪尔森教授如果还在世的话，估计他自己
都会因汗颜而推脱不受的。

附录七 《马克思劳动价值理论研究》前言

　　我的《马克思劳动价值理论研究》一书，于 2006 年经中央民族大学出版社初次出版，该书出版、印刷完成后，不知什么原因，却没有被允许公开发行，成书也被销毁了。因此，读者见不到该书，其中思想当然也无法有效传播了。唯一可以让我感到欣慰的是，该书的核心思想，在本书中都被重新复述出来了。这也算是一种补救吧。以下是我为该书所写的前言原稿，在出版时被中央民族大学出版社的编辑，进行了很大地修改，现恢复到原样，附录在此，以供读者阅读：

> 　　本书由三部分构成：第一部分由我的一篇很久以前就完成的长篇论文构成。它太长了，本身就可以构成一本书。但由于这篇论文太抽象了也太学术气了，所以国内许多经济学术杂志，都不愿意发表它，这与许多人员不理解这篇论文的重要意义，有着很大的关系。不过，我认为这也很正常，不用对此大惊小怪，学术研究的分工已经社会化了，我们大家谁也不会因为看不懂陈景润论证的 "1+1=2" 而断然拒绝他的数学成就。我想，我应该比陈景润有更多的知音，至少研究《资本论》的教授们和研究员们，他们应该能够看懂这篇论文。第二部分由我和陈岱孙老师之间的通信及两篇论文构成。这部分内容主要在于对第一部分内容进行阐述和解释。与第一部分相比，第二部分的内容稍微浅显易懂一些。如果读者连这部分都感到费解，那我只能建议他们跳过第一部分和第二部分，从第三部分读起。第三部分由三篇网上讨论摘要组成。

本书的第一部分在网上发表后，许多网友提出了他们的宝贵意见，使我获益匪浅。有兴趣的读者，比较一下我于 2005 年 2 月 14 日发表在"经济学家"网站上的《马克思劳动价值理论中的真理和谬误》和本书第一部分同名论文之间文字上的改动，就会相信我的感激，并不是虚语，而是发自肺腑之言。

本书讨论的问题，对于我们理解今天我们仍生活在其中的商品经济来说，是非常重要的。商品经济的历史，有几千年了，但关于商品经济是如何运行的，我们至今还没有完全搞明白。尽管本书发表之前，已经有许多经济学家，对这个问题进行了研究，且取得了大量的学术成果，但这丝毫也不影响本书所具有的独特的学术价值和它在经济理论史上的应有地位。如果说凯恩斯的《通论》的学术贡献主要是宏观上的，则本书研究的重心主要是在微观上的，它为前者提供了真正科学的基础，同时为理解前者提供了一把钥匙。

如果说本书能够为经济学的发展作出一点贡献的话，我首先应该感激马克思和他的不朽巨著《资本论》，是马克思和他的《资本论》将我引进资本主义商品经济中的。我的大学时代，中国的经济还是计划经济，我只能从他的书本上认识资本主义商品经济。后来，中国开始了改革开放，原来的计划经济逐渐转变为商品经济。我从中国这一独特的经济转轨过程中汲取了大量的思想原料，它们形成了我的经济思想的现实来源。

李克洲 2006 年 6 月 4 日

本书引文来源

（以作者中文姓名英文字母顺序排列）

A1　爱因斯坦《相对论》，重庆出版社，2008 年版

B2　柏拉图《理想国》，陕西人民出版社，2007 年版

B3　波普《开放社会及其敌人》，中国社会科学出版社，2001 年版

C4　陈岱孙/李宗正主编《经济学说史》上、下册，人民出版社，1983 年版

F5　凡勃仑《有闲阶级论》，商务印书馆，1964 年版

H6　黑格尔《自然哲学》，商务印书馆，1980 年版

H7　黄佶《资本异论》，台湾鸿叶文化事业有限公司，2003 年版

J8　加图《农业志》，商务印书馆，1986 年版

K9　康德《纯粹理性批判》，中国人民大学出版社，2004 年版

K10　凯恩斯《就业、利息和货币通论》，商务印书馆，1963/1998 年版

K11　克拉克《财富的哲学》，华夏出版社，2008 年版

K12　康芒斯《制度经济学》上、下册，商务印书馆，1997 年版

L13　罗尔斯《正义论》，中国社会科学出版社 1988 年版

L14　李嘉图《政治经济学及赋税原理》，商务印书馆，1981 年版

L15　洛克《政府论》，商务印书馆，1982 年版

L16　李克洲《马克思劳动价值理论研究》，中央民族大学出版社，2006 年版

L17　卢森贝《政治经济学说史》上册，三联书店出版社，1962 年版

L18　李斯特《政治经济学的国民体系》，商务印书馆，1997 年版

M19　摩尔《伦理学原理》，上海人民出版社，2005 年版

M20 马尔萨斯《政治经济学概论》，商务印书馆，1982 年版

M21 马克思《资本论》，1-4 卷，人民出版社，2004 年版。

M22 马歇尔 《经济学原理》，商务印书馆，1981 年版

P23 庞巴维克《马克思主义体系之崩溃》，商务印书馆，1935 年版

P24 配第《政治算术》，商务印书馆，1975 年版

S25 叔本华《作为意志和表象的世界》，商务印书馆，1982 年版

S26 斯基德尔斯基《凯恩斯传》，三联书店出版社，2006 年版

S27 斯拉法《用商品生产商品》，商务印书馆，1997 年版

S28 色诺芬《经济论》，商务印书馆，1997 年版

S29 斯蒂德曼《按照斯拉法思想研究马克思》商务印书馆，1991 年版

S30 萨缪尔森《经济学》上中下册，商务印书馆，1982 年版

S31 萨伊 《政治经济学概论》，商务印书馆，1982 年版

W32 韦伯《清教伦理与资本主义精神》，三联出版社，1998 年版

W33 瓦尔拉斯《纯粹经济学要义》，商务印书馆，1989 年版。

W34 维克赛尔《利息与价格》，商务印书馆，1982 年版

X35 熊彼特《经济分析史》，第 1-3 卷，商务印书馆，1992-1994 年版

X36 西斯蒙第《政治经济学新原理》，商务印书馆，1981 年版

X37 熊映梧《理论经济学若干问题》中国社会科学出版社，1984 年版

Y38 亚当·斯密《国民财富的性质和原因的研究》，商务印书馆，2002 年版

Z39 张建平《西方经济学的终结》，中国经济出版社，2005 年版

Z40 庄周《老子·庄子》，时代文艺出版社，2009 年版

國家圖書館出版品預行編目資料

統一經濟學的視野：馬克思、凱恩斯和瓦爾拉斯經濟理論研究
／李克洲 著-- 初版
臺北市：蘭臺出版 2013.12
　ISBN　978-986-6231-73-5 (平裝)
1.社會主義經濟　2.經濟理論
550.186　　　　　　　　　　　　　　　　102018675

經濟學研究叢刊 2

統一經濟學的視野：馬克思、凱恩斯和瓦爾拉斯經濟理論研究

作　者：李克洲
編　輯：張加君
美　編：陳俐卉
封面設計：蕭樹詳
出 版 者：蘭臺出版社
發　行：博客思出版社
地　址：台北市中正區重慶南路 1 段 121 號 8 樓之 14
電　話：(02)2331-1675 或(02)2331-1691
傳　真：(02)2382-6225
E—MAIL：books5w@gmail.com
網路書店：http://bookstv.com.tw/
　　　　　　http://store.pchome.com.tw/yesbooks/
　　　　　　博客來網路書店、博客思網路書店、華文網路書店、三民書局
總 經 銷：成信文化事業股份有限公司
劃撥戶名：蘭臺出版社　帳號：18995335
網路書店：博客來網路書店 http://www.books.com.tw
香港代理：香港聯合零售有限公司
地　址：香港新界大蒲汀麗路 36 號中華商務印刷大樓
　　　　　　C&C Building, 36,Ting, Lai, Road, Tai,Po, New,Territories
電　話：(852)2150-2100　　　傳真：(852)2356-0735
總 經 銷：廈門外圖集團有限公司
地　址：廈門市湖裡區悅華路 8 號 4 樓
電　話：86-592-2230177
傳　真：86-592-5365089
出版日期：2013 年 12 月 初版
定　價：新臺幣 550 元整（平裝）
ISBN：978-986-6231-73-5